"十三五"职业教育国家规划教材

Xinnengyuan Qiche Gaoya Anquan yu Fanghu

新能源汽车高压安全与防护

北京教盟博飞汽车科技有限公司　组织编写

赵金国　李治国　主　编

许小明　主　审

人民交通出版社股份有限公司
China Communications Press Co.,Ltd.

内 容 提 要

本书是"十三五"职业教育国家规划教材。全书包括 5 个项目、12 个工作任务,主要介绍了新能源汽车电路基础知识、新能源汽车维修工具及检测设备的使用、高压电基础理论、高压车间作业安全要求、高压安全与防护。

本书可作为职业院校新能源汽车技术专业的教学用书,也可作为汽车维修专业培训用书和相关技术人员的参考书。

图书在版编目(CIP)数据

新能源汽车高压安全与防护 / 赵金国,李治国主编;
北京教盟博飞汽车科技有限公司组织编写. —北京:人
民交通出版社股份有限公司, 2017.5
　新能源汽车技术专业职业教育创新规划教材
　ISBN 978-7-114-13778-5

　Ⅰ.①新…　Ⅱ.①赵…　②李…　③北…　Ⅲ.①新能源
—汽车—安全技术—职业教育—教材　Ⅳ.①U469.7

　中国版本图书馆 CIP 数据核字(2017)第 083400 号

书　　　名:新能源汽车高压安全与防护
著　作　者:赵金国　李治国
责任编辑:夏　犇　时　旭
出版发行:人民交通出版社股份有限公司
地　　　址:(100011)北京市朝阳区安定门外外馆斜街 3 号
网　　　址:http://www.ccpcl.com.cn
销售电话:(010)59757973
总 经 销:人民交通出版社股份有限公司发行部
经　　　销:各地新华书店
印　　　刷:北京市密东印刷有限公司
开　　　本:787×1092　1/16
印　　　张:13.25
字　　　数:299 千
版　　　次:2017 年 5 月　第 1 版
印　　　次:2022 年 1 月　第 7 次印刷
书　　　号:ISBN 978-7-114-13778-5
定　　　价:30.00 元
(有印刷、装订质量问题的图书由本公司负责调换)

编审委员会

前言
FOREWORD

进入 21 世纪以来,我国提出"节能和新能源汽车"战略,政府高度关注新能源汽车的研发和产业化。《中共中央关于制定国民经济和社会发展第十三个五年规划的建议》中要求实施新能源汽车推广计划,提高电动车产业化水平。这意味着新能源汽车产业将迎来黄金 5 年,新能源汽车产业或将迎来爆发式的增长。

在新能源和清洁能源汽车行业前、后市场对技能人才需求量不断增大的前景下,由北京教盟博飞汽车科技有限公司和安莱(北京)汽车技术研究院课程开发团队主导,联合汽车制造厂的新能源专家和职业院校的教育专家,共同编写了这套新能源汽车教材。本套教材以新能源汽车的使用和维修为方向,改变以往新能源汽车课程偏重设计制造技术,导致理论性太强的缺点,使课程更贴近实际操作。

本套教材结合新能源汽车企业岗位需求,针对新能源汽车企业调研高频典型工作任务,并对此做教学加工,共计输出 5 门课程,62 个任务:《新能源汽车概论》《新能源汽车高压安全与防护》《新能源汽车动力电池与驱动电机》《新能源汽车电气技术》、《新能源汽车维护与故障诊断》。本套教材主要以工作过程为主线,以任务驱动教学为主要形式的开发思路进行编写。

在开发本套教材的过程中,为了提高学生学习兴趣,在"相关知识"中开发了多媒体动画,在"任务实施"中拍摄制作了实训视频,并设置二维码。使用者只需用平板或手机扫描对应的二维码,即可以学习相关资源的知识。为了方便教师教学,同期开发了教材的配套教学资源:课程标准、教学设计、任务工单(工作页)、教学课件、配套试题、实训视频、多媒体动画、维修案例等。了解更多资源,教师和学生可通过电脑或手机登录新能源汽车资源库地址:http://edu.885car.com,或用手机扫描封底下方的二维码。

《新能源汽车高压安全与防护》全书条理清晰,层次分明;图文对照,整合移动多媒体技术;形象、生动地阐述了新能源汽车电路方面的基础知识,新能源汽车维修工具以及检测设备的使用,新能源汽车高压部件的位置以及高压安全操作,安全电压与急救理论知识、安全防护与应急处理以及高压系统终止与检验,新能源车维修车间作业的安全标准和高压维修作业标准等。内容包括5个项目,12个工作任务,以当前市场上主流的比亚迪、北汽新能源、普锐斯等新能源汽车车型为主编写。

本书由北京教盟博飞汽车科技有限公司组织编写。西京学院赵金国、湖南汽车工程职业学院李治国担任主编,山东交通技师学院刘海峰、德州职业技术学院杨少波、湖北省创业高级技工学校涂金林担任副主编。杨帆和哈尔滨市第二职业中学的王玉珊老师参与了编写。湖北三峡职业技术学院许小明担任主审。

由于编者水平和经验有限,难免存在缺点和疏漏,恳请广大读者批评指正。

编委会

2017 年 3 月

目录
CONTENTS

项目一

新能源汽车电路基础知识

本项目主要学习新能源汽车电路的基础知识，分为2个任务：

任务1　新能源汽车电路基础元件识别；

任务2　新能源汽车电路图识读。

通过2个任务学习，掌握新能源汽车电路基础元件的识别和电路的识读方法，能识别新能源汽车电路基础元件，以及读懂新能源汽车的电路图。

任务 1　新能源汽车电路基础元件识别

提出任务

一辆纯电动汽车,事故修复后需要检查全车的电气元件,你的主管让你去检查,并提醒你注意高压电,你能完成这个任务吗?

任务要求

知识要求

1. 能够描述新能源汽车低压电路基础元件的位置、功用和类型;
2. 能够描述新能源汽车高压电路基础元件的位置、功用和类型。

能力要求

1. 能够识别新能源汽车低压电路基础元件;
2. 能够识别新能源汽车高压电路基础元件。

相关知识

要进行新能源汽车电路的检修,首先要能识别基础的电气元件。新能源汽车电气分为低压电气和高压电气两部分,以下分别以北汽 EV200 纯电动汽车和比亚迪秦混合动力汽车为例,介绍新能源汽车电路元件的识别。

▶ 1. 北汽新能源 EV200 纯电动汽车电路元件的识别

1)整车性能参数

北汽新能源公司新款车型 EV200 纯电动汽车的整车性能参数见表 1-1-1,标明整车主要配置(电气元件)的整体性能参数。

EV200 整车性能参数　　　　　　　　　　　　　　　　表 1-1-1

主要配置及性能		C33DB
尺寸	长/宽/高(mm)	4025/1720/1503
	最小离地间隙(mm)	≥110

主要配置及性能		C33DB
质量	整备质量(kg)	≤1320
动力电池	供应商	SK
	电芯类型	三元
	标称能量(kW·h)	30.4
驱动电机	供应商	新能源
	额定功率/峰值功率(kW)	30/53
	最大转矩(N·m)	180
充电	慢充时间(h)	约5
	快充时间(min)	约30
动力性	30min 最高车速(km/h)	≥120
	最高车速(km/h)	≥125
	0→50km/h 加速时间(s)	≤5.3
	0→100km/h 加速时间(s)	≤16.0
	坡道起步能力(%)	≥20
	最大爬坡度(%)	≥25
NEDC 工况经济性	续驶里程(km)	≥170
	能量消耗率[(kW·h)/100km]	≤16.5
	能量回收率(%)	≥13.5
等速 60km/h	续驶里程(km)	≥200
	能量消耗率[(kW·h)/100km]	≤14.5
制动性能	初速度100km/h(满载)时的制动距离(m)	≤56

2）整车结构

EV200 整车结构如图 1-1-1 所示,标明主要电气元件在整车中的相对位置。

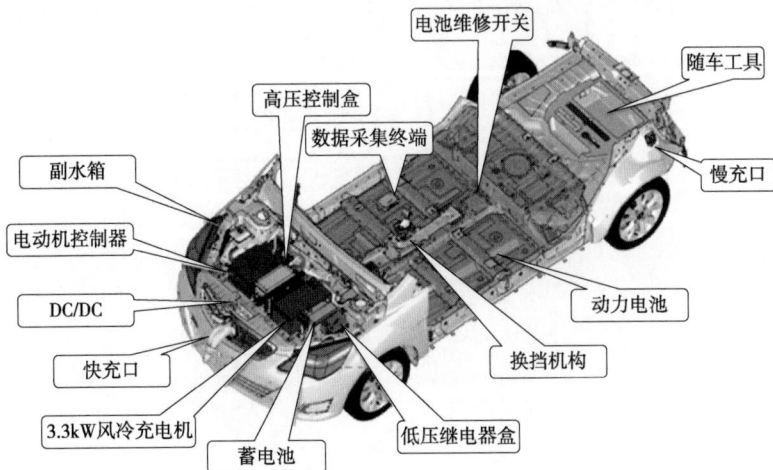

图 1-1-1　EV200 整车结构

3）主要部件识别

北汽 EV200 前机舱的布置分为上下两层，下层是驱动电机及减速器，上层的零部件及管线通过集成安装支架固定在车身纵梁上。图 1-1-2 是上层的主要电气部件位置图，图 1-1-3 是下层主要部件位置图。

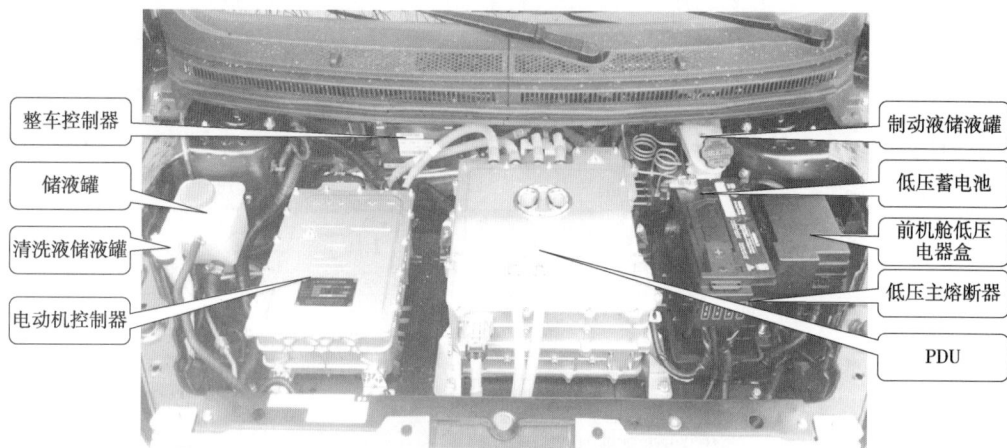

图 1-1-2　EV200 前机舱上层主要部件位置图

图 1-1-3　EV200 前机舱下层主要部件位置图

（1）动力电池。EV200 动力电池的位置如图 1-1-4 所示。

（2）驱动电机和控制器。EV200 的驱动电机和控制器如图 1-1-5 所示。

（3）动力控制单元（PDU）。与其他早期车型（EV150 等）不同的是，北汽 EV200 采用的动力控制单元（PDU）集高压控制盒、DC/DC 变换器以及车载充电机为一体，实现更加集中和高效的控制。PDU 如图 1-1-6 所示。

（4）仪表台。EV200 的仪表台及仪表各指示灯的信息如图 1-1-7 所示。

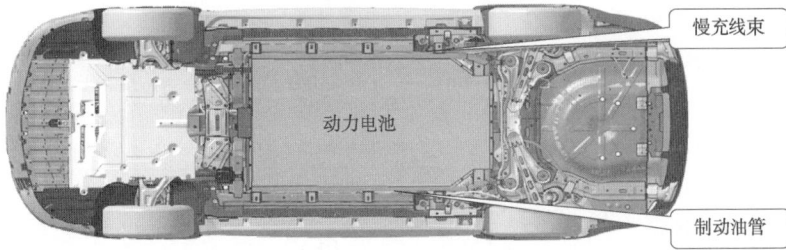

图 1-1-4　EV200 动力电池位置图

图 1-1-5　EV200 驱动电机和控制器

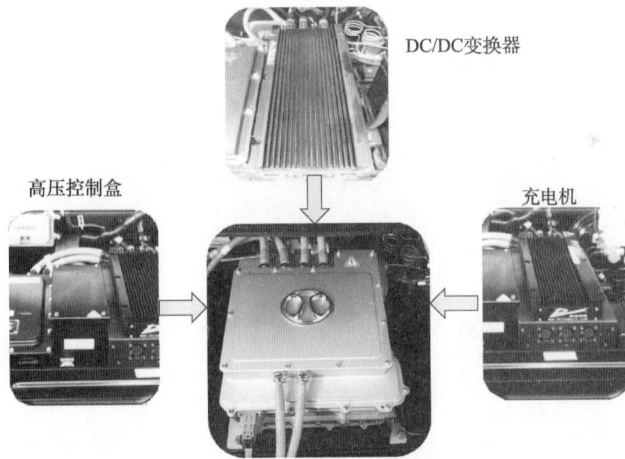

图 1-1-6　EV200 的动力控制单元（PDU）

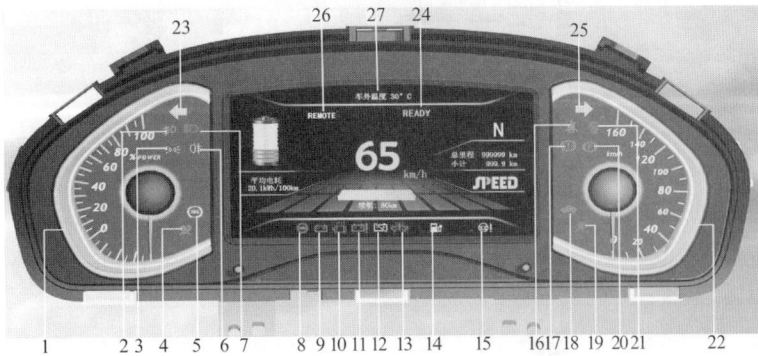

1	驱动电机功率表	2	前雾灯	3	示廓灯
4	安全气囊指示灯	5	ABS 指示灯	6	后雾灯
7	远光灯	8	跛行指示灯	9	蓄电池故障指示灯
10	电动机及控制器过热指示灯	11	动力电池故障指示灯	12	动力电池断开指示灯
13	系统故障灯	14	充电提醒灯	15	EPS 故障指示灯
16	安全带未系指示灯	17	制动故障指示灯	18	防盗指示灯
19	充电线连接指示灯	20	驻车制动器指示灯	21	门开指示灯
22	车速表	23/25	左/右转向指示灯	24	READY 指示灯
26	REMOTE 指示灯	27	室外温度提示		

图 1-1-7　EV200 的仪表台及指示灯含义

EV200 仪表故障指示灯介绍见表 1-1-2。

EV200 仪表故障指示灯介绍　　　　　　　　　　　　　　表 1-1-2

序号	名称	显示位置	符号	颜色	显示文字	点 亮 条 件
1	安全带未系	表盘		红色	请系安全带	当车辆处于 ON 状态，驾驶员安全带未系，或乘客安全带未系且乘客有人或重物时
2	安全气囊	表盘		红色	—	当车辆处于 ON 状态，且安全气囊发生故障时
3	车身防盗	表盘		红色	—	车身防盗开启后
4	蓄电池报警灯	显示屏	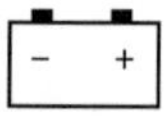	红色	蓄电池故障	蓄电池电压高/低故障或者 DC/DC 故障
5	门开报警	表盘		红色	—	驾驶门/乘客门/行李舱任意门开时
6	ABS	表盘		黄色	—	车辆 ABS 发生故障时
7	前雾灯	表盘		绿色	—	前雾灯打开
8	后雾灯	表盘		黄色	—	后雾灯打开
9	前照灯远光	表盘		蓝色	—	远光灯打开
10	左转向	表盘		绿色	—	左转向打开
11	右转向	表盘		绿色	—	右转向打开

序号	名称	显示位置	符号	颜色	显示文字	点亮条件
12	EBD	表盘	(())	红色	EBD 故障	车辆 EBD 发生故障时
13	制动液位	表盘	(())	红色	请添加制动液	车辆制动液位低时
	制动系统故障				制动系统故障	车辆制动系统发生故障时
14	驻车制动	表盘	((P))	红色	—	驻车制动器操纵杆拉起时
15	充电提示灯	显示屏		黄色	请尽快充电	充电提醒:电量小于30%时指示灯电点亮; 在电量低于5%时,提示"请尽快充电"
16	系统故障	显示屏		红色	—	仪表与整车失去通信时,指示灯持续闪烁;车辆出现一级故障时,指示灯持续点亮
				黄色	—	车辆出现二级故障时,指示灯持续点亮
17	充电指示灯	表盘		红色	请连接充电枪	充电枪线缆接触不好时,显示"请连接充电枪"
18	REDAY 指示灯	显示屏	READY	绿色	—	车辆准备就绪时
19	跛行指示灯	显示屏		红色	车辆进入跛行状态	加速踏板故障时
20	EPS 故障	显示屏		黄色	EPS 故障	EPS 发生故障时
21	挡位故障	显示屏	N	—	—	挡位故障触发后,当时挡位持续闪烁
22	电动机冷却液温度过高	显示屏		红色	电动机冷却液温度过高	当电动机或电动机控制器温度过高而引起冷却液温度过高时

续上表

序号	名称	显示位置	符号	颜色	显示文字	点亮条件
23	电动机转速过高	文字提示区域	—	—	电动机转速过高	当电动机转速过高时
24	请尽快离开车内	文字提示区域	—	—	请尽快离开车内	当遇到电池严重故障时
25	动力电池断开	显示屏		黄色	—	当车辆动力电池断开时
26	动力电池故障	显示屏		红色	动力电池故障	当车辆动力电池发生故障时
27	示廓灯	表盘		绿色	—	当示廓灯打开时
28	绝缘故障	文字提示区域	—	—	绝缘故障	当车辆发生绝缘系统故障时
29	驱动电机系统故障	文字提示区域	—	—	驱动电机系统故障	当车辆驱动电机系统发生故障时
30	车身控制模块故障	文字提示区域	—	—	车身控制模块故障	当车辆车身控制模块发生故障时

EV200 仪表的按钮(操纵杆)使用说明和显示模式见表 1-1-3 和表 1-1-4。

EV200 仪表按钮 A 显示模式介绍　　　　表 1-1-3

当前显示模式	开关按住时间	开关放开后显示模式
平均电耗	$t < 2s$	维护里程
维护里程	$t < 2s$	平均电耗
	$t > 10s$	维护里程复位至 10000km

EV200 仪表按钮 B 显示模式介绍　　　　表 1-1-4

当前显示模式	开关按住时间	开关放开后显示模式
车速	$t < 2s$	数字电压值
数字电压值	$t < 2s$	数字电流值
数字电流值	$t < 2s$	数字转速值
数字转速值	$t < 2s$	瞬时电耗
瞬时电耗	$t < 2s$	车速
任意模式	$t > 3s$	小计清零
充电模式	—	车辆充电信息

（5）起动开关。北汽 EV 系列车型起动开关如图 1-1-8 所示。

①起动开关分为 4 个挡位：

a. 位置 0（LOCK）。

● 拔下起动钥匙。

● 转向盘锁。

● 大多数电路不能工作。

b. 位置 1（ACC）。

● 转向解锁。

● 个别电器和附件可以工作。

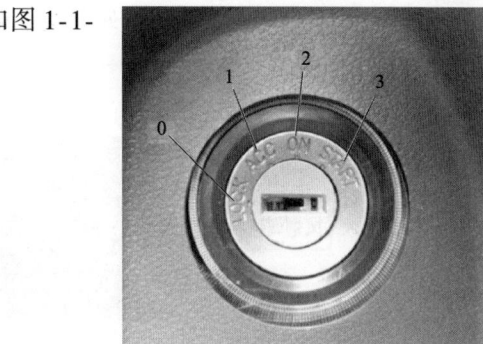

图 1-1-8　北汽 EV 起动开关

c. 位置 2（ON）。所有的仪表、警告灯和电路可以工作,高压上电,待仪表 READY 灯点亮后,进入行车准备状态,车辆可以行驶。

d. 位置 3（START）。该批次车辆未启用。

②解除转向锁:插入起动钥匙,在将起动钥匙向 1 挡位置转动时,稍微转动转向盘,可以解除转向锁。

③锁止转向盘:拔下钥匙后,转动转向盘,直到被锁止。

（6）换挡杆。北汽 EV 系列车型换挡杆如图 1-1-9 所示。

换挡杆有四个位置：

①"R"挡（倒车挡）。倒车时挂入此挡位。挂入"R"挡之前,请务必确保汽车已完全停下来。从"P"挡或"N"挡挂入"R"挡时,必须踩下制动踏板。

②"N"挡（空挡）。在车速低于 5km/h 或汽车停车状态并且起动按钮打开时,若需将换挡杆从"N"挡挂至其他挡位,必须先踩下制动踏板。

③"D"挡（前进挡）。前进挡,系统会根据电动机负载和车速自动挂入高挡或低挡。

④"E"挡（经济模式挡）。制动能量回收功能开启挡位。

挡位在 E 挡时点亮,共 4 个状态,表示 3 个回收强度和回收关闭（图 1-1-9 所示 E 挡显示）。

（7）灯光操作。北汽 EV 系列车型灯光操作调节按钮如图 1-1-10 所示。

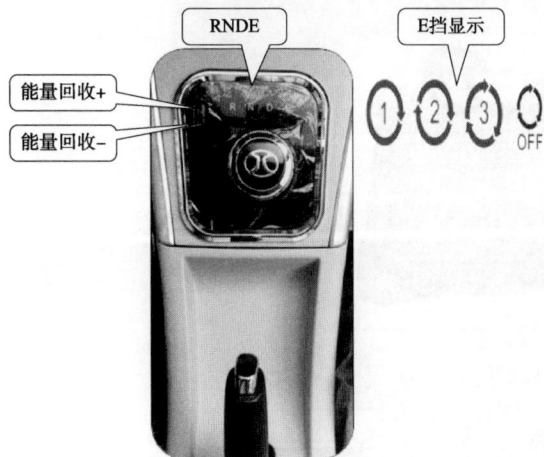

图 1-1-9　北汽 EV 换挡杆

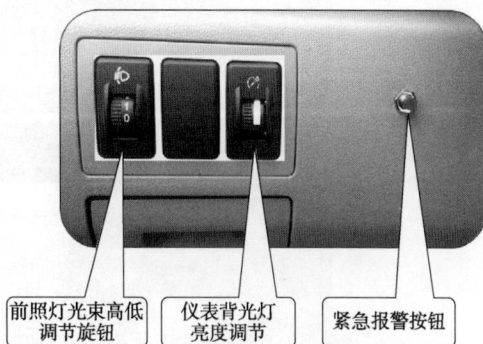

图 1-1-10　北汽 EV 灯光调节按钮

（8）空调操作。北汽 EV 系列车型空调操作如图 1-1-11 所示。

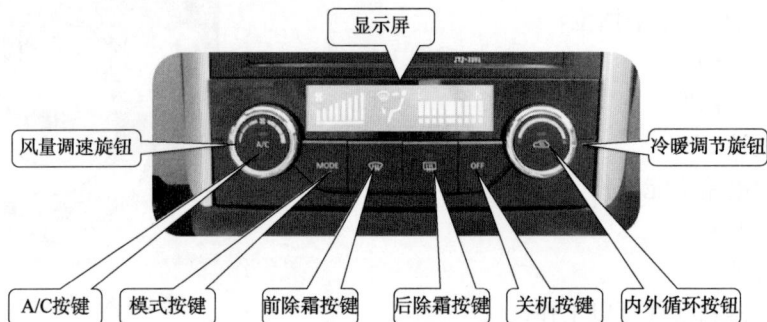

图 1-1-11　北汽 EV 空调操作按键

▶ 2. 比亚迪秦混合动力汽车电路元件的识别

1）低压电气元件的识别

比亚迪秦作为 DM 第二代典型的混合动力车型,其低压电气系统与传统的内燃机汽车主要有以下四大差别:

①整车线束及配电:集成化和智能化。

②整车网络及通信:交互多,信息量大。

③整车电源系统设计:双模式(电和燃油),三电源(12 V 铁电池、DC/DC 和发电机)。

④整车空调系统:制冷和采暖系统都有大的变化。

以下介绍比亚迪秦的低压电气位置和识别。

（1）低压电气元件分布图。新能源汽车低压电器元件识读如图 1-1-12 所示。

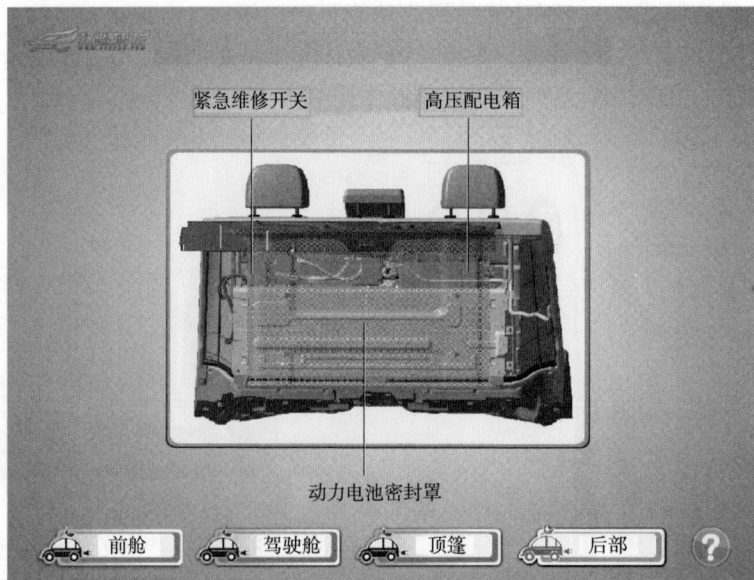

图 1-1-12　新能源汽车低压电气元件识读

10

①前舱。前舱的主要元件位置如图 1-1-13 所示。

②驾驶舱。驾驶舱的主要零部件位置如图 1-1-14 所示。

图 1-1-13　前舱零部件位置图

1-TCU 电动机电源模块;2-电喷 ECU;3-前舱配电盒

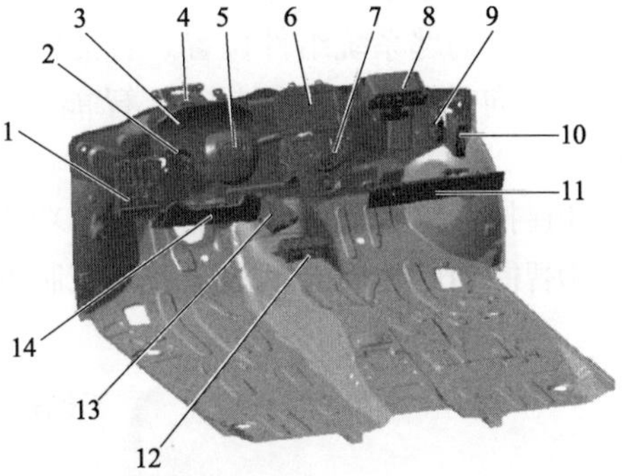

图 1-1-14　驾驶舱零部件位置图

1-仪表板配电盒及 BCM 模块;2-组合开关;3-组合仪表;4-全景影像 ECM;5-DAB;6-多媒体显示屏;7-多媒体主机(包含空调控制面板);8-PAB;9-网关;10-I-KEY ECU;11-前排乘员膝部安全气囊;12-SRS ECU;13-空调控制器;14-驾驶员膝部安全气囊

③顶篷。顶篷的主要零部件位置如图 1-1-15 所示。

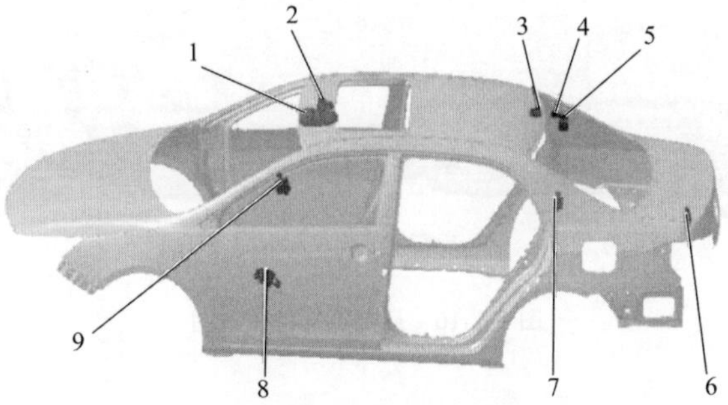

图 1-1-15　顶篷零部件位置图

1-前室内灯;2-天窗电动机;3-后室内灯;4-天线放大器;5-胎压模块;6-驻车辅助模块;7-高频接收模块;8-左前门控制 ECU;9-右前门控制 ECU

④后部。后部的主要零部件位置如图 1-1-16 所示。

(2)12V 电源系统元件识别。比亚迪秦的低压系统由三个电源共同提供,分别为:12V 铁电池、DC/DC 和发电机,电源系统分布图如图 1-1-17 所示。

12V 电源系统主要零部件位置及识别如下:

①正极熔断丝盒 I 。正极熔断丝盒 I 如图 1-1-18 所示。

②低压电源线车底走向。低压电源线车底走向如图 1-1-19 所示。

③正极熔断丝盒 II 。正极熔断丝盒 II 如图 1-1-20 所示。

④12V 铁电池。12V 铁电池如图 1-1-21 所示。

低压电池管理系统 BMS 接插件针脚及电路图如图 1-1-22 所示。

低压电池管理系统 BMS 监控到蓄电池电压低时,就会关闭多媒体系统,如图 1-1-23 所示。

(3)智能钥匙系统元件识别。

①智能钥匙系统组件位置。智能钥匙系统组件位置如图 1-1-24 所示。

②转向轴锁和起动按钮。智能钥匙系统转向轴锁和起动按钮位置如图 1-1-25 所示。

③遥控器。智能钥匙系统遥控器功能按键如图 1-1-26 所示。

④智能钥匙控制器。智能钥匙控制器如图 1-1-27 所示。

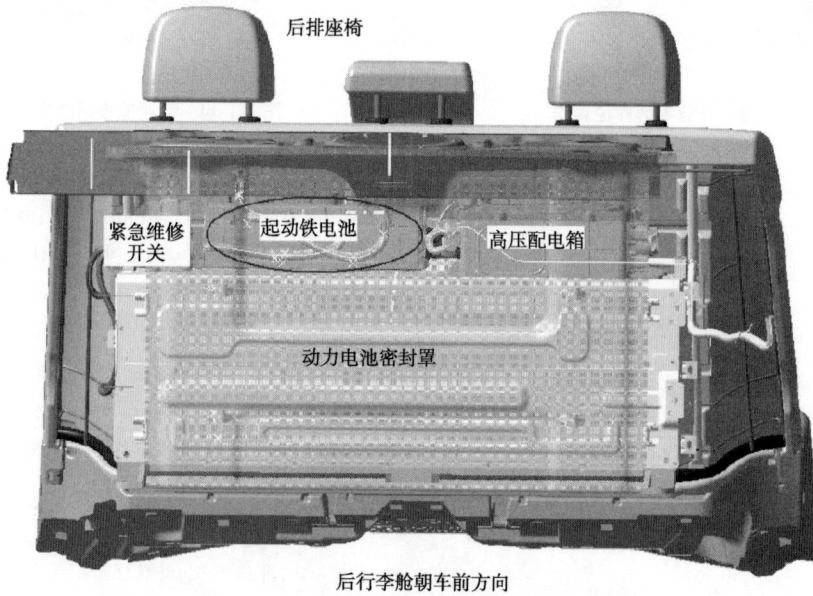

图 1-1-16 后部零部件位置图

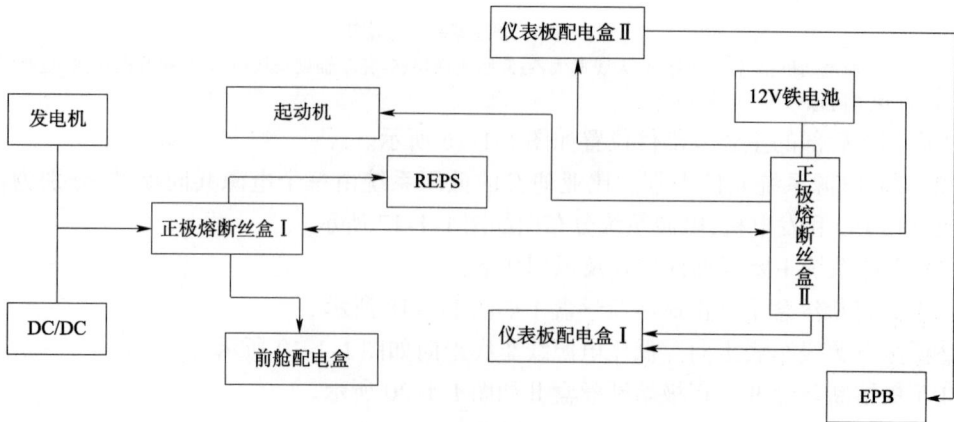

图 1-1-17 12V 电源系统分布图

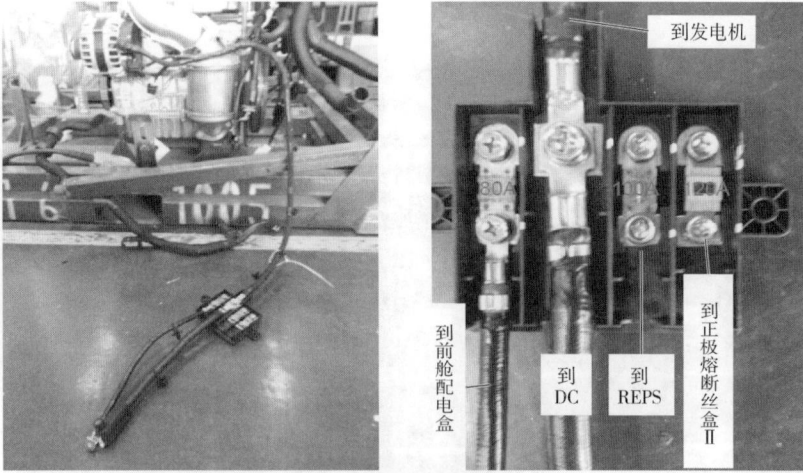

图 1-1-18　正极熔断丝盒 I

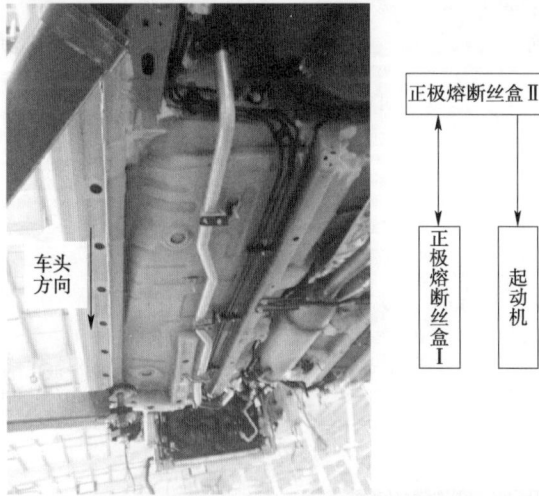

图 1-1-19　低压电源线车底走向图

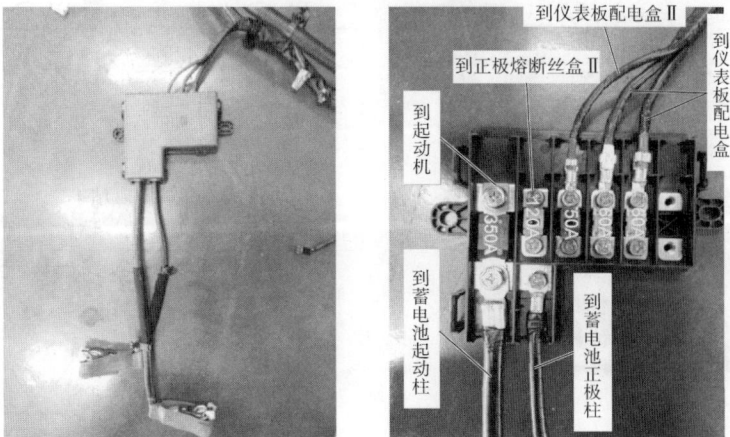

图 1-1-20　正极熔断丝盒 II

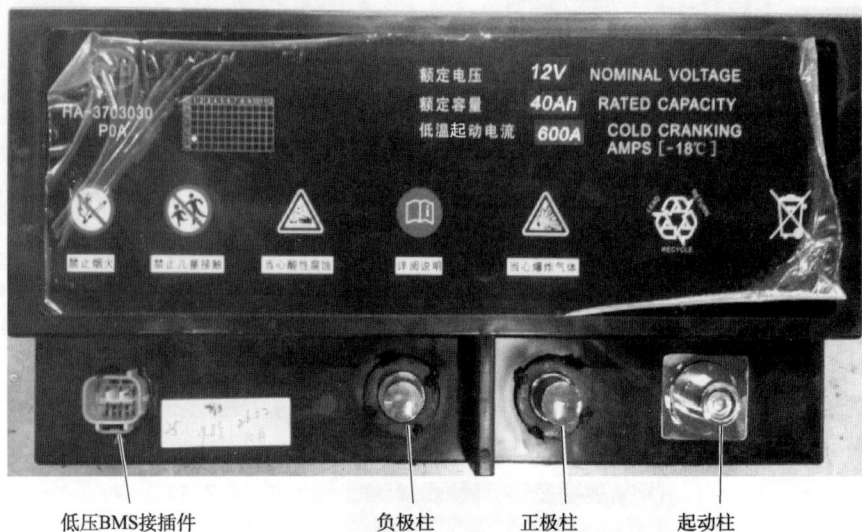

图 1-1-21 12V 铁电池

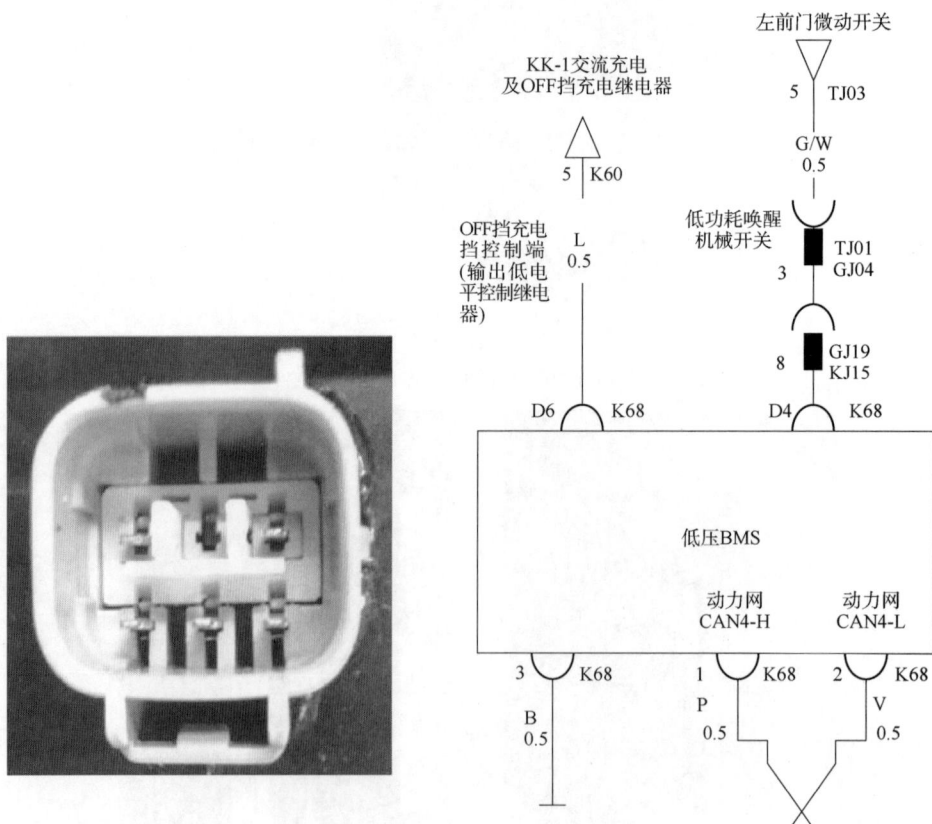

图 1-1-22 低压 BMS 接插件针脚及电路示意图

图 1-1-23　BMS 关闭多媒体系统

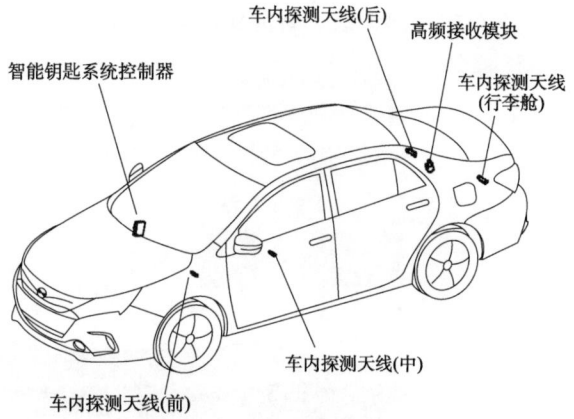

图 1-1-24　智能钥匙系统组件位置

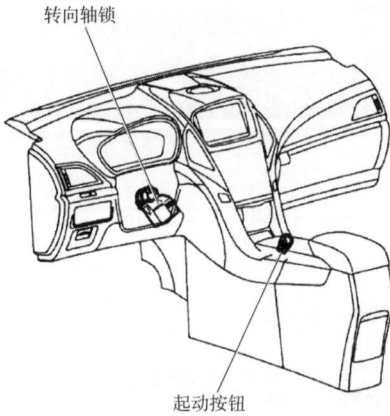

图 1-1-25　转向轴锁和起动按钮位置

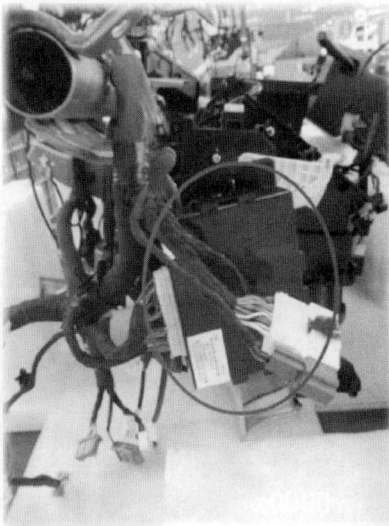

图 1-1-26　智能钥匙系统遥控器功能按键

1-遥控闭锁键;2-遥控开锁键;3-遥控开背门锁;

4-备用机械钥匙;5-钥匙指示灯

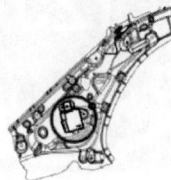

控制器安装于仪表台右侧,网关在其旁边,与速锐保持一致

高频接收模块在左C柱内

图 1-1-27　智能钥匙控制器

⑤车内探测天线。智能钥匙系统的三个车内探测天线如图 1-1-28 所示。

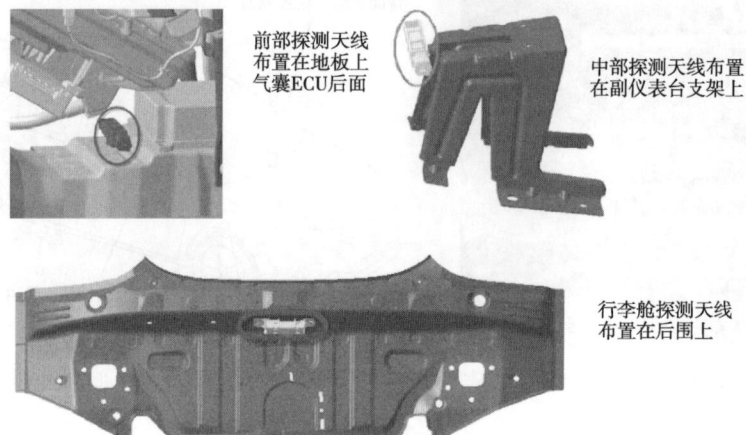

前部探测天线布置在地板上气囊ECU后面

中部探测天线布置在副仪表台支架上

行李舱探测天线布置在后围上

图 1-1-28　车内探测天线

⑥车外探测天线。智能钥匙系统的三个车外探测天线如图 1-1-29 所示。

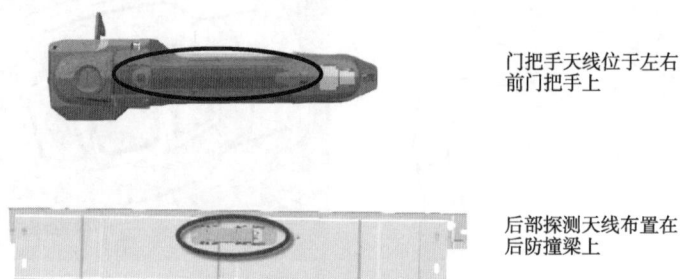

门把手天线位于左右前门把手上

后部探测天线布置在后防撞梁上

图 1-1-29　车外探测天线

（4）组合仪表元件识别。比亚迪秦的组合仪表主要用于显示整车的各种状态和警示信息,包括车速表、发动机转速表、燃油表、发动机冷却液温度表、功率表、电量表、里程表、能量流程图、挡位、时间、室外温度、行车信息、故障提示信息等显示和各种故障警告指示灯。

①组合仪表的显示模式。根据车辆的配置,组合仪表有两种显示模式,分别如图 1-1-30 和图 1-1-31 所示。

图 1-1-30　组合仪表显示模式一

图 1-1-31　组合仪表显示模式二

②组合仪表的指示灯图案。组合仪表的部分指示灯图案见表 1-1-5。

部分指示灯图案　　　　　　　　　　　　　　　　　　　表 1-1-5

指示灯图案	指示灯名称	说　　明
OK	READY 指示灯	M2 电动机控制器通过 CAN 发送"READY"指示灯点亮信号给组合仪表
EV	纯电动模式指示灯	—
HEV	混合动力模式指示灯	—
ECO	经济模式指示灯	—
SPORT	运动模式指示灯	—
🔌	动力电池充电连接指示灯	工作于所有电源挡位:硬线传输,(车端)插上充电枪时,点亮指示灯
🔋	动力电池电量低指示灯	剩余电池容量≤20%,指示灯点亮;剩余电池容量>20%,指示灯熄灭
🔥	电动机过热警告灯	—
🌡	电动机冷却液温度过高警告灯	—
🚗	动力系统故障警告灯	—
🔋	充电系统故障警告灯	—
🔋	动力电池过热警告灯	—

（5）灯光系统元件识别。比亚迪秦的灯光系统零部件和普通车型基本一致。

①前部灯光。前部灯光系统零部件如图1-1-32所示。

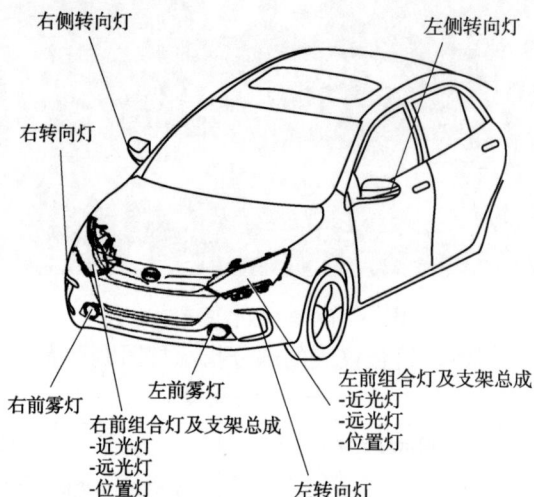

图1-1-32　前部灯光系统零部件

②后部灯光。后部灯光系统零部件如图1-1-33所示。

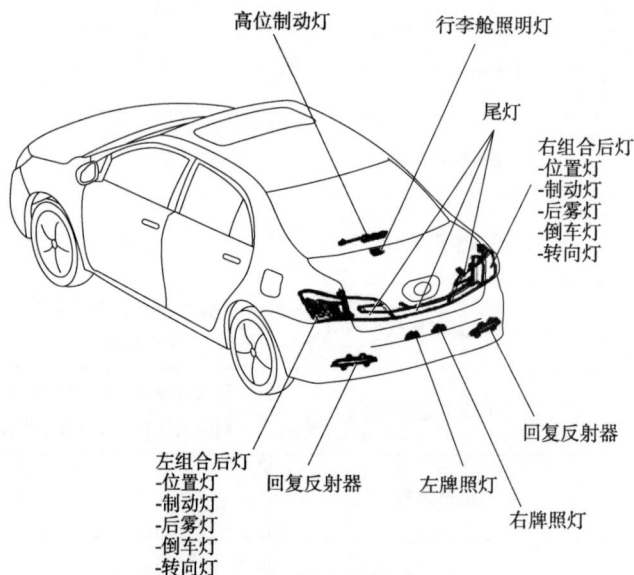

图1-1-33　后部灯光系统零部件

③室内灯光。室内灯光系统零部件如图1-1-34所示。

（6）记忆系统元件识别。比亚迪秦的记忆系统包括：座椅记忆、外后视镜记忆、电动转向管柱记忆，这三个部分构成一个系统。驾驶员可以根据个人身高与驾驶习惯的不同来设定最佳的驾驶模式，然后进行储存。在其他人驾驶车辆后或被他人调整已记忆的模式后，车主可以非常轻松地开启自己的记忆储存，所有的设施就会恢复到之前的设定状态。

①记忆开关。图1-1-35所示是记忆系统设置记忆开关。

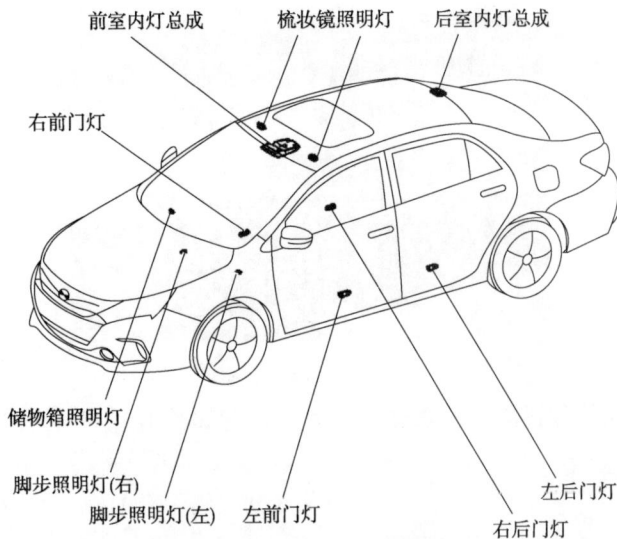

图 1-1-34　室内灯光系统零部件

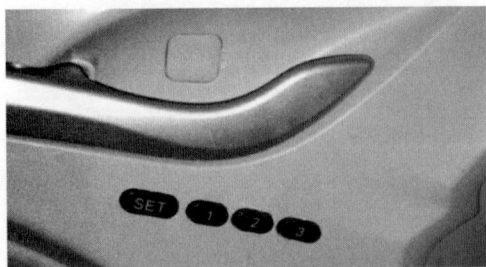

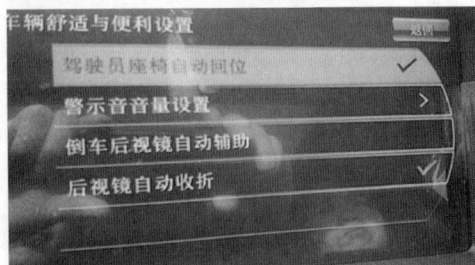

图 1-1-35　记忆开关及显示屏

②记忆系统 ECU。记忆系统各 ECU 位置如图 1-1-36 所示。

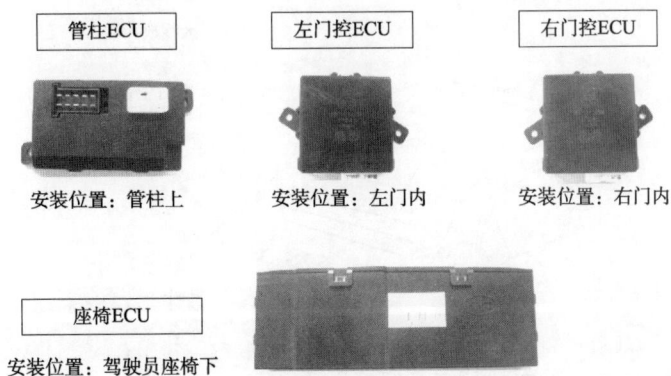

图 1-1-36　记忆系统各 ECU

（7）多媒体系统元件识别。比亚迪秦的多媒体系统（图 1-1-37）是结合数字影像及多机一体的系列产品,包括收音机、DVD、车载电视、USB、SD、GPS、蓝牙、手机音乐、影像监控等功能。

倒车影像系统功能是多媒体系统实现的,与驻车系统无关。

图 1-1-37 多媒体系统

①多媒体系统元件位置图。多媒体系统元件位置如图 1-1-38 至图 1-1-40 所示。

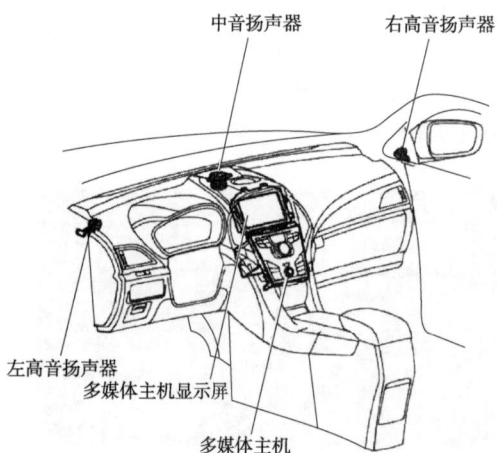

图 1-1-38 比亚迪多媒体系统元件位置图(一)

图 1-1-39 比亚迪多媒体系统元件位置图(二)

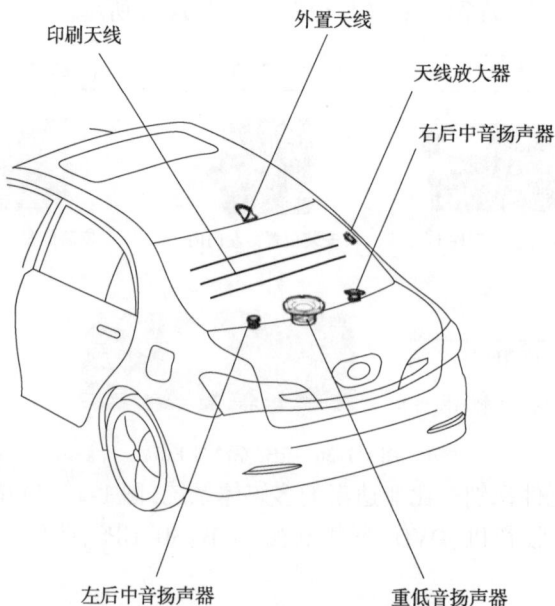

图 1-1-40 比亚迪多媒体系统元件位置图(三)

②转向盘按键。多媒体系统相关的转向盘按键如图 1-1-41 所示。

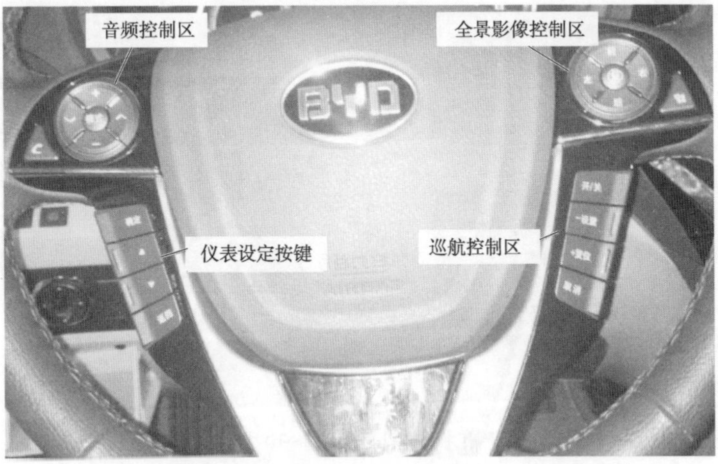

图 1-1-41　转向盘按键

③面板按键。多媒体系统的面板按键如图 1-1-42 所示。

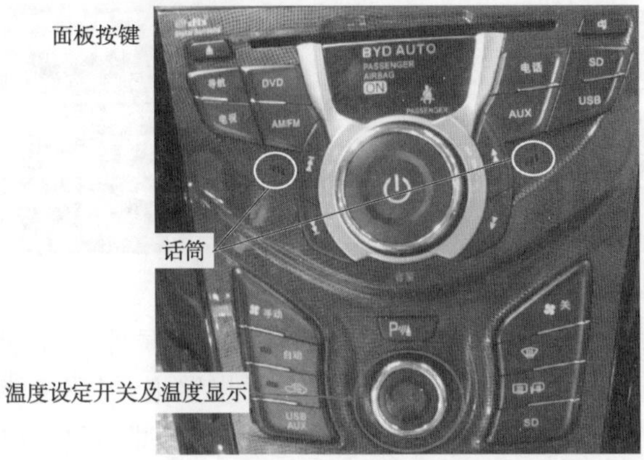

图 1-1-42　面板按键

④DVD 主机。多媒体系统的 DVD 主机如图 1-1-43 所示。

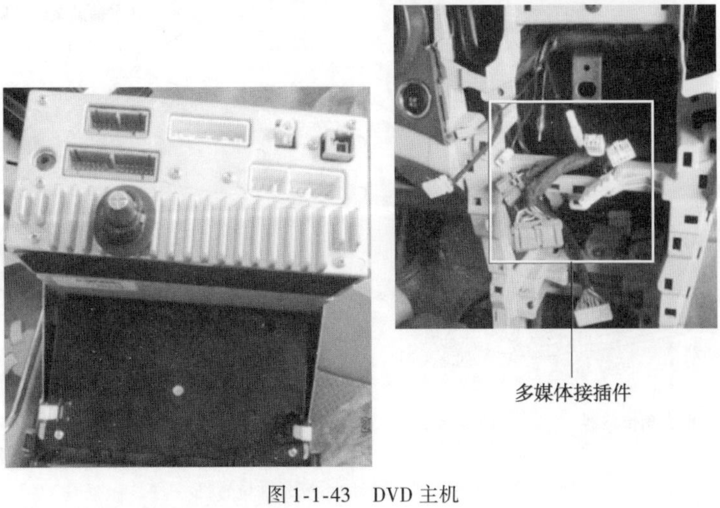

图 1-1-43　DVD 主机

⑤显示屏。多媒体系统的显示屏如图 1-1-44 所示。

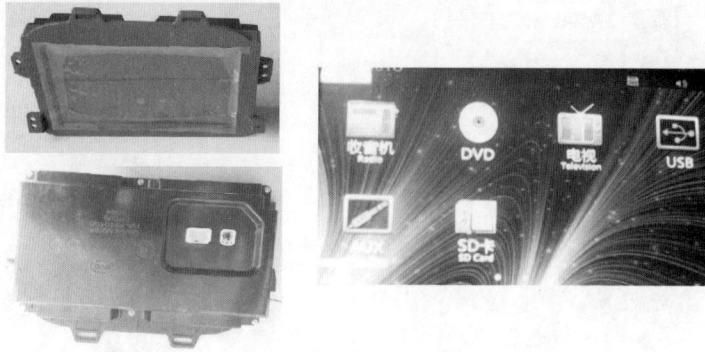

图 1-1-44　显示屏

⑥外置功放。多媒体系统的外置功放如图 1-1-45 所示。

图 1-1-45　外置功放

（8）驻车辅助系统元件识别。驻车辅助系统是在驾驶员停车时，测量车辆与最近障碍物之间的距离，并用声音信号或可视信号，向驾驶员发出警报，提醒可能存在的危险。驻车辅助系统主要利用超声波的原理，通过安装在汽车尾部或前部的超声波传感器进行信号的发射与接收，并反馈信息给控制器，控制器计算出障碍物的距离并发出警报。

①驻车辅助系统元件位置图。比亚迪秦的驻车辅助系统元件位置图如图 1-1-46 所示。

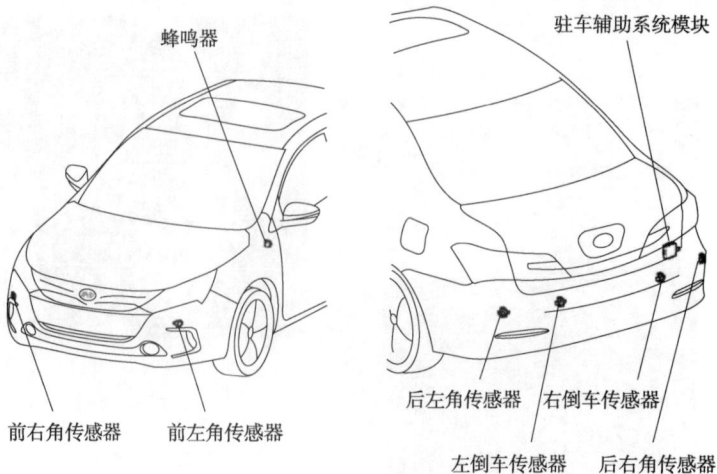

图 1-1-46　驻车辅助系统元件位置图

②倒车雷达开关。驻车辅助系统的倒车雷达开关如图 1-1-47 所示。

图 1-1-47 倒车雷达开关

（9）全景影像系统元件识别。全景影像系统通过 4 个超广角摄像头采集车身周围影像，由于是超广角摄像头，采集的影像有很严重的畸变，系统将畸变的影像输入到图像处理芯片中，经过软件处理后，将完整的全景影像输出到 DVD 显示器上，最后给用户呈现车身周围的鸟瞰图。图 1-1-48 所示为全景影像系统的结构图。

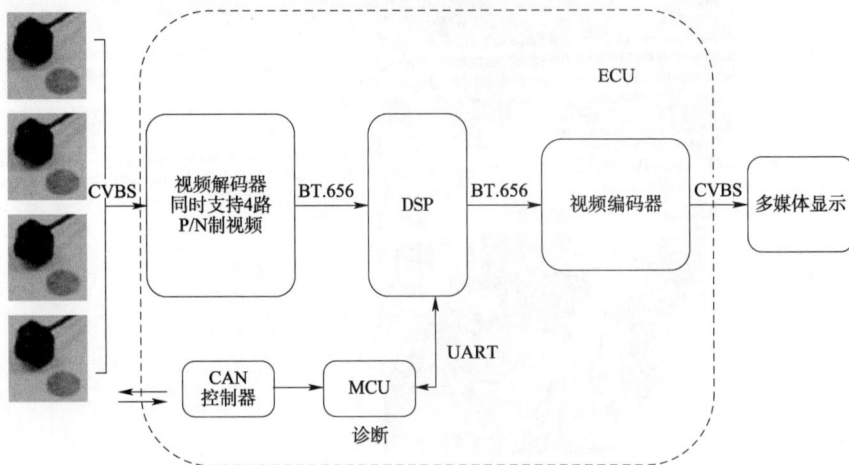

图 1-1-48 全景影像系统结构图

①全景影像系统元件位置图。比亚迪秦的全景影像系统元件位置图如图 1-1-49 所示。

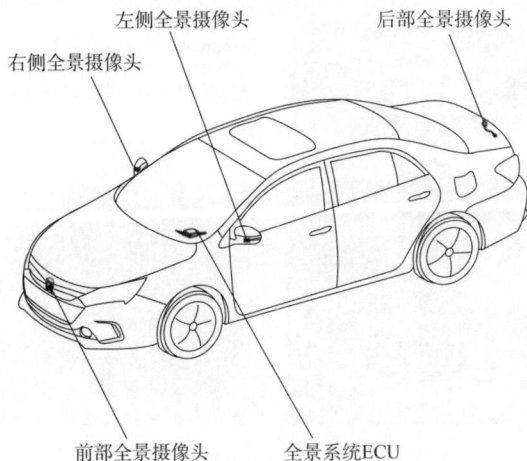

图 1-1-49 全景影像系统元件位置图

②全景影像系统开关。全景影像系统开关如图 1-1-50 所示。

全景影像系统开关

图 1-1-50　全景影像系统开关

③全景影像系统控制器。全景影像系统控制器如图 1-1-51 所示。

全景影像系统控制器安装在
组合仪表与前围板之间吹面
风道下方。

图 1-1-51　全景影像系统控制器

④摄像头。4 个摄像头照的车身 2000mm 范围内,摄像头位置如图 1-1-52 所示。

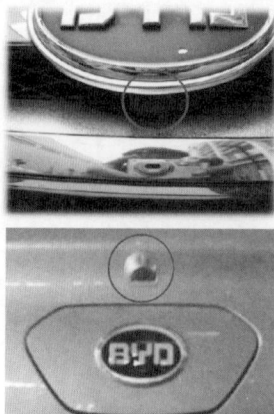

前摄像头:前LOGO下方
后摄像头:行李舱盖后部中间
左、右摄像头:都在外后视镜下部

图 1-1-52　摄像头

2)高压电器元件的识别

(1)整车高压电器分布。

①整车高压电器分布。比亚迪秦整车高压电器分布示意图如图1-1-53所示。

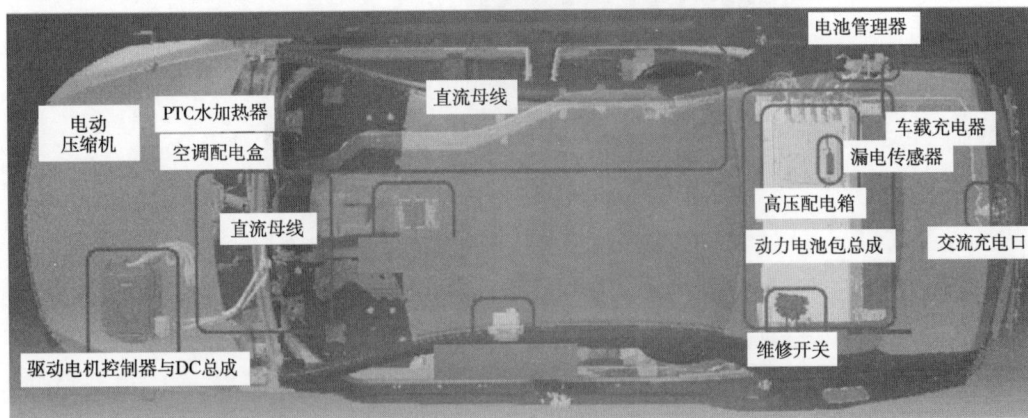

图1-1-53　整车高压电器分布示意图

②行李舱内部高压电器。行李舱内部高压电器如图1-1-54所示。

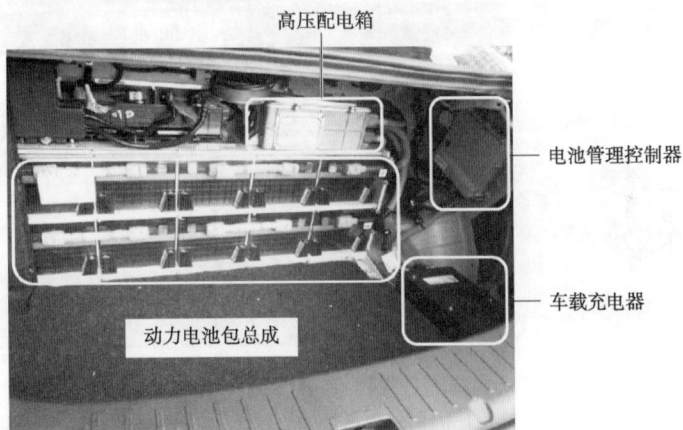

图1-1-54　行李舱内部高压电器

③驾驶舱内部高压电器。驾驶舱内部高压电器如图1-1-55所示。

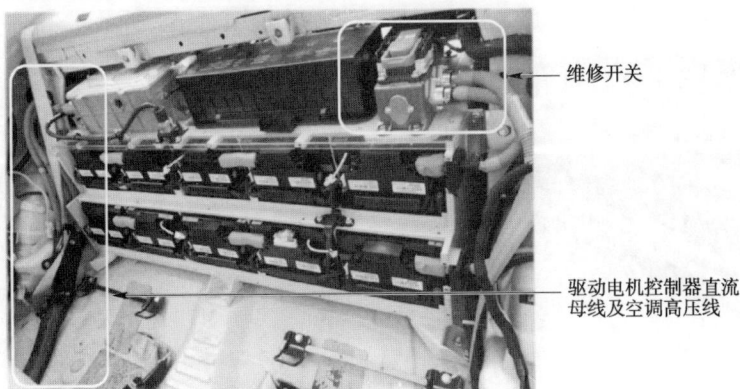

图1-1-55　驾驶舱内部高压电器

④底盘高压电器。底盘高压电器如图 1-1-56 所示。

驱动电机控制器母线
及空调高压线

图 1-1-56　底盘高压电器

⑤前舱高压电器。前舱高压电器如图 1-1-57 所示。

空调配电盒、电动压缩机、PTC水加热器

驱动电机

驱动电机控制器与DC总成

图 1-1-57　前舱高压电器

(2)高压系统各部件识别。以下以比亚迪秦为例,介绍高压系统各部件的安装位置及功能。

①动力电池包(Battetry Pack)总成(即动力蓄电池组总成)。

安装位置:后排座椅与行李舱之间。动力电池包如图 1-1-58 所示。

图 1-1-58　动力电池包总成

功用:为整车驱动电机提供电动力,执行充电和放电工作。

采样线束:动力电池包的采样线束如图1-1-59所示。

图1-1-59　采样线束及连接器

②维修开关(Service Switch)总成。

安装位置:维修开关位于动力电池包总成上方左上角,它连接动力电池的一个正极和负极,如图1-1-60所示。

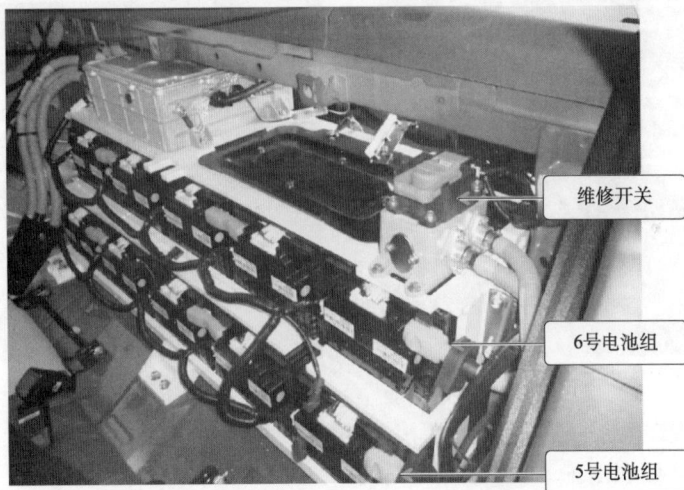

图1-1-60　维修开关位置

功用:在车辆维修时直接断开高压回路,从而保证操作人员的安全,如图1-1-61所示。

使用:维修开关正常状态时,手柄处于水平位置;需要拔出时,应先将手柄转至竖直状态,再向上拔出;需要插上时,应先沿竖直方向用力向下插入,再将手柄转至水平状态。维修开关的状态如图1-1-62所示。

③高压配电箱(High Voltage Distribution Assy)总成。

安装位置:高压配电箱简称HVDB,位于后行李舱动力电池包支架右上方,如图1-1-63所示。

功用:将电池包的高压电流分配给整车高压电器使用,其上游是电池包,下游包括驱动电机控制器及DC总成、PTC水加热器、电动压缩机、漏电传感器;也将车载充电器的高压直流电分配给电池包。

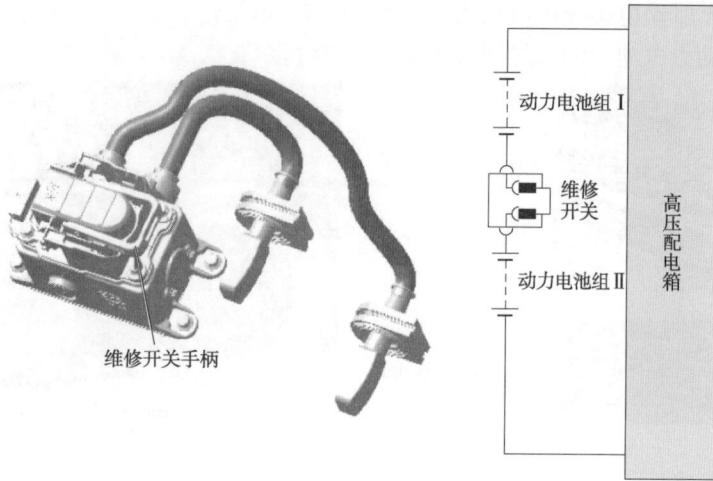

图 1-1-61　维修开关线路示意图

开关断开状态　　　　　　　　　　开关闭合状态

图 1-1-62　维修开关状态

结构:外部有高压端子、低压线束、漏电传感器检测线、空调熔断丝、车载充电器熔断丝。高压配电箱外部结构如图 1-1-64 所示。

图 1-1-63　高压配电箱位置

图 1-1-64　高压配电箱外部结构

高压配电箱外部的高压端子如图 1-1-65 所示。

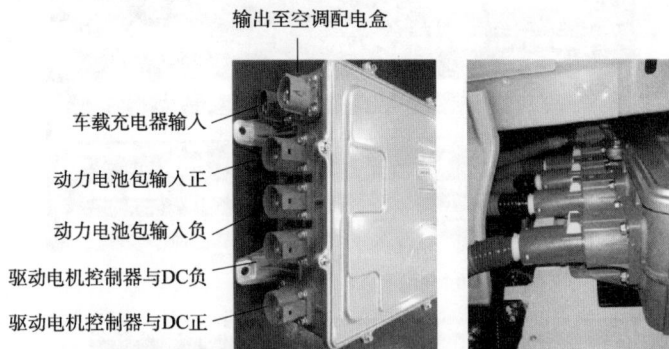

输出至空调配电盒
车载充电器输入
动力电池包输入正
动力电池包输入负
驱动电机控制器与DC负
驱动电机控制器与DC正

图 1-1-65　高压配电箱外部高压端子

④漏电传感器。

安装位置:漏电传感器位于车身后围搁物板前加强横梁上,如图 1-1-66 所示。

功能:用于对电动汽车直流动力电源母线及外壳、车身与底盘之间的绝缘阻抗检测,通常检测与动力电池输出相连接的负极母线与车身底盘之间的绝缘电阻,来判断动力电池包的漏电程度。当动力电池包漏电时,传感器发出一个信号给电池管理控制器,电池管理控制器接到漏电信号后,进行相关保护操作并报警,防止动力电池包的高压电外泄,造成人或物品的伤害和损失。

漏电传感器
检测端
信号端

图 1-1-66　漏电传感器

⑤分布式电池管理系统。

系统组成:分布式电池管理系统(Distributed Battery Management System,DMBS),由 10 个电池信息采集器(Battery Information Collector,BIC)和 1 个电池管理控制器(Battery Management Controller,BMC 组成)。

安装位置:10 个 BIC 分别位于 10 个动力电池组前端(图 1-1-67),BMC 位于行李舱车身右 C 柱内板后段,如图 1-1-68 所示。

功能:主要功能是电压采样、温度采样、电池均衡、采样线异常检测等。

⑥驱动电机控制器与 DC 总成。

安装位置:驱动电机控制器与 DC 总成位于前舱左侧,如图 1-1-69 所示。

驱动电机控制器与 DC 总成如图 1-1-70 所示。

功能:驱动电机控制器用于控制电动机运转;DC 用于直流电压的转换(升压控制)。

10个电池信息采集器(BTC)

图 1-1-67　电池信息采集器

电池管理控制器(BMC)

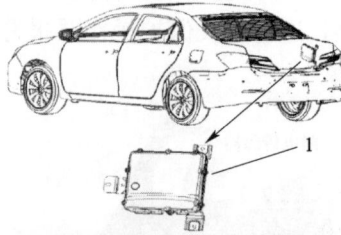

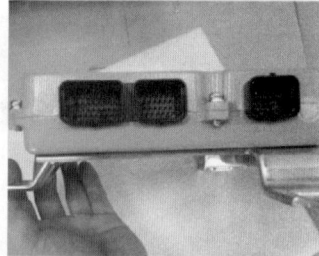

1

图 1-1-68　电池管理控制器

图 1-1-69　驱动电机控制器与 DC 总成安装位置

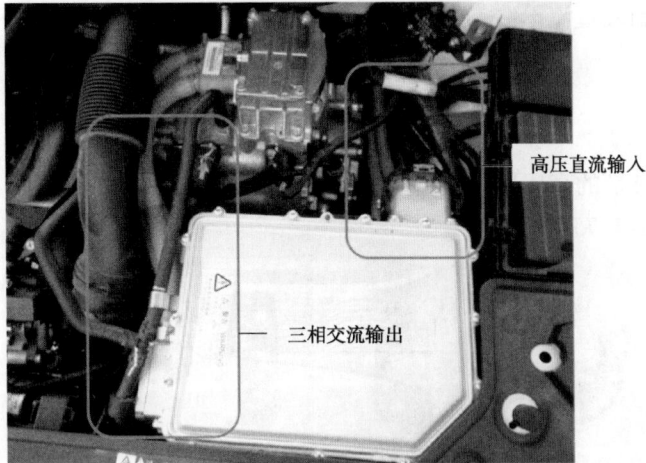

图 1-1-70 驱动电机控制器与 DC 总成

⑦充电系统。

a. 交流充电连接装置及交流充电口总成位置：交流充电连接装置及交流充电口总成位置如图 1-1-71 所示。

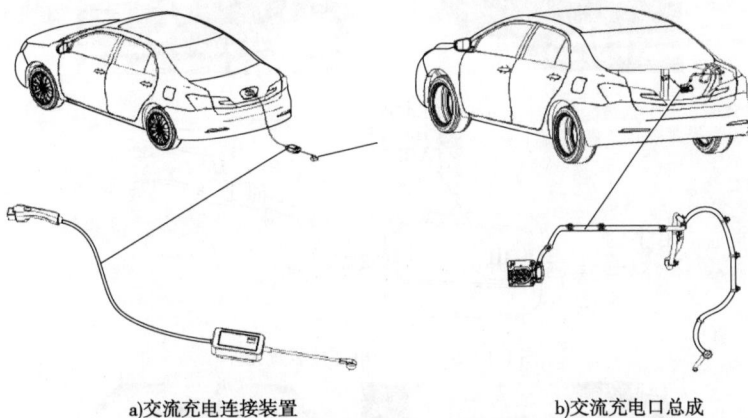

a)交流充电连接装置　　　　　　　　b)交流充电口总成

图 1-1-71 交流充电连接装置及交流充电口总成位置

b. 交流充电连接装置：交流充电连接装置连接供电端三芯插头，充电连接装置上的控制盒点亮"Ready"指示灯。同时"Charge"指示灯闪烁，如图 1-1-72 所示。

c. 交流充电口总成：交流充电口总成又称慢充口，位于行李舱门上，用于将外部充电设备的交流电源连接到车辆充电回路上。车辆外部通过充电连接装置连接到交流充电设备，车辆内部通过高压电缆连接到车载充电器上，如图 1-1-73 所示。

d. 车载充电器：车载充电器(On-Board Charger Assy，OBC)，位于行李舱右部。车载充电器将交流充电口传递过来的交流电源转换为直流高压电为动力电池充电，如图 1-1-74 所示。

⑧高压电缆。高压电缆是连接动力电池与每个高压负载的"神经"，由高压电缆将动力电池的电能输送到每个高压负载，保障负载电力输送的稳定性。整车高压电缆线束包含有：

a. 电池包正、负极连接线。

b. 电池包串联线Ⅰ、Ⅱ。

c. 驱动电机控制线直流母线。

d. 空调高压线。

e. PTC 小线。

f. 车载充电器小线。

g. 其他零部件自带的高压橙色线束。

高压电缆如图 1-1-75 所示。

图 1-1-72　交流充电连接装置元件

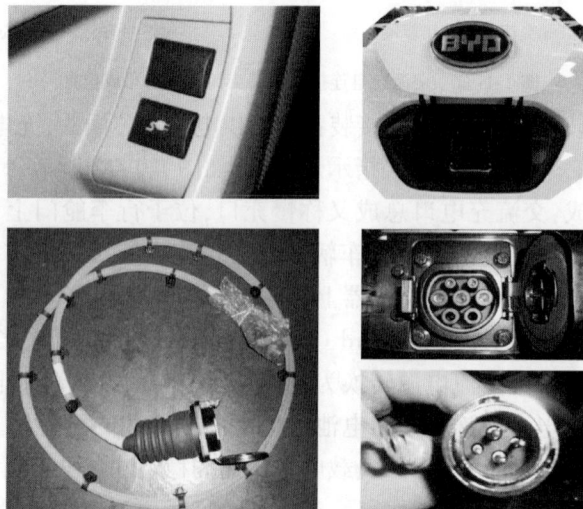

图 1-1-73　交流充电口总成元件

图 1-1-74　车载充电器

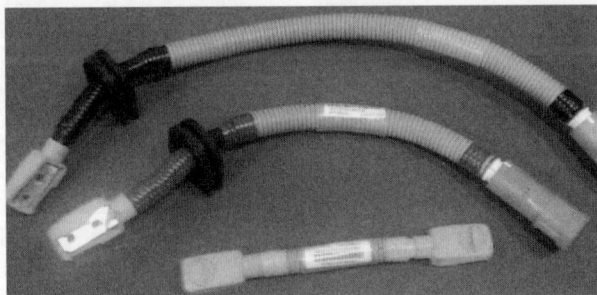

图 1-1-75　高压电缆外观图

任务实施

(一) 工作准备

(1)防护装备：常规实训着装。

(2)车辆、台架、总成：北汽 EV200；比亚迪秦；丰田普锐斯；其他同类新能源汽车。

(3)专用工具、设备：无。

(4)手工工具：无。

(5)辅助材料：无。

(二) 实施步骤

▶ 1.北汽新能源纯电动汽车电路元件的识别

1)整车性能参数

参照"相关知识"的内容,查找整车及电器部件的标牌,识别整车的性能参数。

2）整车结构

参照"相关知识"的内容,查找整车主要电器元件在整车中的相对位置。

3）主要部件识别

（1）动力电池。参照"相关知识"的内容,查找并识别动力电池。

（2）驱动电机及控制器。参照"相关知识"的内容,查找并识别驱动电机及控制器。

（3）动力控制单元（PDU）。参照"相关知识"的内容,查找并识别 PDU。如果该车型没有配置,则查找并识别高压控制盒、DC/DC 变换器以及车载充电机。

（4）仪表台。参照"相关知识"的内容,查找并识别仪表各指示灯、仪表的按钮（操纵杆）使用说明和显示模式。

（5）起动开关。参照"相关知识"的内容,查找并识别起动开关各挡位的功能。

（6）换挡杆。参照"相关知识"的内容,查找并识别换挡杆的位置功能。

（7）灯光操作。参照"相关知识"的内容,查找并识别灯光操作调节按钮的功能。

（8）空调操作。参照"相关知识"的内容,查找并识别空调操作按键的功能。

▶ 2. 比亚迪秦混合动力汽车电路元件的识别

1）低压电气元件的识别

（1）低压电器元件安装位置识别。参照"相关知识"的内容,按以下顺序分别查找相关的低压电气元件安装位置。

①前舱。

②驾驶舱。

③顶篷。

④后部。

（2）12V 电源系统元件识别。参照"相关知识"的内容,查找并识别 12V 电源系统主要零部件。

①正极熔断丝盒Ⅰ。

②车底的低压电源线。

③正极熔断丝盒Ⅱ。

④12V 铁电池。

（3）其他电气系统元件识别。参照"相关知识"的内容,查找并识别以下电气系统主要零部件。

①智能钥匙系统。

②组合仪表。

③灯光系统。

④记忆系统。

⑤多媒体系统。

⑥驻车辅助系统。

⑦全景影像。

2)高压电气元件的识别

(1)高压电气元件安装位置识别。参照"相关知识"的内容,按以下顺序分别查找相关的高压电气元件安装位置。

①行李舱内部。

②驾驶舱内部。

③底盘。

④前舱。

(2)高压系统各部件识别。参照"相关知识"的内容,查找并识别高压系统主要零部件。

①动力电池包及高压线束、采样线束。

②维修开关。

③高压配电箱,包括外部高压端子、低压线束、漏电传感器检测线、空调熔断丝、车载充电器熔断丝。

④漏电传感器。

⑤分布式电池管理系统,包括 BIC 和 BMC。

⑥驱动电机控制器与 DC 总成。

⑦充电系统,包括交流充电连接装置、交流充电口、车载充电器。

⑧高压电缆,包括整车高压电缆线束。

学习测试

1. 填空题

(1)新能源汽车电气分为_____电气和_____电气两部分。

(2)新能源汽车整车电源系统设计为_____模式,_____电源。

(3)低压电池管理系统简称_____。

(4)比亚迪秦的记忆系统包括:_____记忆、_____记忆、_____记忆。

(5)驻车辅助系统主要利用_____的原理来实现的。

(6)动力电池包安装在后排座椅与_____之间。

(7)维修开关位于_____总成上方左上角。

(8)分布式电池管理系统简称_____,由电池信息采集器简称_____和电池管理控制器简称_____组成。

(9)车载充电器将_____传递过来的交流电源转换为直流高压电为动力电池充电。

2. 判断题

(1)新能源汽车的空调系统和传统汽车没有差别。 （ ）

(2)转向轴锁和起动按钮属于智能钥匙系统。 （ ）

(3)比亚迪秦的灯光系统零部件和普通车型基本一致。 （ ）

(4)比亚迪秦的多媒体系统只能通过转向盘按键操作。 （ ）

(5)全景影像系统超广角摄像头采集过来的影像非常清晰而且视野宽阔,无需经过处理即可在显示屏上显示。 （ ）

(6)高压配电箱的功用是将电池包的高压电流分配给整车高压电气使用。　　　（　　）

(7)驱动电机控制器与DC总成的安装位置是行李舱。　　　（　　）

(8)交流充电口总成又称快充口，用于将外部充电设备的交流电源连接到车辆充电回路上。　　　（　　）

(9)高压电缆将发电机的电能输送到每个高压负载。　　　（　　）

3. 单项选择题

(1)比亚迪秦的低压系统由三个电源共同提供，分别为（　　）。

    A. 12V铁电池、AC/DC和发电机

    B. 12V铁电池、DC/DC和发电机

    C. 12V铅酸电池、DC/DC和发电机

    D. 500V铁电池、DC/DC和发电机

(2)以下属于比亚迪秦的组合仪表显示信息的是（　　）。

    A. 车速表、发动机转速表、燃油表、发动机冷却液温度表

    B. 功率表、电量表、里程、能量流程图

    C. 挡位、时间、室外温度、行车信息、故障提示信息

    D. 以上都正确

(3)漏电传感器判断动力电池包的漏电程度，是检测与动力电池输出相连接的负极母线与车身底盘之间的（　　）。

    A. 绝缘电阻   B. 绝缘电压

    C. 绝缘电流   D. 放电量

(4)新能源汽车动力系统的总控中心是（　　）。

    A. 电池管理系统   B. 高压配电箱

    C. 驱动电机控制器   D. DC/DC

(5)比亚迪秦高压系统故障指示灯包括（　　）。

    A. 动力系统故障灯

    B. 动力电池过热警告灯和动力电池故障警告灯

    C. 电动机冷却液温度过高警告灯和电动机过热警告灯

    D. 以上都正确

任务2　新能源汽车电路图识读

提出任务

一辆电动汽车,事故修复后需要检查全车电路是否正常,你的主管让你参照电路图进行检查,你能完成这个任务吗?

任务要求

知识要求

1. 能够描述新能源汽车电路图中元素的编码规则;
2. 能够描述新能源汽车电路图中整车配电及低压线束的位置和规格。

能力要求

能够进行新能源汽车电路图的识读。

相关知识

要进行新能源汽车电路的检修,除了能识别基础的电器元件外,还应该能读懂新能源汽车的电路图。以下分别以北汽新能源纯电动汽车和比亚迪秦混合动力汽车为例,介绍新能源汽车电路图的识别方法。

▶ 1.北汽新能源纯电动汽车电路图识读

1)如何使用电路图

北汽新能源汽车的电路图手册可以提供车辆线路和诊断信息,为了有效使用电路图对车辆进行诊断和修理,首先了解车辆的所有特性是非常重要的。

北汽新能源纯电动汽车提供的电路图中的电源和点火开关一般放到充电系统。

电路图中所表示的所有开关、元件、模块都是处于静止位置(车门关闭,钥匙从点火开关中拔出)。

电路图上表示的元件和线路可能与实际车辆上看到的不一样,例如一根短导线和一根长导线画得一样长。另外,开关和其他元件表示的尽可能简单,仅考虑到所起到的作用。

电路图按系统分为几个组,如果一个元件在某个系统中出现的最多,那么该元件将在该组中完全(所有导线、对接插件及针脚)显示。例如"背光调节"在组合仪表中出现的最多,那么在组合仪表中,它完全显示,如果它包括某些相关电路,那么它会在另一个系统中部分显示。

可以根据电路图上的名称/代码来识别元件、对接插件。

2)电路图接线的颜色信息

电路图中导线的颜色(线色代码)见表1-2-1。

北汽新能源系列车型线色代码一览表　　　　　　　表1-2-1

线　　色	代　　码	线　　色	代　　码
红色	R	绿色	G
橙色	O	蓝色	L
白色	W	棕色	Br
黑色	B	灰色	Gr
黄色	Y	粉红色	P
紫色	V	浅绿色	Lg

3)熔断丝、继电器和元件的代码

电路图中涉及的部分熔断丝、继电器和元件的代码见表1-2-2,表中没有涉及的元件代码,请参照相关电路图的说明。

北汽新能源系列车型熔断丝、继电器和元件代码　　　　　　　表1-2-2

序号	代码	对应元件名称	备　　注
1	BA	低压蓄电池	—
2	MF01	熔断丝架 MF 上的熔断丝 1	其他熔断丝根据编号类推
3	FB17	熔断丝架 FB 上的熔断丝 17	其他熔断丝根据编号类推
4	J1	ON 挡继电器	—
5	K36	点火开关	—
6	PB	高压蓄电池(动力电池)	—
7	U100	整车控制器 VCU	—
8	QIC	快充接口	—
9	TMC	驱动电机控制器	—
10	VPC	真空泵控制器	—
11	U103	BCM	—

序号	代码	对应元件名称	备 注
12	J5	空调继电器	—
13	J2	充电继电器	—
14	J7	DC/DC 继电器	—
15	J8	水泵继电器	—
16	U101	空调控制器	—
17	KO	组合仪表	—
18	EPS	电动转向控制模块	—
19	DPT	数据采集终端	—
20	HCB	高压控制盒	—

4)电路图样例

以下列举北汽新能源纯电动汽车电路图样例,图 1-2-1 所示是 E150 诊断接口的电路图;图 1-2-2 所示是 E150 DC/DC 转换器的电路图。

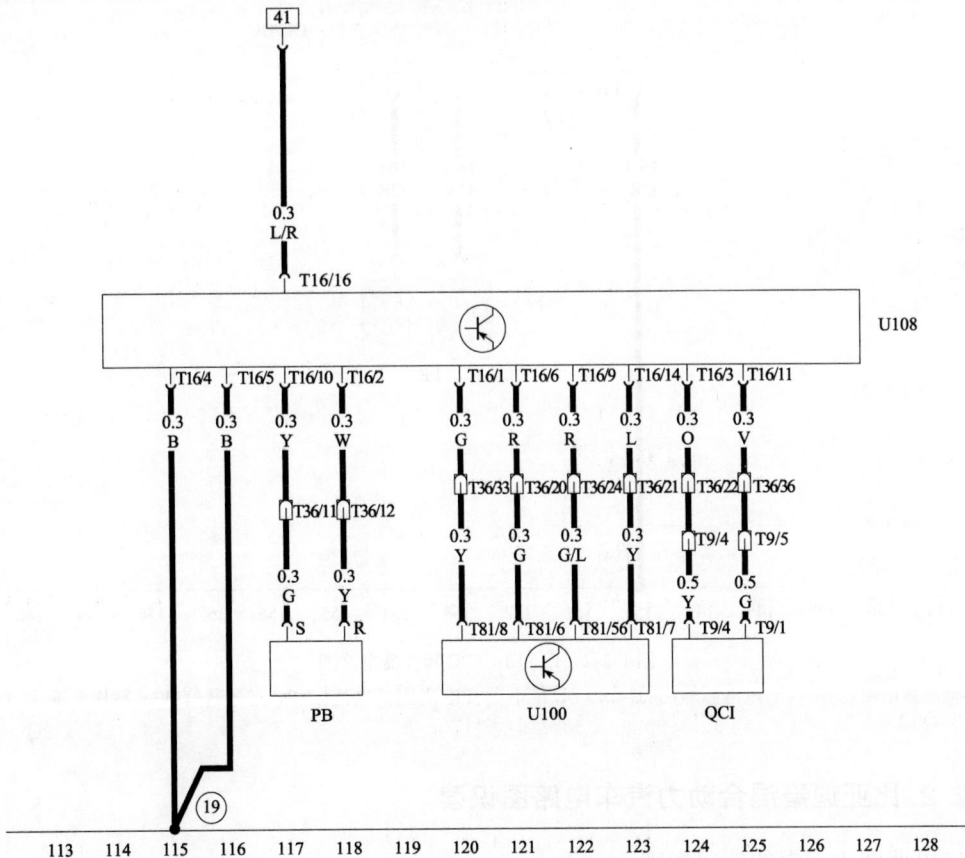

图 1-2-1　E150 诊断接口电路图

T36-整车控制器线束与仪表线束对接插件;U108-诊断接口;PB-高压蓄电池;U100-整车控制;T9-快充接口连接插头;QCI-快充接口;19 -搭铁点

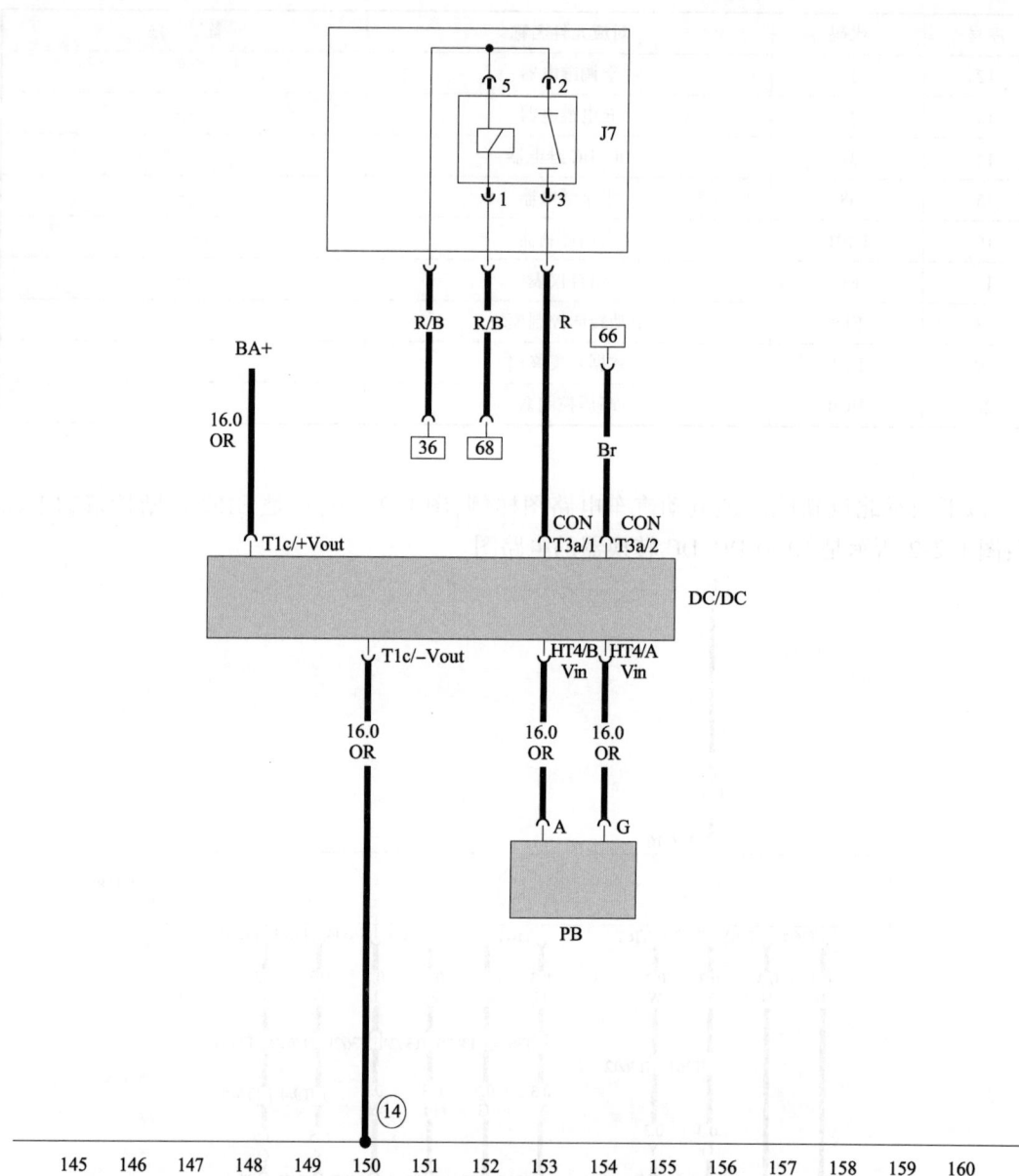

图 1-2-2　E150 DC/DC 转换器电路图

BA + -低压蓄电池；VOUT- 低压电源输出；J7- DC/DC 继电器；PB-高压蓄电池；CON- 充电通信；Vin-高压电输入；14 -搭铁点

▶2. 比亚迪秦混合动力汽车电路图识读

1）电路图中元素的编码规则

新能源汽车电路图中的元素与普通车辆基本相同，具有接插件、熔断丝、继电器、导线以及用电器等，如图 1-2-3 所示。

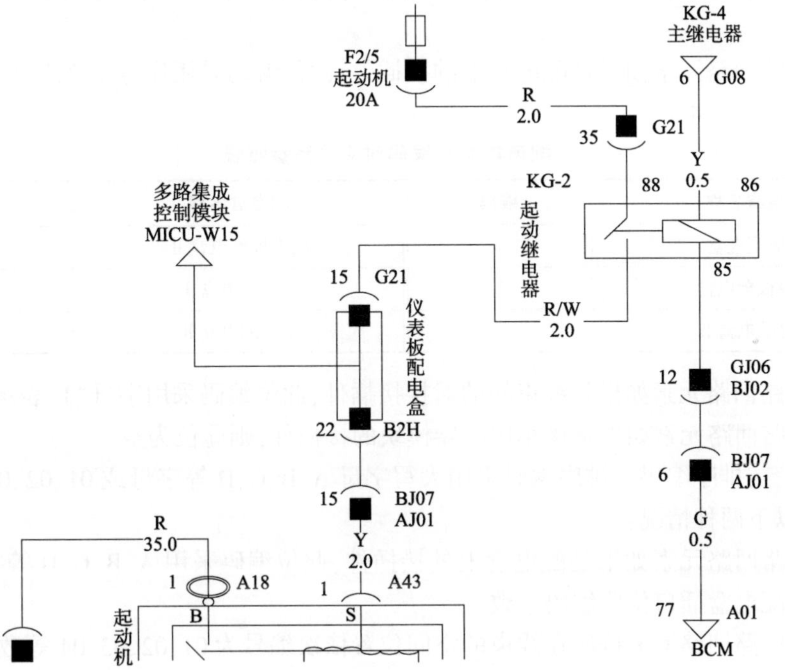

图 1-2-3　新能源汽车电路图示例

（1）接插件的编码。电路图中接插件编码由三部分组成，分为三种类型，如图 1-2-4 所示。

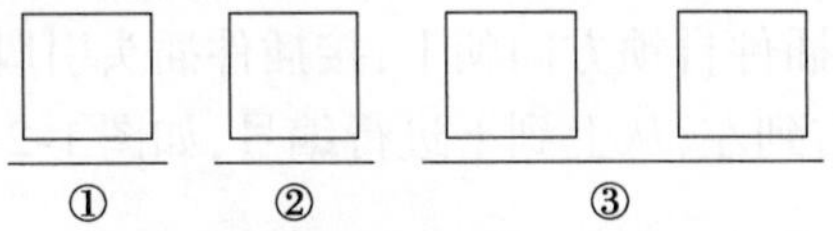

第一位位置	第二位类别	第三位排序
线束代码（字母）	线束对接编号 J	接插件编号（数字）
	空	
	配电盒代码	配电盒端口（字母）

图 1-2-4　接插件类型

①类型一：位置编码。采用 A、B、C、G、K 等字母表示，该编码取决于电路回路元素所属线束的位置，对应关系参照表 1-2-3。

位置编码对应关系参照表　　　　　　　　　　　　　表 1-2-3

线束名称	装配位置	编码	线束名称	装配位置	编码
发动机线束	发动机	A	顶篷线束	顶篷	P
前舱线束	前舱	B	左前门线束	左前门	T
前横梁线束	前横梁	C	右前门线束	右前门	U
仪表板线束	管梁	G	左后门线束	左后门	V
地板线束	地板	K	右后门线束	右后门	W

②类型二:类别编码。类别编码采用 1、2、3 等阿拉伯数字或大写字母 J 表示,分为以下三种情况:

a.该电路回路元素如果是配电盒上的接插件,此位编码采用序号 1、2、3 等数字表示,配电盒编码见表 1-2-4。

配电盒类别编码对应关系参照表 表 1-2-4

配电盒名称	编码	配电盒名称	编码
前舱配电盒	1	仪表板配电盒Ⅱ	4
仪表板配电盒	2	正极配电盒Ⅰ	5
前舱配电盒Ⅱ	3	正极配电盒Ⅱ	8

b.该电路回路元素如果是线束间的对接接插件,此位编码采用字母"J"表示。

c.该电路回路元素如果是接车用电器模块的接插件,则此位为空。

③类型三:排序编码。排序编码采用大写字母 A、B、C、D 等字母或 01、02、03、04 等数字表示,分为以下两种情况:

a.该电路回路元素如果是配电盒上的接插件,此位编码采用 A、B、C、D 等字母,该位与接插件所在配电盒插口位置编码一致。

b.其他电路回路元素按所在线束的空间位置依次编号为 01、02、03、04 等数字。

例如,仪表线束上接电气件的接插件:G05;仪表线束上的对接接插件:GJ01;仪表线束上接配电盒的接插件:G2A。

(2)接插件针脚、导线的识别。

①接插件针脚识别。接插件自锁方向朝上,接插件插头引脚按从左到右,从上到下进行编号;接插件插座引脚按从右到左,从上到下进行编号,如图 1-2-5 所示。

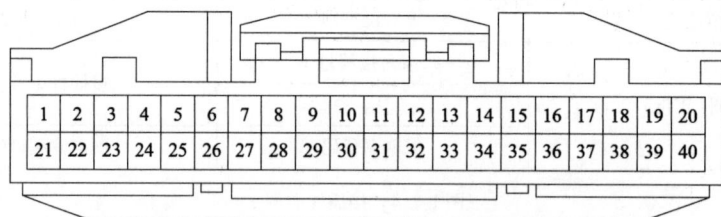

图 1-2-5 接插件针脚识别图

②导线识别。导线的识别见表 1-2-5。

导线识别表 表 1-2-5

线束类型	作　用	图　例	电路图中标示
标准线	用于一般情况的导线连接,无需屏蔽要求		R/Y 1.25

线束类型	作　用	图　例	电路图中标示
双绞线	在低频情况下，双绞线可以靠自身来抵抗外来干扰及相互之间的串音，比如低速 CAN、扬声器		
屏蔽线	能够将辐射降低在一个范围内，或者防止辐射进入导线内部，造成信号干扰，比如音频信号线(屏蔽网接地)		

导线的颜色见表 1-2-6。

导线颜色对照表　　　　　　　　　　　　　　　　表 1-2-6

字母	W	B	R	G	L	O	Br	Y	Gr	P	V
颜色	白	黑	红	绿	蓝	橙	棕	黄	灰	粉红	紫

双色导线的颜色布置如图 1-2-6 所示。

导线颜色(线色)和导线直径(线径)在电路图上的标示如图 1-2-7 所示。

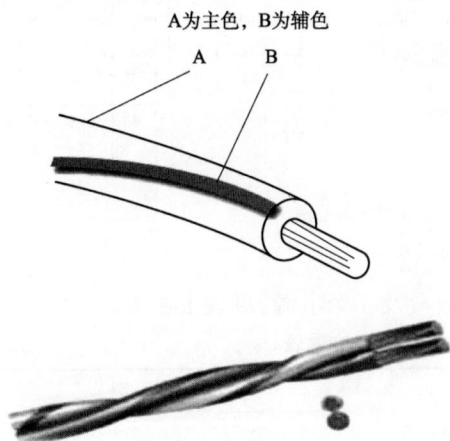

A为主色，B为辅色

A　　B

图 1-2-6　双色导线颜色布置

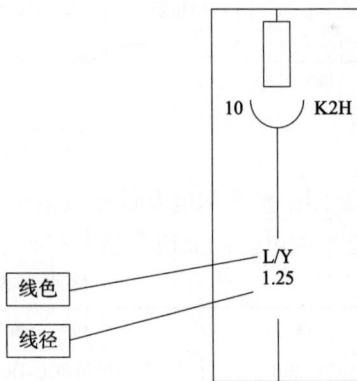

10　　K2H

L/Y
1.25

线色

线径

图 1-2-7　线色和线径的标示

(3)熔断器的编码规则。电路图中熔断器编码规则如下：

①前舱配电盒附配的熔断器按相应的位置编号为 F1/1、F1/2 等。

②仪表板配电盒附配的熔断器按相应的位置编号为 F2/1、F2/2 等。

③仪表板配电盒Ⅱ附配的熔断器按相应的位置编号为 F4/1、F4/2 等。

④正极配电盒Ⅰ附配的熔断器按相应的位置编号为 F5/1、F5/2 等。

⑤正极配电盒Ⅱ附配的熔断器按相应的位置编号为 F8/1、F8/2 等。

⑥底板线束外挂的熔断器按相应的位置编号为 FX/1、FX/2 等。

图 1-2-8 所示为熔断器编码规则范例。

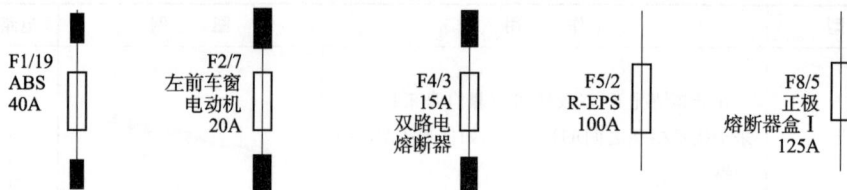

图 1-2-8 熔断器编码规则范例

（4）继电器的编码规则。电路图中继电器编码规则如下：

①前舱配电盒附配的继电器按相应的位置编号为 K1-1、K1-2 等。

②仪表板配电盒附配的继电器按相应的位置编号为 K2-1、K2-2 等。

③仪表板配电盒Ⅰ附配的熔断丝按相应的位置编号为 K4-1、K4-2 等。

④外挂继电器按相应的线束编号为 KG-1、KG-2…KC1-1、KC2-1…KX-1 等。

⑤控制模块内部不可拆卸继电器按相应的位置编号为 KI-1、KI-2 等。

图 1-2-9 所示为继电器编码规则范例。

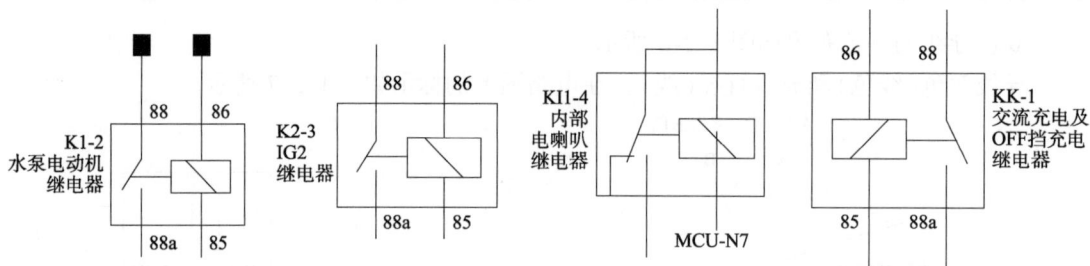

图 1-2-9 继电器编码规则范例

2）电路图中整车配电及低压线束位置和规格

（1）整车配电。比亚迪秦整车有 5 个配电盒及 3 个电源，见表 1-2-7。

比亚迪秦配电盒和电源位置表 表 1-2-7

名　　称	位　　置	备　　注
正极熔断丝盒Ⅰ	发动机舱（DC-DC 旁边）	
正极熔断丝盒Ⅱ	行李舱（低压铁电池旁边）	
前舱配电盒	发动机舱左侧	
仪表板配电盒Ⅰ	仪表台管梁左侧	
仪表板配电盒Ⅱ	仪表台管梁右侧	
3 个电源		
低压铁电池	发电机	DC/DC

比亚迪秦整车配电原理图，如图 1-2-10 所示。

①前舱配电盒。比亚迪秦前舱配电盒位置，如图 1-2-11 所示。

比亚迪秦前舱配电盒接口的定义（编号），如图 1-2-12 所示。

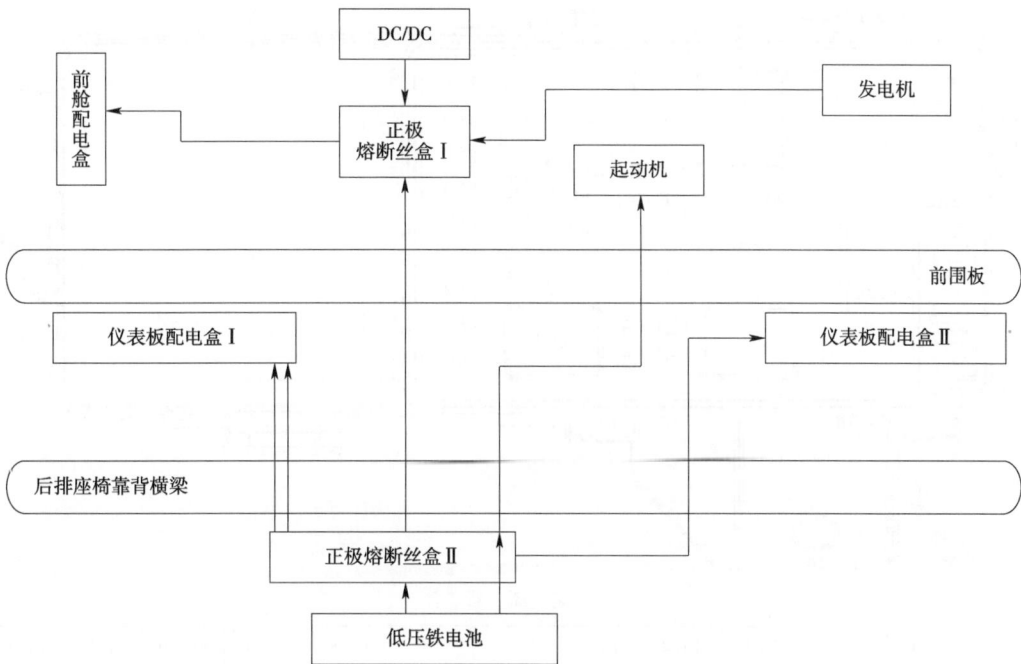

图 1-2-10　整车配电原理图

图 1-2-11　前舱配电盒位置图
1-前舱配电盒;2-正极熔断丝盒1;
3-前横梁线束外挂继电器盒I;4-前
横梁线束外挂继电器盒II;5-前舱
配电盒II(匹配真空泵)

图 1-2-12　前舱配电盒接口定义

比亚迪秦前舱配电盒熔断丝(熔断器)、继电器编号及规格,如图1-2-13所示。

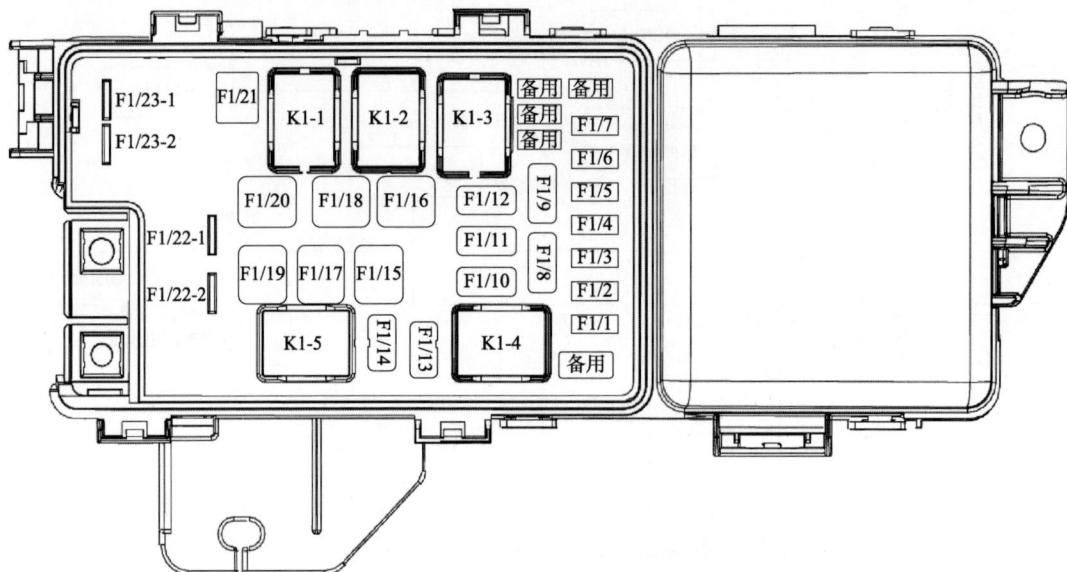

熔断器

编号	F1/1	F1/2	F1/3	F1/4	F1/5	F1/6	F1/7	F1/8	F1/9	F1/10	F1/11	F1/12
规格	10A	10A	10A	10A	10A	15A	7.5A	15A	15A	20A	15A	10A
说明	右远光灯	左远光灯	左近光灯	右近光灯	空调水泵	小灯	MCU	冷却液循环泵	EMS	前雾灯	昼行灯	冷却水泵

编号	F1/13	F1/14	F1/15	F1/16	F1/17	F1/18	F1/19	F1/20	F1/21	F1/22-1	F1/22-2	F1/23-1
规格	15A	20A	40A	30A	25A	40A	40A	25A	40A	125A	50A	30A
说明	转向、警告灯	喇叭、制动灯	后除霜	TCU	ESP	ACM-H	ESP	ACM-H	鼓风机	主熔断器	前配Ⅱ	冷却风扇

编号	F1/23-2
规格	30A
说明	冷凝风扇

继电器

编号	K1-1	K1-2	K1-3	K1-4	K1-5
规格	30A	30A	30A	30A	30A
说明	鼓风机	冷却水泵	后除霜	前雾灯	昼行灯

图1-2-13 前舱配电盒熔断丝(熔断器)、继电器编号及规格

②仪表板配电盒。比亚迪秦仪表板配电盒位置,如图 1-2-14 所示。

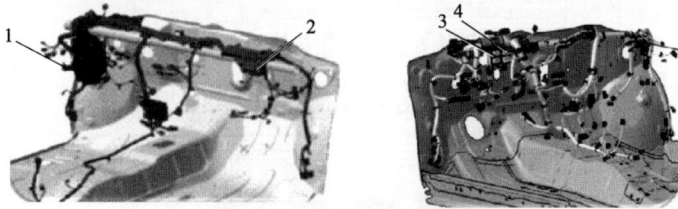

图 1-2-14　仪表板配电盒位置图

1-仪表板配电盒Ⅰ;2-仪表板配电盒Ⅱ;3-仪表板线束外挂继电器座Ⅰ;4-仪表板线束外挂继电器座Ⅱ

比亚迪秦仪表板配电盒接口的定义(编号),如图 1-2-15 所示。

图 1-2-15　仪表板配电盒接口定义

比亚迪秦仪表板配电盒熔断丝(熔断器)、继电器编号及规格,如图1-2-16所示。

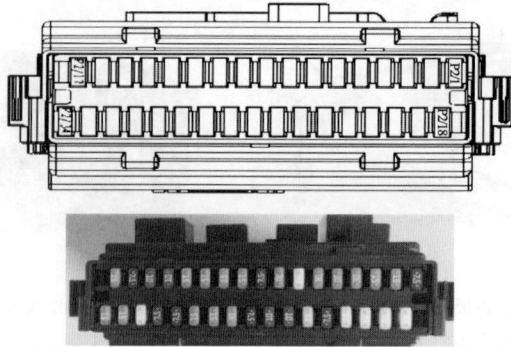

熔　断　器

编号	F2/1	F2/2	F2/3	F2/4	F2/5	F2/6	F2/7	F2/8	F2/9	F2/10	F2/11	F2/12
规格	7.5A	15A	15A	30A	30A	30A	20A	15A	7.5A	15A	15A	15A
说明	P挡控制器	燃油泵	P挡电动机	电喷1	起动机	主驾电动座椅	左前车窗	DLC	IG2	EMS、TCU模块	电动机控制器	洗涤电动机

编号	F2/13	F2/14	F2/15	F2/16	F2/17	F2/18	F2/19	F2/20	F2/21	F2/22	F2/23	F2/24
规格	15A	5A	10A	7.5A	15A	20A	20A	20A	20A	7.5A	25A	10A
说明	IG1	ESP ECU	REPS ECU	EPB ECU	SRS	左后车窗	右后车窗	右前车窗	电动天窗	转向轴锁	门锁电动机	门灯、室内灯

编号	F2/25	F2/26	F2/27	F2/28	F2/29	F2/30	F2/31	F2/32	F2/33	F2/34	F2/35	F2/36
规格	10A	7.5A	15A	15A	15A	7.5A	10A	20A	7.5A	15A	30A	30A
说明	模块常电	后雾灯	电喷2	点烟器	备用电源	ACC	外后视镜除霜	点火线圈	氧传感器	燃油压力阀	管柱ECU	刮水器

继　电　器

编号	K2-1	K2-2	K2-3	K2-4	K2-5
规格	30A	30A	30A	30A	30A
说明	IG1继电器	ACC继电器	IG2继电器	电动窗继电器	闪光继电器

图1-2-16　仪表板配电盒熔断丝(熔断器)、继电器编号及规格

③行李舱配电盒。比亚迪秦行李舱配电盒位置,如图1-2-17所示。

图1-2-17　行李舱配电盒位置图

1-正极熔断丝盒Ⅱ;2-地板线束外挂熔断丝、继电器座

④正极熔断丝盒Ⅰ。比亚迪秦正极熔断丝盒Ⅰ及熔断丝(熔断器)规格及编号,如图1-2-18所示。

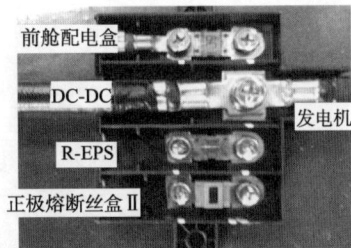

图 1-2-18　正极熔断丝盒Ⅰ及熔断丝(熔断器)规格及编号

编号	F5/1	F5/2	F5/3
规格	80A	100A	125A
说明	前舱配电盒	REPS	正极熔断丝盒Ⅱ

熔断器

⑤正极熔断丝盒Ⅱ。比亚迪秦正极熔断丝盒Ⅱ及熔断丝(熔断器)规格及编号,如图1-2-19所示。

低压铁电池通过正极熔断丝盒Ⅱ向整车提供低压电源。

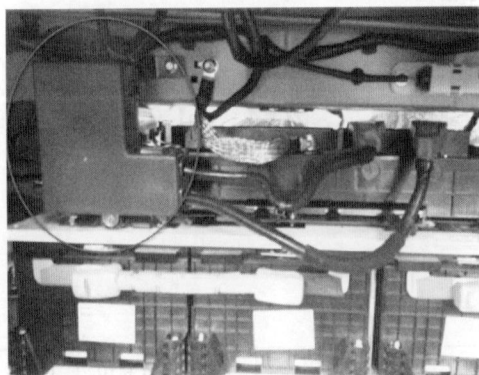

熔　断　器

编号	F8/1	F8/2	F8/3	F8/4	F8/5	F8/6
规格	预留	60A	60A	50A	125A	350A
说明	预留	仪表板配电盒1-1	仪表板配电盒1-2	仪表板配电盒Ⅱ	正极熔断丝盒Ⅰ	起动机

图 1-2-19　正极熔断丝盒Ⅱ及熔断丝(熔断器)规格及编号

⑥前舱配电盒Ⅱ。比亚迪秦前舱配电盒Ⅱ匹配真空泵,继电器规格及编号如图1-2-20所示。

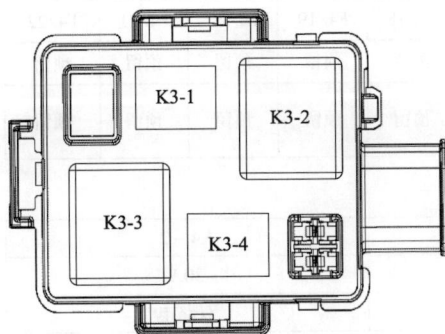

继　电　器

编号	K3-1	K3-2	K3-3	K3-4
规格	预留	70A	70A	预留
说明	预留	制动泵	制动泵	预留

图 1-2-20　前舱配电盒Ⅱ继电器规格及编号

⑦仪表板配电盒Ⅱ。比亚迪秦仪表板配电盒Ⅱ及熔断丝(熔断器)规格及编号,如图1-2-21所示。

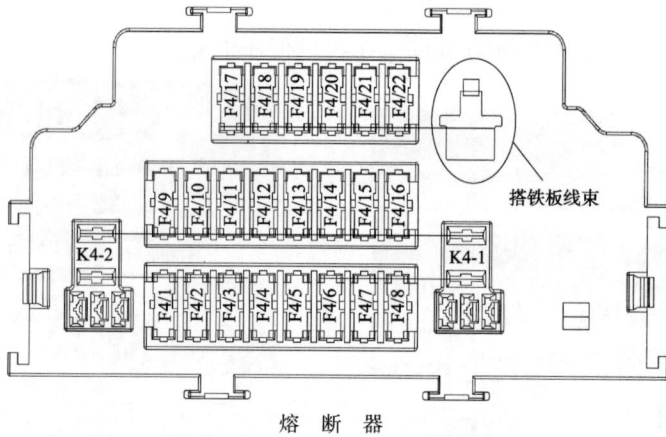

搭铁板线束

熔 断 器

编号	F4/1	F4/2	F4/3	F4/4	F4/5	F4/6	F4/7	F4/8	F4/9	F4/10	F4/11
规格	预留	15A	15A	预留	7.5A	10A	30A	10A	30A	15A	7.5A
说明	预留	电动机控制泵	双路电	预留	空调检测	门控ECU	后排控制面板	压缩机	EPB电动机	多媒体	充电口盖

编号	F4/12	F4/13	F4/14	F4/15	F4/16	F4/17	F4/18	F4/19	F4/20	F4/21	F4/22
规格	15A	7.5A	15A	10A	10A	预留	预留	预留	预留	预留	预留
说明	外置功放	网关常电	BMS	右前门控ECU	Keyless	预留	预留	预留	预留	预留	预留

继 电 器

编号	K4-1	K4-2
规格	30A	30A
说明	IG2-2	双路电

图1-2-21 仪表板配电盒Ⅱ及熔断丝(熔断器)规格及编号

⑧外挂继电器及熔断丝。比亚迪秦外挂继电器及熔断丝，见表1-2-8。

比亚迪秦外挂继电器及熔断丝　　　　　表1-2-8

名　称	位　置	备　注
前横梁线束外挂继电器盒Ⅰ	水箱上横梁中间部位	—
前横梁线束外挂继电器盒Ⅱ	左纵梁前端靠近水箱部位	—
仪表板线束外挂继电器座Ⅰ	仪表台起动按钮面板后部	—
仪表板线束外挂继电器座Ⅱ	仪表台起动按钮面板后部	—
底板线束外挂继电器及熔断丝	右后翼子板内侧	—

a. 前横梁线束外挂继电器盒Ⅰ。前横梁线束外挂继电器盒Ⅰ位置及编号如图1-2-22所示。

图1-2-22　前横梁线束外挂继电器盒Ⅰ位置及编号

b. 前横梁线束外挂继电器盒Ⅱ。前横梁线束外挂继电器盒Ⅱ位置及编号如图1-2-23所示。

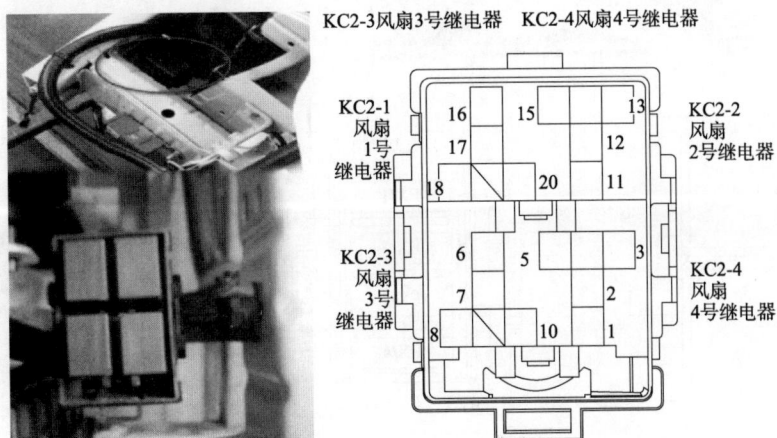

图1-2-23　前横梁线束外挂继电器盒Ⅱ位置及编号

c.仪表板线束外挂继电器座。仪表板线束外挂继电器座Ⅰ和Ⅱ的位置及编号如图1-2-24所示。

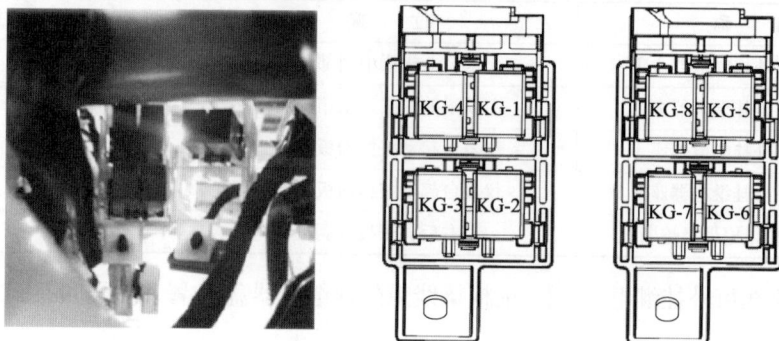

继 电 器

编号	KG－1	KG－2	KG－3	KG－4	KG－5	KG－6	KG－7	KG－8
规格	30A	30A	30A	30A	30A	30A	30A	30A
说明	起动机继电器	P挡电动机继电器	油泵继电器	电喷1	电喷2	预留	压缩机	充电口盖执行器

图 1-2-24　仪表板线束外挂继电器座Ⅰ和Ⅱ的位置及编号

d.底板线束外挂熔断丝(熔断器)、继电器座。底板线束外挂熔断丝、继电器座的位置及编号如图1-2-25所示。

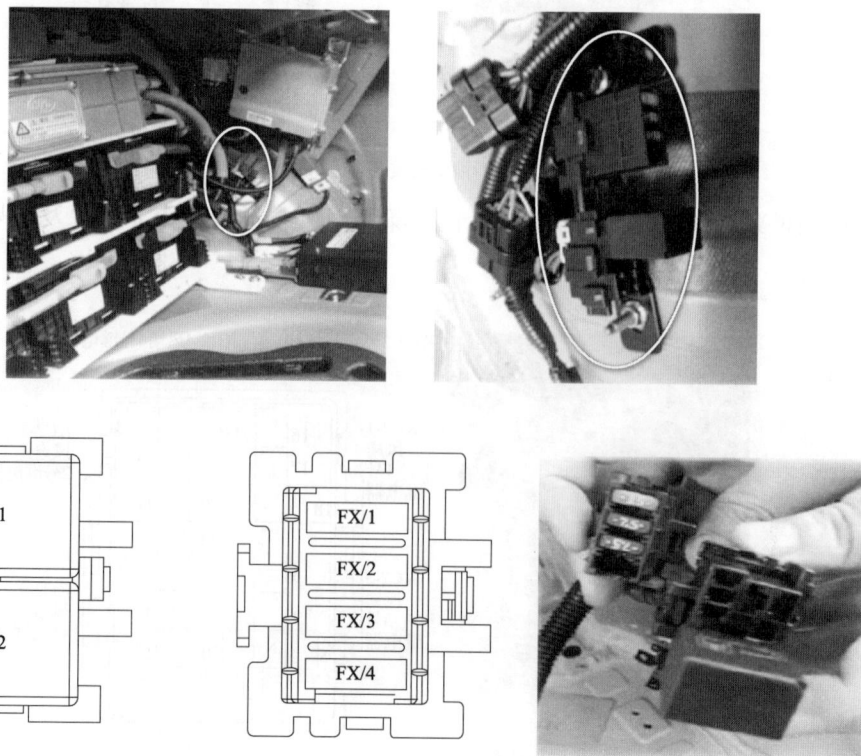

图　1-2-25

熔　断　器

编号	FX/1	FX/2	FX/3	FX/4
规格	15A	7.5A	7.5A	预留
说明	充电口	高压配电箱	BMC	预留

继　电　器

编号	KX－1	KX－2
规格	30A	30A
说明	充电继电器	预留

图1-2-25　底板线束外挂熔断丝(熔断器)、继电器座的位置及编号

（2）整车低压线束。比亚迪秦整车低压线束见表1-2-9。

比亚迪秦整车低压线束　　　　　　　　　　　表1-2-9

序号	内　容	序号	内　容	序号	内　容
1	左前门线束	7	仪表板线束Ⅰ	13	后保险杠小线
2	右前门线束	8	底板线束	14	变速器搭铁线
3	左后门线束	9	前舱线束	15	蓄电池负极线
4	右后门线束	10	后风窗加热负极线	16	高压配电箱搭铁线
5	顶篷线束	11	前横梁线束	17	DC 外壳搭铁线束
6	仪表板线束Ⅱ	12	发动机线束	18	蓄电池正极线束

以下介绍重要的线束位置及编号。

①前横梁线束位置及编号。前横梁线束位置及编号如图1-2-26所示。

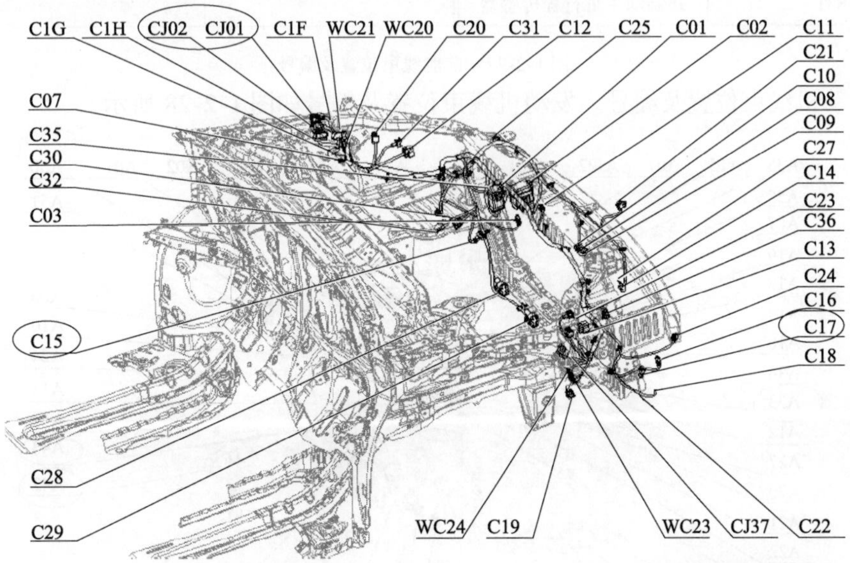

CJ01	接1号继电器座	C15	接散热器出口冷却液温度传感器
CJ02	接2号继电器座	C17	接高压模块水泵

图1-2-26　前横梁线束位置及编号

②前舱线束位置及编号。前舱线束位置及编号如图 1-2-27 所示。

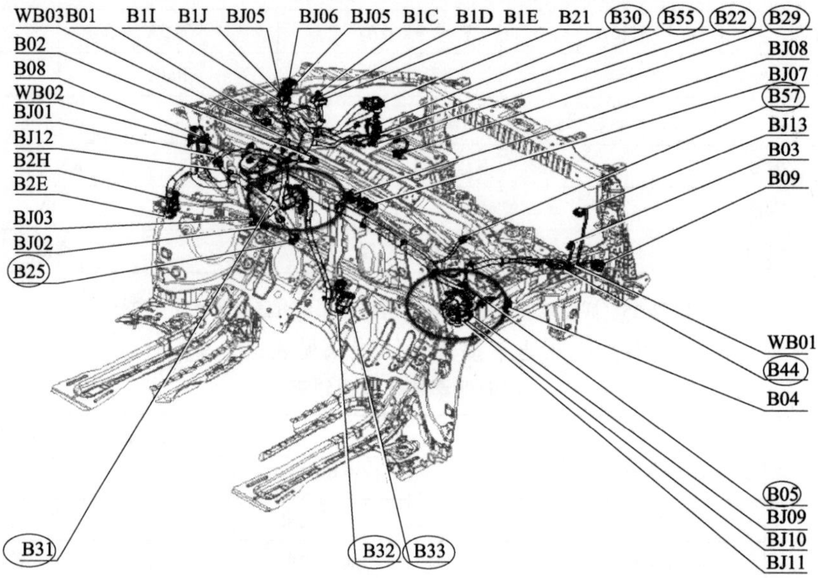

B05	接 ESC-ECU	B32	接 REPS-ECU
B22	接旋转变压器	B33	接 REPS 电动机
B25	接加速踏板传感器	B44	REPS 搭铁
B29	接冷却液温度传感器	B55	接正极熔断丝盒
B30	接 ACM-ECU	B57	接 PTC 传感器
B31	接制动主缸行程传感器		

图 1-2-27 前舱线束位置及编号

③发动机线束位置及编号。发动机线束位置及编号如图 1-2-28 所示。

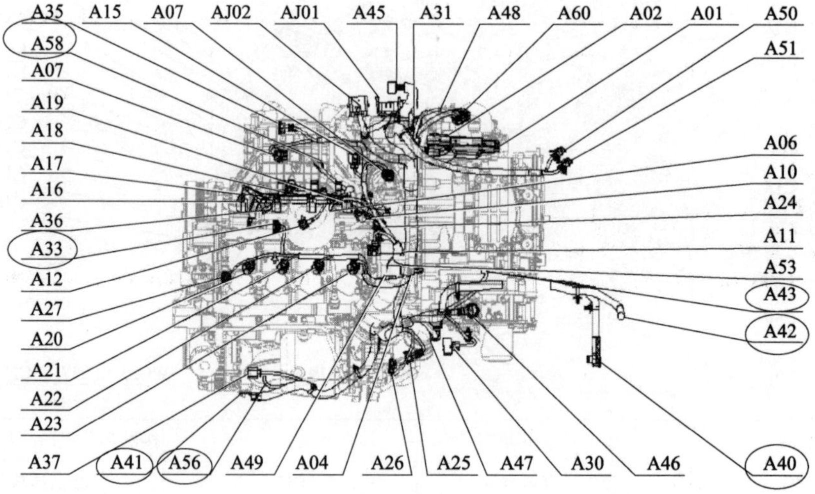

图 1-2-28

A40	接 DC 控制器	A56	接压缩机
A41	接发电机 B 端	A58	接 PTC 水泵
A42	接前舱配电盒	A33	接冷却液循环泵
A43	接起动机端		

图 1-2-28　发动机线束位置及编号

④仪表板线束短接器位置及编号。仪表板线束短接器位置及编号如图 1-2-29 所示。

图 1-2-29　仪表板线束短接器位置及编号

⑤底板线束位置及编号。底板线束位置及编号如图 1-2-30 所示。

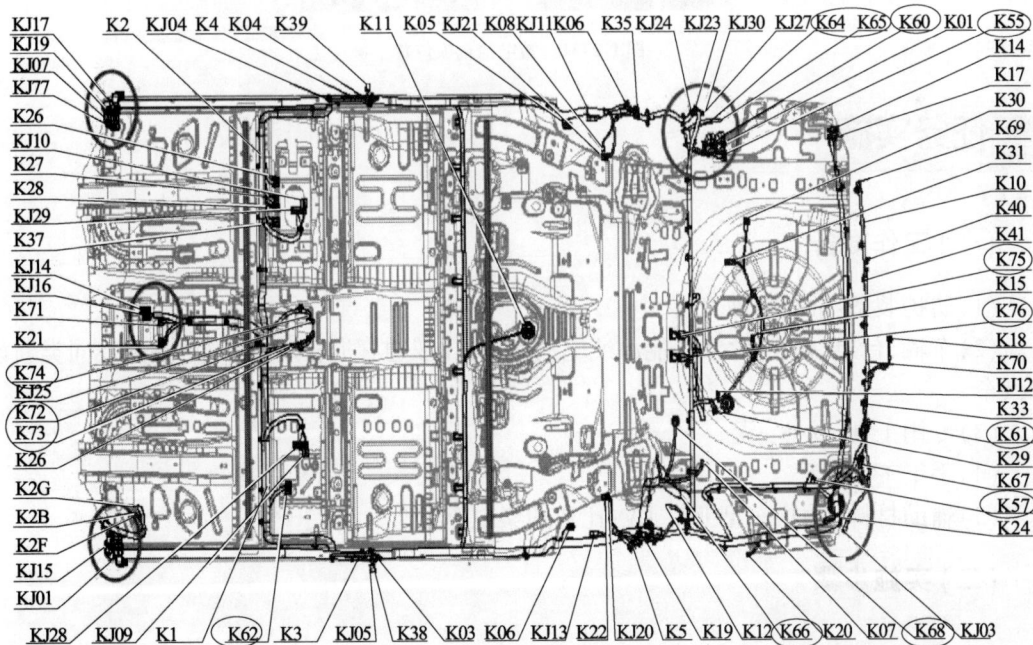

		K65	接电池管理器 B
K55	接车载充电器	K66	接维修开关
		K68	接自动蓄电池
K57	接 EPB 控制器	K72	接 EPB 开关

图　1-2-30

续上表

K60	接继电器座	K73	接副驾座椅加热开关
K61	接充电口执行器	K74	接主驾座椅加热开关
K62	接P挡控制器	K75	接蓄电池正极柱头
K64	接电池管理器A	K76	接蓄电池起动柱头

图1-2-30 地板线束位置及编号

⑥蓄电池正极线束位置及编号。蓄电池正极线束位置如图1-2-31所示。

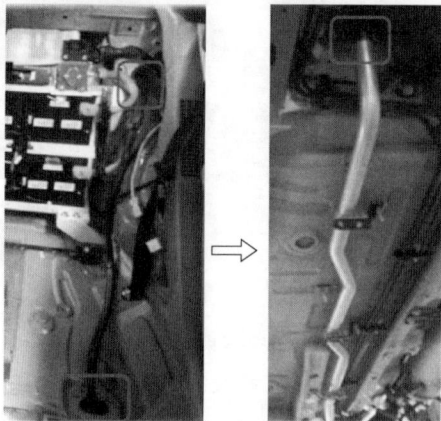

图1-2-31 蓄电池正极位置

任务实施

(一)工作准备

(1)防护装备:常规实训着装。

(2)车辆、台架、总成:北汽新能源纯电动汽车;比亚迪秦混合动力汽车;或其他同类新能源汽车。

(3)专用工具、设备:无。

(4)手工工具:无。

(5)辅助材料:对应车型北汽EV;比亚迪秦电路图。

(二)实施步骤

▶ 1.北汽新能源纯电动汽车电路图识读

(1)北汽EV电路图的特点了解。了解北汽EV电路图的特点。

(2)电路图接线的颜色信息的认识。认识电路图中接线颜色的代码。

(3)熔断丝、继电器和元件的代码。认识电路图中熔断丝、继电器和元件的代码,并能在实车上找到对应的元件。

（4）读懂电路图。读懂电路图手册中的电路图，掌握相关元件之间的关系。

▶ 2.比亚迪秦混合动力汽车电路图识读

1）电路图中元素编码规则的认识

根据电路图，分别查找并认识以下元素，注意区分编码规则。

（1）接插件的编码。

（2）熔断丝的编码。

（3）继电器的编码。

2）电路图中整车配电及低压线束位置和规格的认识

根据电路图，分别查找并认识以下整车配电及低压线束位置和规格。

（1）整车配电的认识。查找比亚迪 5 个配电盒及 3 个电源的位置，并根据整车配电原理图（图 1-2-10）分析它们之间的关系。

（2）配电盒及电源的认识。根据电路图，在实车上查找以下部件的位置、编号及规格。

①前舱配电盒。

②仪表板配电盒。

③行李舱配电盒。

④正极熔断丝盒Ⅰ。

⑤正极熔断丝盒Ⅱ。

⑥前舱配电盒Ⅱ。

⑦仪表配电盒Ⅱ。

⑧外挂继电器及熔断丝。

（3）整车低压线束位置及编号的认识。根据电路图，在实车上查找以下线束的位置、编号及规格。

①前横梁线束。

②前舱线束。

③发动机线束。

④仪表板线束。

⑤地板线束。

⑥蓄电池正极线束。

💡 学习拓展

以下以比亚迪 E6 为例，介绍电路图的识别方法。

▶ 1.比亚迪 E6 线路图上元素的编码规则

1）接插件编码

比亚迪 E6 接插件编码如图 1-2-32 所示。

编码的含义如下：

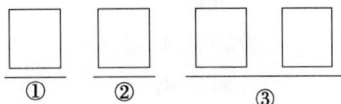

图 1-2-32　比亚迪 E6 接插件编码

（1）位置编码。位置编码也是线束编码，见表1-2-10。

线路图的位置编码   表1-2-10

线束名称	配置位置	编码	备注
发动机线束Ⅰ	发动机	A	如有多条，采用Ab、Ac、Ad等
发动机线束Ⅱ	前舱	Ab	如有多条，采用Ab、Ac、Ad等（S6）
前舱线束	前舱	B	如有多条，采用Ba、Bc、Bd等
前横梁线束	前横梁	C	如有多条，采用Ca、Cb、Cd等
前保险杠线束	前保险杠	D	如有多条，采用Da、Db、Dc等
蓄电池负极线	蓄电池	Ea	—
蓄电池正极线	蓄电池	Eb	—
变速器搭铁线	变速器	Fa	—
发动机搭铁线束	发动机	Fb	—
后风窗加热负极线	后风窗玻璃	Fc	—
仪表板线束Ⅰ	仪表台	G	如有多条，采用Ga、Gb、Gc等
仪表板线束Ⅱ	管梁	Gb	如有多条，采用Ga、Gb、Gc等（S6）
转向盘主小线	转向盘	Ha	—
转向盘副小线	转向盘	Hb	—
光照强度传感器小线	仪表台	Hc	—
PAB配接小线	仪表台	Hd	—
多功能屏配接小线	仪表台	He	—
地脚灯小线	仪表台	Hf	—
前空调配线	空调箱体	Hg	—
EPS小线	EPS	Hk	—
主驾座椅线	主驾座椅	Hm	—
左地板线束	左地板	K	如有多条，采用Ka、Kb等
右地板线束	右地板	M	如有多条，采用Ma、Mb等
车内后排磁卡探测天线引线	地板、探测天线	Na	—
后空调室内温度传感器配线	后空调箱体	Nb	—
油箱小线	油箱	Nc	—
中地板线束	中地板	Nd	—
顶篷线束	顶篷	P	如有多条，采用Pa、Pb等
行李舱线束	行李舱	Q	如有多条，采用Qa、Qb等
后保险杠线束	后保险杠	R	如有多条，采用Ra、Rb等
预留	预留	S	预留编码
左前门线束	左前门	T	如有多条，采用Ta、Tb等
右前门线束	右前门	U	如有多条，采用Ua、Ub等
左后门线束（滑动门）	左后门	V	如有多条，采用Va、Vb等
右后门线束（滑动门）	右后门	W	如有多条，采用Wa、Wb等

线束名称	配置位置	编码	备 注
背门线条	背门	Y	如有多条,采用 Ya、Yb 等
左前轮速传感器	轮速传感器	Za	—
右前轮速传感器	轮速传感器	Zb	—
左后轮速传感器	轮速传感器	Zc	—
右后轮速传感器	轮速传感器	Zd	—
高位制动灯天线	高位制动灯	La	—
前门车外磁卡探测天线引线	磁卡探测天线	Lb	—
DC 输出小线	DC 控制器	Ec	—
旋变小线	DM 动力总成	Ed	—
电喷 ECU 外壳搭铁线	14 部电喷 ECU	Fd	—
主电动机控制器外壳搭铁线束	主电动机控制器	Fe	—
DC 控制器外壳搭铁线束	DC 控制器	Fg	—
功放小线	仪表板与地板	Nf	—
安全气囊线束	前舱、管梁、地板	S	如有多条,采用 Aa(前舱)、Ab(仪表台)、Sc(地板)等
高压电缆部分	高压模块		—
快速充电口	快速充电口	Xa	—
慢速充电口	行李舱牌照板	Xb	—
太阳能充电器高压输出小线	太阳能充电器	Xc	—
高压电缆	车身	Xd	如有多条,可以 Xf……
中速充电口	充电口(侧围)	Xe	—

(2)类别编码。用以表示配电盒、对接件。电器件上的接插件此编码省略。对接件用字母"J"表示。

配电盒的编码见表1-2-11。

配 电 盒 编 码   表 1-2-11

配电盒名称	装配位置	编码	备 注
前舱主配电盒	驾驶席侧	1	—
仪表板主配电盒	驾驶席侧	2	—
前舱副配电盒	副驾驶席侧	3	—
仪表板副配电盒	副驾驶席侧	4	—

(3)顺序编码。采用 A、B、C、D 等大写的字母或 01、02、03、04 等数字表示,分以下两种情况:

①该电路元素如果是配电盒上的接插件,此位编码采用 A、B、C、D 等大写字母表示,该编码与接插件所插配电盒的插口位置编码一致。

②其他电路元素按照所在线束的空间位置依次编号为 01、02、03、04 等表示,配电盒上

接口字母用 A、B、C 等表示,其他元素按照数字排序 01、02、03 等。

例如,仪表板线束上接电气件的接插件:G05 。仪表板线束上的对接的接插件:GJ01 。仪表板线束上接配电盒的接插件:G2A。

2)熔断丝编码

比亚迪 E6 熔断丝编码如图 1-2-33 所示。

(1)类别编码。统一采用"F"表示,为熔断丝英文"fuse"的首字母。

(2)位置编码。配电盒处用数字表示,外挂熔断丝同接插件编码。

(3)分隔编码。采用"/"表示。

(4)排序编码。采用数字 1、2、3 等表示,按照配电盒的熔断丝插槽的顺序号进行排列。

3)继电器编码

比亚迪 E6 继电器编码如图 1-2-34 所示。

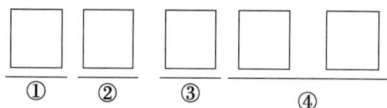

| 图 1-2-33 熔断丝编码 | 图 1-2-34 继电器编码 |

(1)类别编码。元器件内置不可拆卸继电器采用 Ki 表示,其余采用 K 表示。

(2)位置编码。配电盒处用数字表示,外挂熔断丝同接插件编码。

(3)分隔编码。采用" – "表示。

4)排序代码

采用 1、2、3 表示。

▶ 2.比亚迪 E6 线色标准

比亚迪 E6 标示导线颜色时,标准见表 1-2-12。

比亚迪导线颜色对照表

表 1-2-12

记号	颜色	色	记号	颜色	色
W	WHITE	白色	B	BROWN	棕色
Y	YELLOW	黄色	B	BLACK	黑色
O	ORANGE	橙色	L	LIGHT GREEN	淡绿色
L	BLUE	蓝色	G	GREEN	绿色
P	PINK	粉红色	G	GRAY	灰色
R	RED	红色	V	VIORET	紫色
S	SKY BLUE	天蓝色	—	丝图线的金属线	
用记号表示底色和辅色					

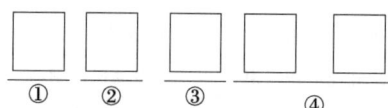 辅色 底色	L/R	像左图一样颜色构成时, 底色　　　蓝→L 辅色　　　红→R 所以标记为"L/R"

学习测试

1. 填空题

(1) 新能源汽车电路图中的元素具有_____、_____、_____、_____以及用电器等。

(2) 双色导线的颜色分为_____和_____。

(3) 比亚迪秦整车有_____个配电盒及_____个电源。

(4) 熔断丝英文缩写为_____。

(5) 导线颜色记号为_____,则英文记号为_____。

2. 判断题

(1) 电路图中接插件的位置编码取决于电路回路元素所属线束的位置。　　　　(　)

(2) 比亚迪秦的低压铁电池通过正极熔断丝盒Ⅱ向整车提供高压电源。　　　(　)

(3) 外挂继电器按相应的线束编号为 KG-1、KG-2……KX-1 等。　　　　　(　)

(4) 正极配电盒Ⅰ附配的熔断丝按相应的位置编号为 F8/1、F8/2 等。　　　(　)

(5) 仪表板线束属于整车高压线束的组成部分。　　　　　　　　　　　(　)

3. 单项选择题

(1) 比亚迪秦电路图中接插件编码由 3 部分组成,分为(　)类型。

　　A. 2 种　　　　　　B. 3 种　　　　　　C. 4 种　　　　　　D. 5 种

(2) 以下选项中,不属于双绞线导线应用的是(　)。

　　A. CAN 系统　　　　　　　　　　B. 扬声器

　　C. 温度传感器　　　　　　　　　D. 低频且需要抗感染的信号传输

(3) 导线颜色标示字母为 Br,表示的颜色是(　)。

　　A. 白色　　　　　　B. 绿色　　　　　　C. 棕色　　　　　　D. 灰色

(4) 比亚迪秦电路图中,前舱配电盒附配的熔断丝编号为(　)。

　　A. F1/1、F1/2 等　　　　　　　　B. F2/1、F2/2

　　C. F3/1、F3/2　　　　　　　　　D. F5/1、F5/2

(5) 比亚迪秦电路图中,继电器位置编号为 KI-1、KI-2,表示(　)。

　　A. 可拆卸的继电器　　　　　　　B. 控制模块内部不可拆卸继电器

　　C. 前舱配电盒继电器　　　　　　D. 仪表配电盒继电器

项目二

新能源汽车维修工具及检测设备的使用

本项目主要学习新能源汽车维修工具及检测设备的使用，分为2个任务：

任务1　新能源汽车维修工具及检测设备的认知；

任务2　常用新能源汽车维修工具及检测设备的使用。

通过2个任务的学习，掌握新能源汽车电路检修时常用维修工具及检测设备的使用方法。

任务 1　新能源汽车维修工具及检测设备的认知

提出任务

你所在的维修站需要组建新能源汽车专业维修车间,你的主管让你做一份新能源汽车维修工具及检测设备配置清单,你能完成这个任务吗?

任务要求

知识要求

1. 能够描述新能源汽车维修工具的类型和作用;
2. 能够描述新能源汽车检测设备的类型和作用。

能力要求

1. 能够识别新能源汽车维修工具;
2. 能够识别新能源汽车检测设备。

相关知识

▶ **1. 新能源汽车维修工具及检测设备**

除了传统的维修工具和检测设备外,新能源汽车因为存在高压电路,有专用的维修工具及检测设备。常用的新能源汽车维修工具及检测设备见表 2-1-1。新能源汽车维修工具及检测设备的认知如图 2-1-1 所示。

图 2-1-1　新能源汽车维修工具及检测设备的认知

本任务只介绍拆装工具、检测仪表和诊断仪器,防护用品在其他相关任务中介绍。

新能源汽车常用的维修工具及检测设备 表 2-1-1

序号	类型	工具设备名称	规格要求	单位	备注
1	拆装工具	绝缘工具套装	高压电维修绝缘工具,耐压 1000 V	套	—
2	检测仪表	数字式万用表	符合 CAT Ⅲ 要求	个	如 FLUKE 系列万用表
3		数字电流钳	符合 CAT Ⅲ 要求	台	如 FLUKE 321
4		高压绝缘测试仪	符合 CAT Ⅲ 要求	台	FLUKE1587
5	诊断仪器	专用车型诊断仪	对应车型	套	如北汽 BDS、比亚迪 ED400、ED1000
6	防护用品	绝缘台	耐压≥10kV	台	—
7		绝缘手套	耐压≥10kV	副	—
8		绝缘靴	耐压≥10kV	双	—
9		护目面罩(护目镜)	耐压≥10kV	副	—

▶2. 拆装工具

1)绝缘的概念

绝缘是指用不导电的物质(绝缘材料)将带电体隔离或包裹起来,以对触电起保护作用的一种安全措施。

2)绝缘的必要性

良好的绝缘是保证设备和线路运行的必要条件,也是防止触电事故、漏电、短路的重要措施。

3)绝缘材料的作用

绝缘材料除了上述作用外还起着其他作用:散热冷却、机械支撑和固定、储能、灭弧、防潮、防霉以及保护导体等。

4)绝缘拆装工具

绝缘工具是采用绝缘材料进行加工并适用于电气系统拆装等操作的使用工具。新能源汽车涉及高压的部分零部件拆装必须使用绝缘拆装工具。绝缘拆装工具必须装有耐压 1000V 以上的绝缘柄。绝缘拆装工具如图 2-1-2 所示。

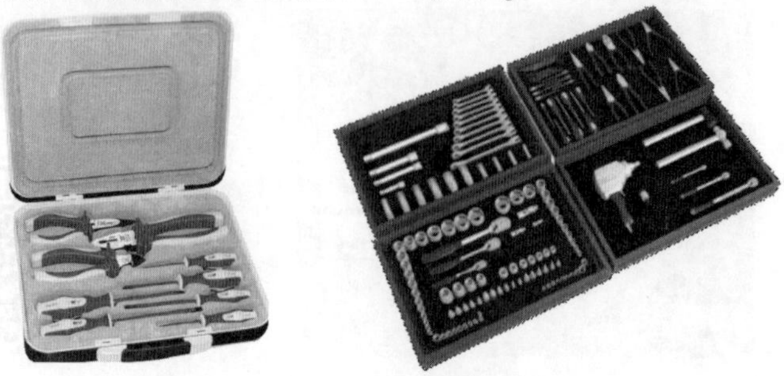

图 2-1-2　绝缘拆装工具

▶3.检测仪表

新能源汽车维修中使用的检测仪表有数字式万用表、绝缘电阻测试仪(如手摇绝缘电阻表,高压绝缘测试仪)等。

1)数字万用表

数字万用表应符合 CAT Ⅲ 安全级别的要求。图 2-1-3 所示是 Fluke 87 数字万用表。

万用表通常具备以下检测功能:

(1)交流/直流(AC/DC)电压、电流。

(2)电阻。

(3)频率(Hz)。

(4)温度(TEMP)。

(5)二极管。

(6)连通性。

(7)电容

(8)绝缘测试(低压)。

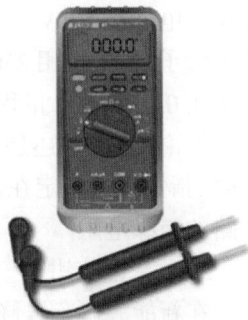

图 2-1-3　Fluke 87 数字万用表

有些汽车专用的万用表,还具有转速(RPM)、百分比(占空比,%)、脉冲宽度(ms)以及其他功能(如利用蜂鸣器等进行故障码读取)。

2)绝缘电阻测试仪

电动汽车的运行情况非常复杂,在运行过程中难免会出现部件间的相互碰撞、摩擦、挤压,导致高压电路与车辆底盘之间的绝缘性能下降。电源正负极引线将通过绝缘层和底盘构成漏电流回路。当高压电路和底盘之间发生多点绝缘性能下降时,还会导致漏电回路的热积累效应,可能造成车辆的电气火灾。因此,高压电气系统相对车辆底盘的电气绝缘性能实时检测是电动汽车电气安全技术的核心内容。电气绝缘性能检测时需要使用专用的绝缘测试仪器,测量高压电缆及零部件对车身绝缘电阻是否位于规定值范围内。

最常用的测试仪器就是绝缘电阻表,但是其他类型的仪器也可以用来检查不同绝缘类型的完整性。绝缘电阻测试仪器在实际工作中一般被分类为绝缘电阻测试仪。这类仪器中,一些测试仪器是多功能的,除了绝缘电阻测试外,还可以用来进行其他的测量。利用数字式万用表(DMM)、绝缘电阻表、绝缘测试多用表或耐压测试仪都可以完成绝大多数的绝缘测试。所有这些仪器具有不同的名称,但都可以被称为绝缘电阻测试仪。如图 2-1-4 所示,前排(从左到右)为 Fluke 1503 绝缘测试仪、1507 绝缘测试仪、1577 绝缘多用表和 1587 绝缘多用表;后排(从左到右)为 Fluke 1550B 5kV 绝缘电阻表和 1520 绝缘电阻表。

图 2-1-4　各种类型的绝缘电阻测试仪

常用的绝缘电阻表是手摇绝缘电阻表,俗称摇表,是用来测量大电阻和绝缘电阻的检测仪表,计量单位是兆欧($M\Omega$),故又称兆欧表。绝缘电阻表的种类有很多,但其作用大致相同,如图2-1-5所示是常见的手摇绝缘电阻表。

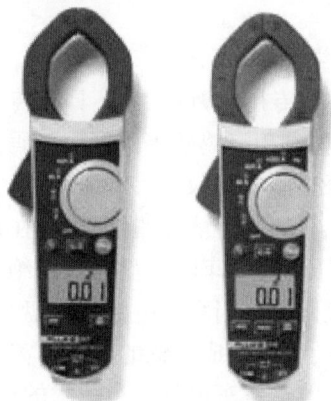

绝缘电阻表选用时,规定绝缘电阻表的电压等级应高于被测物的绝缘电压等级。测量额定电压在500V以下的设备或线路的绝缘电阻时,可选用500V或1000V绝缘电阻表;测量额定电压在500V以上的设备或线路的绝缘电阻时,应选用1000~2500V绝缘电阻表;测量绝缘子时,应选用2500~5000V绝缘电阻表。一般情况下,测量低压电气设备绝缘电阻时可选用0~200MΩ量程的绝缘电阻表。

不论是500V还是2500V的绝缘电阻表,只要在指针不为零的情况下,匀速摇(约120r/min),指针就会稳定在表盘的某个位置,根据表盘的显示数值和空格,就可以正确读出所测线路的绝缘电阻。

3)数字电流钳

在新能源汽车维修与诊断时,经常会需要测量导线中的电流。由于驱动系统的导线(如逆变器与电动机之间)存在较大的交变电流,必须使用钳型电流表进行间接测量。

目前常用的钳型电流表,如FLUKE317等,如图2-1-6所示。

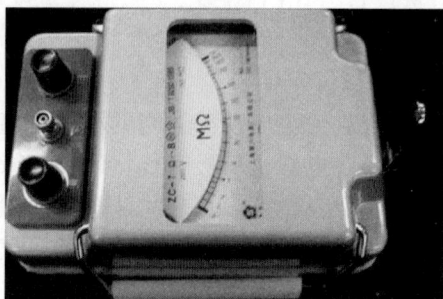

图 2-1-5　手摇绝缘电阻表　　　　图 2-1-6　FLUKE 317 钳型电流表

其工作部分主要由一只电流表和穿心式电流互感器组成。穿心式电流互感器铁芯制成活动开口,且成钳形,故名钳形电流表。是一种不需断开电路就可直接测电路交流电流的携带式仪表。

钳形电流表的原理是建立在电流互感器工作原理的一种不需断开电路就可直接测电路交流电流的携带式仪表基础上的,当放松扳手铁芯闭合后,根据互感器的原理而在其二次绕组上产生感应电流,从而指示出被测电流的数值。当握紧钳形电流表扳手时,电流互感器的铁芯可以张开,被测电流的导线进入钳口内部作为电流互感器的一次绕组。

FLUKE317钳形表特性如下:

(1)独特的40A小量程、高准确度电流测试,达到0.01A高分辨率以及1.6%高精度测量。

(2)钳头纤薄,体型轻便,更加适合易于在狭窄空间内使用。

(3)大型的背光显示,便于在黑暗的环境下使用。

(4)起动电流功能,可以测量诸如电动机和照明等设备的起动电流。

(5)电流频率测量。

(6)精确度高于 0.01A 和 0.1V。

(7)交流/直流电流测量。

(8)交流/直流电压测量。

(9)电阻测量。

▶ 4. 故障诊断仪器

汽车电控系统诊断仪器用于对应车型的故障诊断,也称解码器、故障扫描仪等。不同车型采用的诊断仪器也不同。诊断仪器应能与被检测车辆的控制模块(电脑)通信。

1)北汽新能源诊断仪器

北汽新能源汽车采用 BDS 故障诊断系统(BAIC BJEV Diagnostic System),将诊断软件安装在电脑终端上(图 2-1-7),通过通信电缆(诊断盒子)与车载 OBD 诊断座连接,与车辆的控制模块通信进行故障诊断,如图 2-1-8 所示。以下介绍 BDS 安装及相关知识。

图 2-1-7　BDS 诊断系统界面

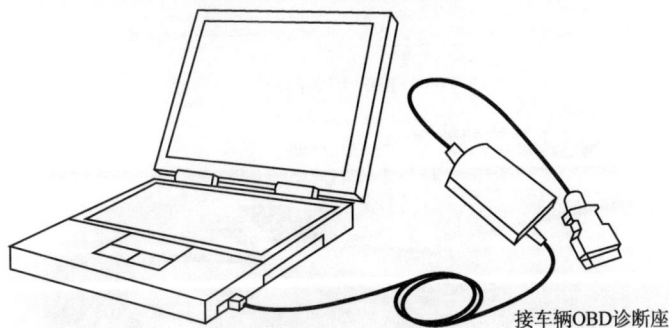

接车辆OBD诊断座

图 2-1-8　BDS 连接方式

(1)软件运行环境。

①硬件要求:笔记本式计算机,台式机,PAD,系统盘空间不小于 5G,内存不小于 1G。

②操作系统:Windows XP SP3,Windows 7 和 Windows 8,暂不支持 Windows RT。

③网络要求:本软件需要在线激活和网络下载,务必保证连接 internet 正常。

④安装条件：Windows 登入账户必须是管理员身份。

（2）软件下载与安装。在北汽指定的网址进行软件下载与软件安装后，将安装文件"BDS setup. exe"复制到所要安装的电脑中，双击即可选择软件安装。

具体操作根据电脑"安装向导"的提示进行，如图 2-1-9 所示。

图 2-1-9　BDS"安装向导"开始界面

安装结束后（图 2-1-10），按【结束】键，进入 BDS 诊断系统启动界面，如图 2-1-11 所示。

图 2-1-10　BDS"安装向导"完成界面

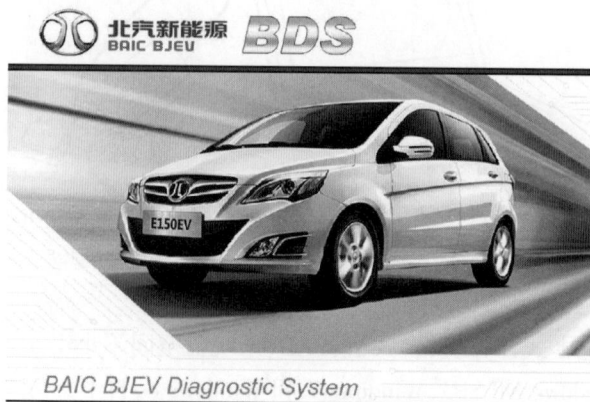

图 2-1-11　BDS 启动界面

软件装载成功后,进入 BDS 主界面,显示如图 2-1-12 所示。

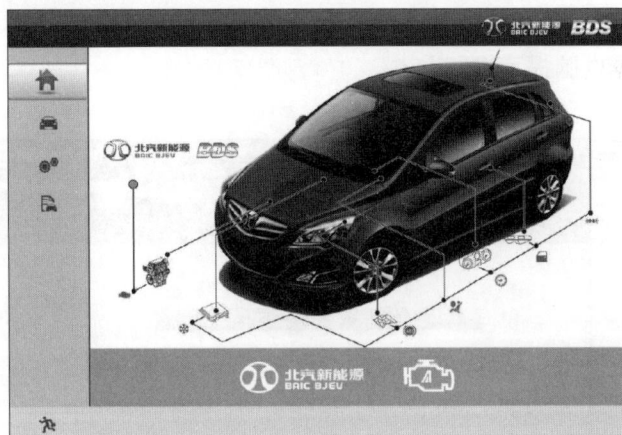

图 2-1-12　BDS 主界面

(3)软件功能使用说明。BDS 软件功能使用说明见表 2-1-2。

BDS 功能说明表　　　　　　　　　　　　　　　　　　　表 2-1-2

功能图标	功能介绍	功能描述
	主界面	BDS 汽车无线诊断系统主界面,介绍和描述产品性能和品牌
	汽车智能诊断系统	汽车无线诊断系统的核心功能,它提供了简易而专业的汽车综合诊断功能,包括读 ECU 信息,故障码分析,数据流分析,数据流冻结帧,元件执行,电脑编程、匹配、设定和防盗等功能
	系统设定	汽车无线诊断系统的系统设定功能,它提供多种功能操作模式,连接方式,米制、英制单位切换和语言选择功能等功能,从而丰富用户体验
	软件管理	产品软件管理,用于甄别汽车诊断软件的版本信息,以便客户升级软件;用于客户管理汽车诊断车型软件;用于注册客户信息,以加强客户的安全性,以及客户打印测试报告时显示客户信息
	系统退出	安全退出 BDS 系统

(4)产品激活与注册。第一次使用 BDS 无线诊断诊断系统时,必须填写完整的客户信息,以便记录客户基本信息,加强客户与厂家联系,以及时共享厂家资源;增加客户对产品的使用安全,方便客户投诉和反馈建议,从而达成客户满意度。

如图 2-1-13 所示,产品未注册时,BDS 系统中不包括车型软件,客户需先激活产品,即可以下载相关软件。

在激活产品或进行软件升级时,都是采用 USB 模式,因此,需确定 USB 连接和网络是否正常工作。

激活操作请根据电脑提示进行。

图 2-1-13　BDS 注册界面

(5)软件升级 。进行软件升级时,需采用 USB 模式,因此,需确定 USB 连接和网络是否正常。升级操作请根据电脑提示进行。

(6)车型诊断操作 。请将诊断盒子连接到汽车的 OBD 诊断座,连接完后,电源指示会灯亮。固定的 SSID 为 UCANDAS,如果你的 WiFi 自动连接没有成功,请手动设置 WiFi 连接到 UCANDAS,WiFi 连接成功后,无线图标会点亮,如图 2-2-14 所示。

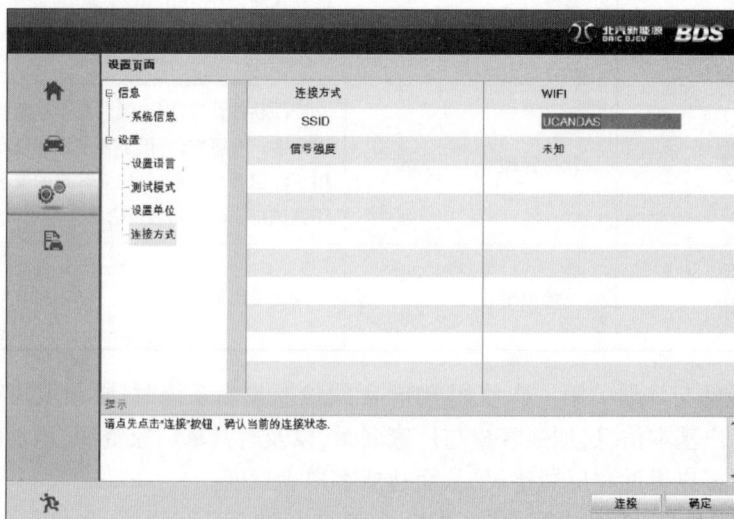

图 2-1-14　BDS 连接界面

启动 BDS 系统软件,单击汽车诊断图标,如图 2-1-15 所示。

图 2-1-15 BDS 诊断主界面

选择你需要的车型图标,单击软件版本,进入对应车型诊断程序,如图 2-1-16 所示。

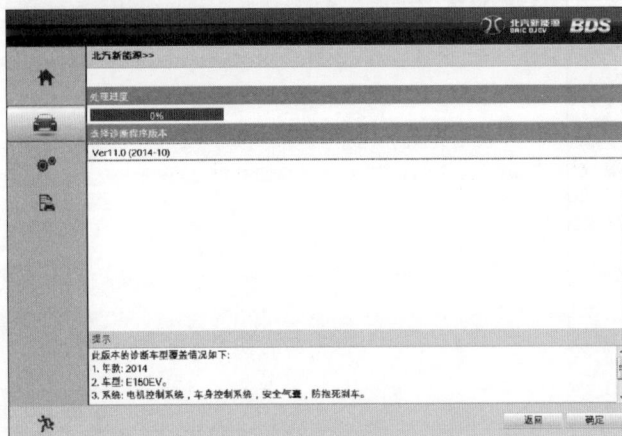

图 2-1-16 BDS 进入车型诊断程序界面

按【确定】键,进入车型诊断,如图 2-1-17 至图 2-1-20 所示。

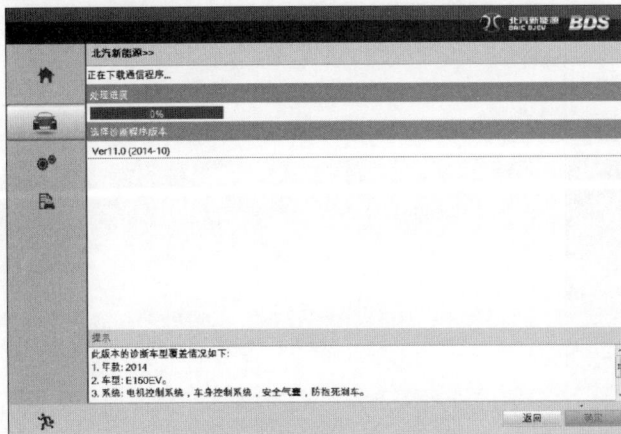

图 2-1-17 BDS 进入车型诊断界面

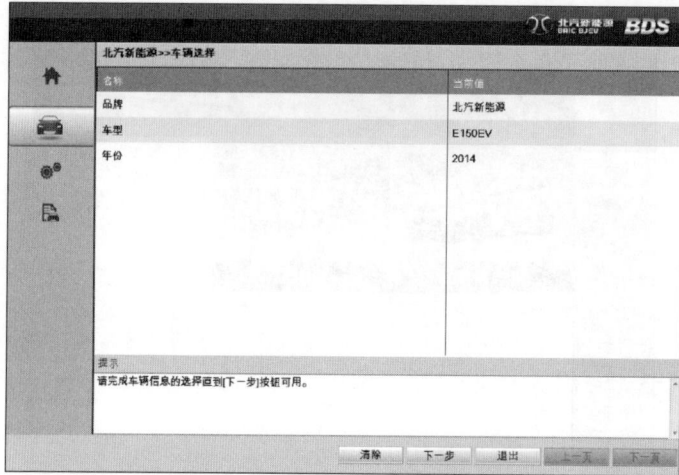

图 2-1-18　BDS 车辆信息选择界面

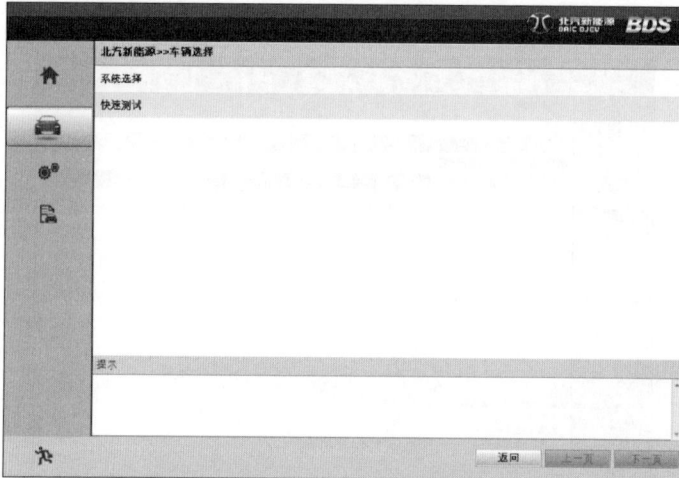

图 2-1-19　BDS 进入车辆系统选择界面

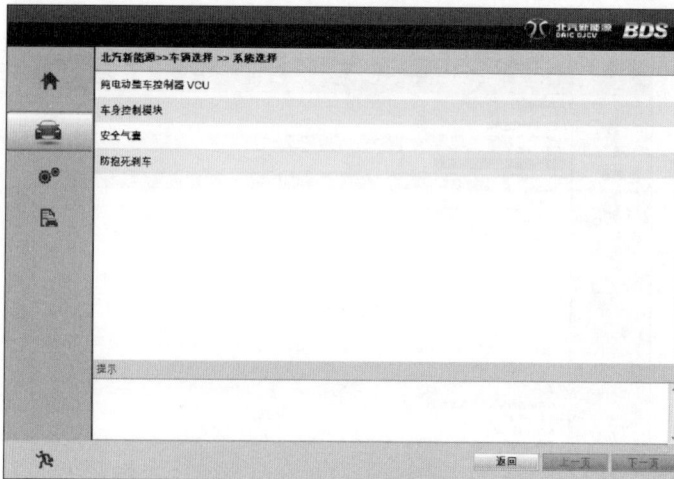

图 2-1-20　BDS 车辆系统选择界面

根据选择的系统,进行需要的功能选择,如故障码或数据流的读取,如图 2-1-21 至图 2-1-23 所示。

图 2-1-21 选择需要的功能 1

图 2-1-22 选择需要的功能 2

图 2-1-23 故障码显示

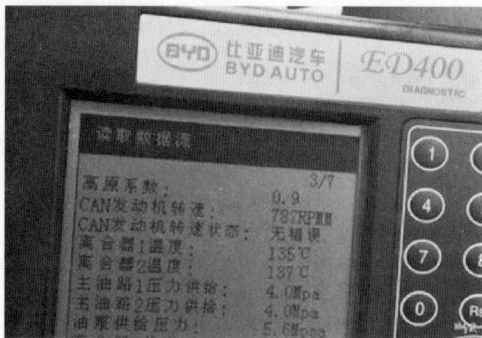

图 2-1-24　比亚迪 ED400 诊断仪器

2）比亚迪诊断仪器

图 2-1-24 所示为比亚迪 ED400 诊断仪器。汽车诊断仪器通常具备以下检测功能：

（1）读取清除故障码。

（2）数据流读取。

（3）执行元件动作测试。

（4）系统基本设定。

（5）控制模块的软件升级、编程、编码。

（6）其他功能：如 ABS 主缸排气等。

任务实施

（一）工作准备

（1）防护装备：常规实训着装。

（2）车辆、台架、总成：无。

（3）专用工具、设备：绝缘拆装工具、检测仪表、各车型故障诊断仪器。

（4）手工工具：无。

（5）辅助材料：无。

（二）实施步骤

▶ 1. 拆装工具认知

（1）根据实训室的配备，分别认识各种绝缘拆装工具的外观、型号、规格和用途。

（2）根据实训室的条件，采用绝缘拆装工具，拆装新能源汽车相关部件。

▶ 2. 检测仪表认知

根据实训室的配备，分别认识以下检测仪表的外观、型号、规格和用途。

（1）数字万用表。

（2）钳型电流表。

（3）绝缘测试仪。

▶ 3. 诊断仪器认知和使用

（1）根据实训室的配备，分别认识各车型故障诊断仪器的外观、型号、规格和用途。

（2）根据实训室的配备，参照"相关知识"的内容，使用北汽新能源汽车的 BDS 诊断仪器进行故障码读取。

学习拓展

▶ 1. CAT 等级

1）什么是 CAT 等级

根据国际电子电工委员会 IEC1010-1 的定义,我们把电工工作的区域分为四个等级,分别称作 CAT Ⅰ,CAT Ⅱ,CAT Ⅲ 和 CAT Ⅳ。CAT 等级是向下单向兼容的,也就是说,一块 CAT Ⅳ 的万用表在 CAT Ⅰ、CAT Ⅱ 和 CAT Ⅲ 下使用是完全安全的,但是一块 CAT Ⅰ 的万用表在 CAT Ⅱ、CAT Ⅲ、CAT Ⅳ 的环境下使用就不保证安全了。

2）CAT 等级对用户意味着什么

CAT 等级意味着对客户的人身安全承诺! 它不仅仅是耐高压等级! CAT 等级严格规定了电气工作人员在不同级别的电气环境中可能遇到的电气设备的类型以及在这样的区域中工作所使用的测量工具必须要遵循的安全标准。对于万用表、钳型表、过程校准仪表等手持表来说,它们所标注的 CAT 等级表明了它们各自所归属的最高的"安全区域",CAT 后面的电压数值则表示了它们能够受到电压冲击的上限。

例如一个 CAT Ⅲ 600V 的万用表,表示这样一个万用表可以在 CAT Ⅰ、Ⅱ 和 Ⅲ 区域安全使用,在这三个区域里如果表受到最高 600V 的电压冲击,表不会对人体安全产生威胁,但是这款表在 CAT Ⅳ 域使用的时候,或者说受到 700V 的高压冲击的时候,就不能保证同样的安全了。CAT 等级是向下单向兼容的,也就是说,一块 CAT Ⅳ 的用表在 CAT Ⅰ、CAT Ⅱ 和 CAT Ⅲ 下使用是完全安全的,但是一块 CAT Ⅰ 的万用表在 CAT Ⅱ、CAT Ⅲ、CAT Ⅳ 的环境下使用就不保证安全了,万用表可能发生爆炸、燃烧威胁到你的安全。

3）CAT 是怎么做的

万用表、钳型表、过程校准仪表在说明书和表体上标称了它的 CAT 等级和耐压值,并且整个表体的电子、机械、保护电路、耐压设计都严格遵守 CAT 等级的要求。经过上万次的安全测试,保证符合这个标称,100% 保证在标称的 CAT 环境下使用安全性,100% 保证能够承受所标称的高压冲击,且不会对人体产生任何伤害。所以说,当你看到了 CAT 和耐高压标识的时候,你就获得了对你做出的人身安全承诺。

4）你以后该怎么做

请了解并熟悉你的电气工作环境所属的 CAT 安全等级和耐压等级,并选择与其 CAT 等级和耐压等级对应的手持仪表。

▶ 2. 高压电池维修工具

在更换混合动力、电动汽车高压电池组内部的某组电池后,需要对更换的这组电池执行性能匹配,来保证新的电池组和整个电池包性能一致。以 GM

图 2-1-25　动力电池维修与诊断工具

汽车为例,电池性能平衡需要使用专用的电池维修与诊断工具来辅助完成。图 2-1-25 所示是由密特公司为 GM 提供的动力电池维修与诊断工具,该工具支持高压动力电池的放电、电池单元维修等操作,并支持电池组数据的检测和通过 USB 进行车型软件的升级。

学习测试

1. 填空题

(1)绝缘是指用_____把带电体封闭起来,借以隔离带电体或不同电位的导体,使电流能按一定的通路流通。新能源汽车涉及高压的部分零部件拆装必须使用_____。

(2)新能源汽车维修中使用的检测仪表有_____、_____以及高压绝缘测试仪等。

(3)手摇绝缘电阻表是用来测量_____和_____的检测仪表。

(4)高压电气系统相对车辆底盘的_____实时检测是电动汽车电气安全技术的核心内容。

(5)CAT 等级是测量工具必须要遵循的_____。

2. 判断题

(1)绝缘拆装工具只要有塑料柄就能使用。 (　　)

(2)绝缘电阻表的电压等级应低于被测物的绝缘电压等级。 (　　)

(3)高压绝缘测试仪器用于测量高压电缆及零部件对车身绝缘电阻是否位于规定值范围内。 (　　)

(4)不同车型采用的诊断仪器都相同。 (　　)

(5)高压电池组内部的某组电池损坏了,更换以后就能使用。 (　　)

3. 单项选择题

(1)以下不是万用表通常具备的检测功能的是(　　)。

    A. 电压测量   B. 导通性测量   C. 频率测量   D. 数据流读取

(2)测量额定电压在 500V 以下的设备或线路的绝缘电阻时,可选用(　　)绝缘电阻表。

    A. 200V 或 500V   B. 500V 或 1000V

    C. 1000V 或 1500V   D. 以上都不正确

(3)汽车诊断仪器通常具备的检测功能是(　　)。

    A. 读取清除故障码   B. 读取数据流

    C. 执行元件动作测试   D. 以上都正确

任务 2　常用新能源汽车维修工具及检测设备的使用

📖 提出任务

你所在的维修站采购一批新能源汽车维修工具及检测设备,你的主管让你对这些工具设备进行检查和测试,你能完成这个任务吗?

✅ 任务要求

🖥 知识要求

1. 能够描述绝缘拆装工具的使用条件与注意事项;
2. 能够描述数字钳型电流表的使用方法;
3. 能够描述绝缘电阻测试仪的使用方法。

🧠 能力要求

1. 能够正确使用万用表测量直流、交流电压;
2. 能够正确使用电流钳测量直流、交流电流;
3. 能够正确使用绝缘测试仪测量绝缘电阻。

💡 相关知识

▶ 1.绝缘拆装工具的使用

新能源汽车存在高电压,因此在对高压系统部件进行维修时必须使用绝缘拆装工具(图 2-2-1)。

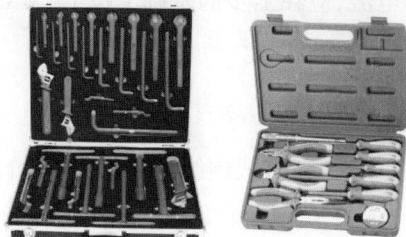

图 2-2-1　绝缘工具

绝缘工具的使用方法与普通工具相同,但是有以下特别需要的注意事项:

(1)应有专门的工具室存放,室内应通风良好,清洁、干燥。

图 2-2-2 挡位选择

(2)如发现绝缘工具损伤或受潮,应及时进行检修和干燥处理,试验合格后方可使用。

(3)绝缘工具必须按规定定期进行绝缘性能的试验,不符合试验要求的,禁止使用。

▶ 2. 数字电流钳的电流测量

以 FLUKE 317 电流钳为例,在测量电流时,可以按以下步骤进行:

(1)估算电流大小,选择正确挡位与电流类型。例如,如果需要测量三相电动机的一相电流,如图 2-2-2 所示,选择交流电流挡。

(2)打开电流钳,将被测量线路放入电流钳口之中。

💡 注意:

测量时电流钳应该保持钳口闭合,否则将测量出不正确的电流,如图 2-2-3 所示。

图 2-2-3 钳口闭合测试

(3)起动被测量装置,读取电流值。

(4)如需测量一个变化的电流,应在上步的基础上按下"MAX"键后再起动电流钳,如图 2-2-4 所示。

▶ 3. 数字式绝缘测试仪的使用

以下以应用广泛的 FLUKE 1587 数字式绝缘测试仪为例,介绍其使用方法。

1)仪表使用注意事项

为了避免触电或人身伤害,请根据以下指南操作:

（1）请严格按仪表使用手册操作，否则可能会破坏仪表提供的保护措施。

（2）如果仪表或测试导线已经损坏，或者仪表无法正常操作，则请勿使用。若有疑问，请将仪表送修。

（3）在将仪表与被测电路连接之前，始终记住选用正确的端子、开关位置和量程挡。

（4）用仪表测量已知电压来验证仪表操作是否正常。

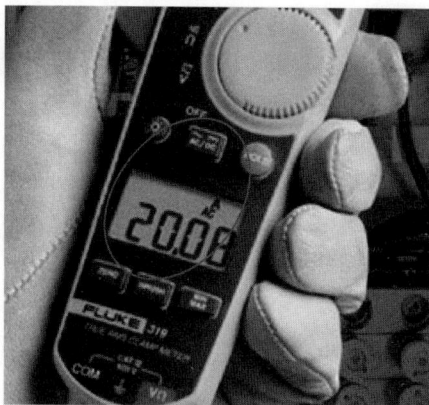

图 2-2-4 测量变化的电流

（5）端子之间或任何一个端子与搭铁点之间施加的电压不能超过仪表上标明的额定值。

（6）电压在 30Vac rms（交流真均方根）、42 Vac（交流）峰值或 60 Vdc（直流）以上时应格外小心。这些电压有造成触电的危险。

（7）出现电池低电量指示符时，应尽快更换电池。

（8）测试电阻、连通性、二极管或电容以前，必须先切断电源，并将所有的高压电容器放电。

（9）切勿在爆炸性气体或蒸汽附近使用仪表。

（10）使用测试导线时，手指应保持在保护装置后面。

（11）打开机壳或电池门以前，必须先把测试导线从仪表上拆下。不能在未安装好仪表顶盖或电池门打开的情况下使用仪表。

（12）在危险的处所工作时，必须遵循当地及国家主管部门的安全要求。

（13）在危险的区域工作时，用依照当地或国家主管部门的要求，使用适当的保护设备。

（14）不要单独工作，维修时必须设专职监护人。

（15）仅使用指定的替换熔断丝来更换熔断的熔断丝，否则仪表保护措施可能会遭到破坏。

（16）使用前先检查测试导线的连通性。如果读数高或有噪声，则不要使用。

仪表以及使用手册上涉及安全的符号见表 2-2-1。其中"警告"代表可能导致人身伤害或死亡的危险情况和行为；"小心"代表可能会损坏仪表、被测设备，或导致数据永久性丢失的情况和行为。

仪表及使用手册的安全符号　　　　　　　　　　　　　　　　表 2-2-1

～	AC（交流）	⏚	搭铁点
---	DC（直流）	▭	熔断丝
⚡	警告：有造成触电的危险	▣	双重绝缘
🔋＋	电池（在显示屏上出现时表示电池低电量）	⚠	重要信息，请参阅手册

2）仪表功能介绍

（1）旋转开关功能。选择任意测量功能挡即可启动仪表。仪表为该功能挡提供了一个标准显示屏（量程、测量单位、组合键等）。用蓝色按钮选择其他任何旋转开关功能挡（用蓝色字母标记）。旋转开关的选择功能如图2-2-5所示，对应的功能介绍见表2-2-2。

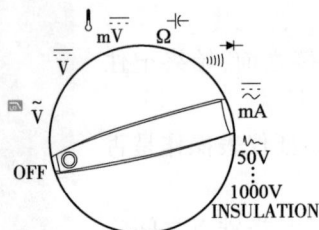

图2-2-5　仪表旋转开关选择的功能挡

旋转开关的选择功能介绍　　　　　　　　　　　　　　表2-2-2

开关位置	测量功能
$\tilde{V}$	AC（交流）电压介于30.0mV~1000V
（仅1587型）	AC（交流）电压及800Hz"低通"滤波器
$\bar{V}$	DC（直流）电压介于1mV~1000V
$m\bar{V}$	DCmV（直流毫伏）介于0.1~600mV
（仅1587型）	温度介于-40~+537℃（-40~+998℉） 摄氏度为默认测量单位，关闭仪表后，您所选择的温度测量参数仍会保留在内存中
Ω	Ohms（欧姆）介于0.1Ω~50MΩ
（仅1587型）	电容介于1nF~9999μF
•)))	连通性测试，蜂鸣器在电阻小于25Ω时启动，在大于100Ω时关闭
（仅1587型）	二极管测试，该功能挡没有量程规定，超过6.6V以上时显示0L
mA	ACmA（交流毫安）介于3.00~400mA（600mA过载最长持续2min） DCmA（直流毫安）介于0.01~400mA（600mA过载最长持续2min）
INSULATION	Ohms（欧姆）介于0.01MΩ~2GΩ，1587型选用50、100、250、500（默认）和1000V电源进行绝缘测试，1577型选用500（默认）和1000V电源进行绝缘测试，关闭仪表后，您最后一次选择的高压设置值仍会保留在内存中，在绝缘测试时，按蓝色按钮可激活仪表的"平稳化"功能

（2）按钮功能。使用仪表按钮来激活可扩充旋转开关所选功能的特性。按钮如图2-2-6所示，对应的功能介绍见表2-2-3。

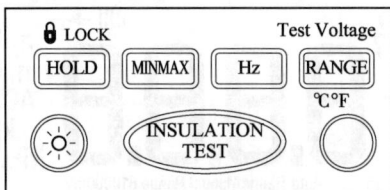

图2-2-6　仪表按钮功能图

仪表按钮的功能介绍　　　　　　　　　　　　　表2-2-3

按钮	说　明
HOLD	该按钮可冻结显示值，再按一次释放显示屏，当读数改变时，显示屏会自动更新，仪表发出蜂鸣声，在 MIN、MAX、AVG（最小值、最大值、平均值）或 Hz（赫兹）模式下，该按钮控制显示保持。在 Insulation Test（绝缘测试）模式下，该按钮用来确定下一次您按仪表或远程探头上的 INSULATION TEST 键时启动测试锁的时间，测试锁的作用是把按钮按住，直到您再按一次 HOLD 或 INSULATION TEST 键来开锁
MINMAX	按此按钮开始记录最大值、最小值和平均值。持续按此按钮可显示最大值、最小值和平均值。按住次按钮取消 MIN、MAX、AVG（最大值、最小值、平均值）
Hz（仅1587型）	激活频率测量
RANGE	将量程模式从 Auto（自动量程模式，默认）改为 Manual Ranging（手动量程）模式。按住该按钮可返回 Auto Ranging（自动量程）模式
☼	打开或关闭背光灯，背光灯在 10min 后熄灭
INSULATION TEST	当旋转开关处于 INSULATION（绝缘）位置时，启动绝缘测试，使仪表供应（输出）高电压并测量绝缘电阻
○	蓝色按钮，其功能相当于 shift 键，按此按钮可使用旋转开关上有蓝色标记的功能

（3）显示屏的介绍。仪表的显示屏指示符如图 2-2-7 所示，对应的信息介绍见表 2-2-4。

图 2-2-7　仪表显示屏指示符

仪表显示屏信息介绍　　　　　　　　　　　　　　　　表 2-2-4

开关位置	测 量 功 能
＋	电池低电量。指示应何时更换电池，当显示此符号时，背光灯按钮被禁止以延长电池寿命。警告：为了避免因读数出错导致触电或人身伤害，当显示电池低电量指示符时，应尽快更换电池
🔒 LOCK	表示下一次您按下仪表或远程探头上的（INSULATION TEST）键时，测试锁将被投入使用，测试锁的作用是将按钮按住，直到您再按一次 [HOLD] 或 （INSULATION TEST）键
符号，或大于符号	符号，或大于符号
⚡	危险电压警告，表示在输入端检测到 30V 或更高电压（交流或直流取决于旋转开关的位置）当在 v ̄ ￣ mV 开关位置上，OL 显示在显示屏上，以及 **bαtt** 显示在显示屏上时，同样会出现该指示符，当绝缘测试正在进行，或处于 Hz 模式时，此符号也会出现
〜	平稳化功能被启用。平稳化功能是利用数字过滤消除快速变化的输入值的显示波动，仅 1587 型仪表的绝缘测试可使用平稳化功能，有关平稳化功能的更详细信息，请参阅开机通电选项
LO	表示选择了 AC（交流）电压的低通滤波功能
🔁 HOLD **HOLD**	表示 Moto Hold（自动保持）功能已启用 表示 Display Hold（显示保持）功能已启用
MIN MAX **MAX MIN AVG**	表示已经使用 [MINMAX] 按钮选择了最小读数、最大读数或平均数
))))	已选择连通性测试功能

开关位置	测量功能
◄▶⊢ （仅1587型）	已选择二极管测试功能
nF,μF,°C, °F,AC,DC, Hz,kHz,Ω, kΩ,MΩ,GΩ	测量单位
0.0.0.0	主显示
V_DC	伏特V
1000	辅显示
Auto Range ManualRange 610000mV	显示当前使用的量程挡
2500V 1000V	绝缘测试所用的电源电压额定值:50/100/250/500(默认)或1000V(1587型)。500(默认)和1000V量程挡(1577型)
TEST	绝缘测试指示符,当施加绝缘测试电压时该符号会显示在显示屏上
bAtt	出现在主显示位置,表示电池电量过低,不足以可靠运行,更换电池之前仪表不能使用。当主显示位置出现此符号时,█╋ 也会显示
bAt	出现在辅显示位置,表示电池电量过低,不足以运行绝缘测试,在更换电池之前, INSULATION TEST 按钮被禁用,如把旋转开关转到其他任何功能挡,该信息消失
OL	表示超出量程范围的数,当检测到开路的热电偶时,也会出现此符号
LEAd	测试导线警告,当您将开关调至或移开 mA 位置时,该信息将会短暂显示在显示屏上,并且仪表发出一声蜂鸣声
d iSc	仪表不能将电容放电
EPPr Err	EEProm 数据无效,请将仪表送修
CAL Err	校准数据无效,请校准仪表

（4）仪表输入端子的介绍。仪表的输入端子如图 2-2-8 所示,对应的端子功能介绍见表 2-2-5。

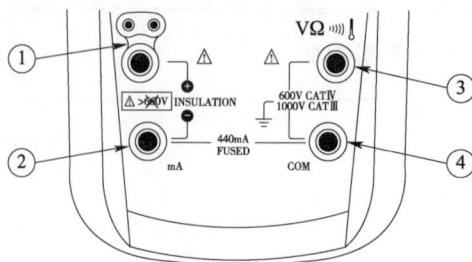

图 2-2-8　仪表输入端子

仪表输入端子功能介绍　　　　　　　　　　　　　　　　　　　　　表 2-2-5

按钮	说　　明
①	+ 用于绝缘测试的输入端子
②	– 用于绝缘测试的输入端子。用于 400mA 以内的 AC（交流）和 DC（直流）毫安测量,以及电流频率测量
③	用于电压、连通性、电阻、二极管、电容、电压频率及温度（仅 1587 型）测量的输入端子
④	用于绝缘测试以外的所有测量的公共（返回）端子

3）仪表基本测量操作步骤

在将测试导线与电路或设备连接时,在连接带电导线之前先连接公共（COM）测试导线;当拆下测试导线时,要先断开带电的测试导线,再断开公共测试导线。

（1）测量交流和直流电压。交流和直流电压的测量方法如图 2-2-9 所示。万用表的使用如图 2-2-10 所示。

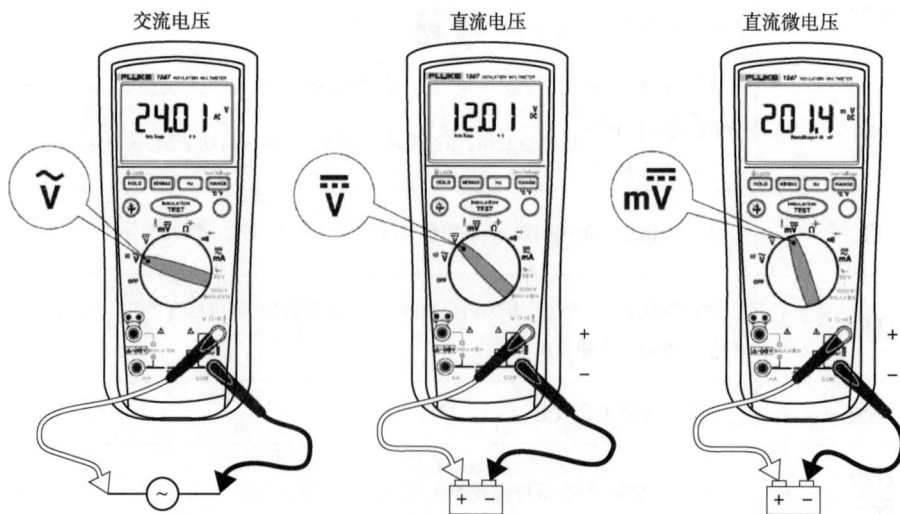

图 2-2-9　交流和直流电压测量方法

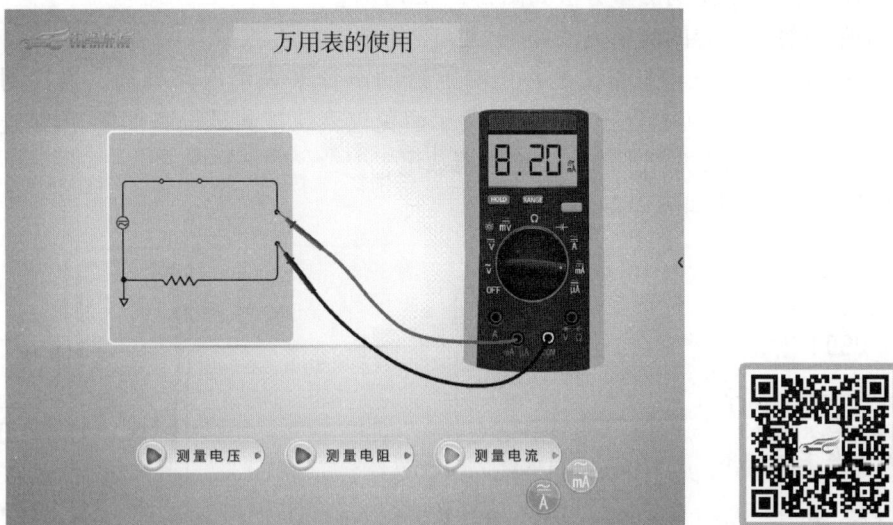

图2-2-10　万用表的使用

（2）测量温度。仪表可以测量设备随附的 K 型热电偶的温度，按"RANGE"键可以在摄氏度（℃）和华氏度（℉）之间切换。为了避免损坏仪表或其他设备，尽管仪表的额定值为 $-40 \sim 537℃$ ，仪表所带的 K 型热电偶的额定值却为 260℃ 。要测量该量程以外的温度，请使用额定值更高的热电偶。

温度的测量方法如图 2-2-11 所示。

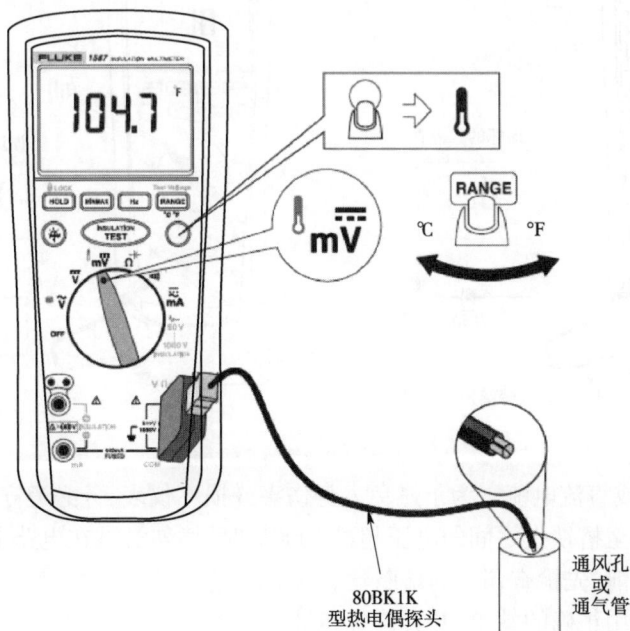

图2-2-11　温度的测量方法

（3）测量电阻。电阻的测量方法如图 2-2-12 所示。

（4）测量电容。电容的测量方法如图 2-2-13 所示。

（5）连通性测试。连通性测试是利用蜂鸣器的声音来表示电路导通。当检测到短路（电阻值 25Ω 以下），蜂鸣器发出蜂鸣声。为了避免仪表或被测试设备损坏，测试连通性以前，必须先切断电路电源并把所有高压电容器放电。

连通性的测试方法如图 2-2-14 所示。

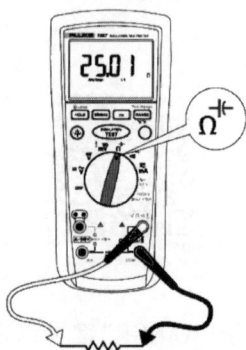

图 2-2-12　电阻的测量方法　　　图 2-2-13　电容的测量方法　　　图 2-2-14　连通性的测试方法

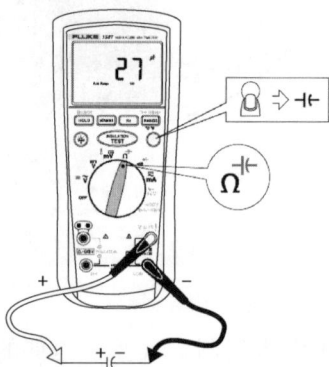

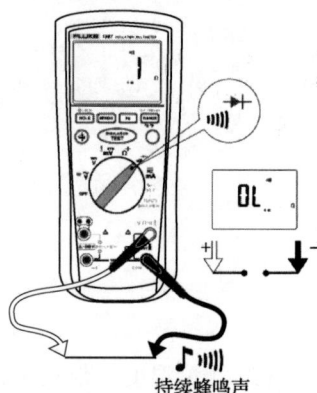

（6）二极管测试。二极管的测试方法如图 2-2-15 所示。

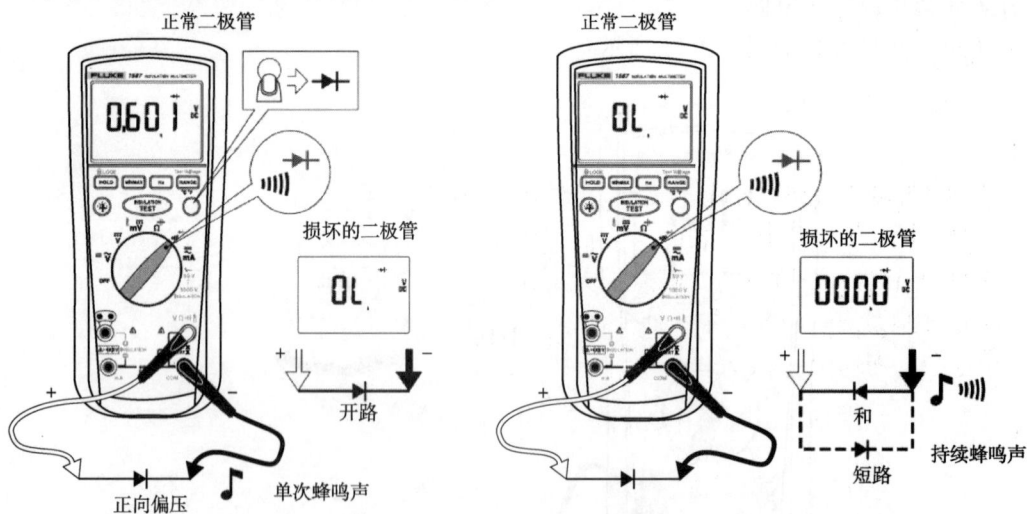

图 2-2-15　二极管的测试方法

（7）测量交流或直流电流。为了避免人身伤害或损坏仪表，务必遵守以下事项：

①当开路电势至搭铁点之间的电压超过 1000V 时，切勿尝试在电路上测量电流。

②测量电流之前，先检查仪表的熔断丝。

③测量时应使用正确的端子、开关位置和量程。

④当导线插在电流端子的时候，切勿把探头与任何电路并联。

电流测量方法如下：关闭（OFF）被测电路的电源，断开电路，将仪表以串联的方式接入，再启动(ON)电源,如图 2-2-16 所示。

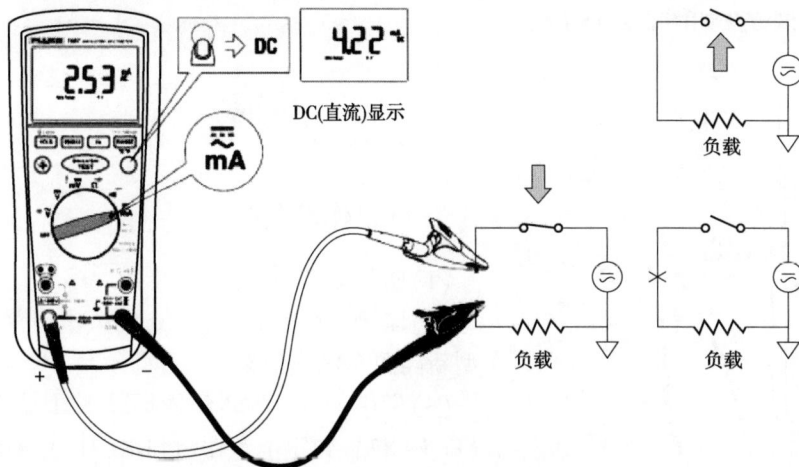

图 2-2-16　直流或交流电流测量方法

(8)测量频率。频率测量方法如图 2-2-17 所示。

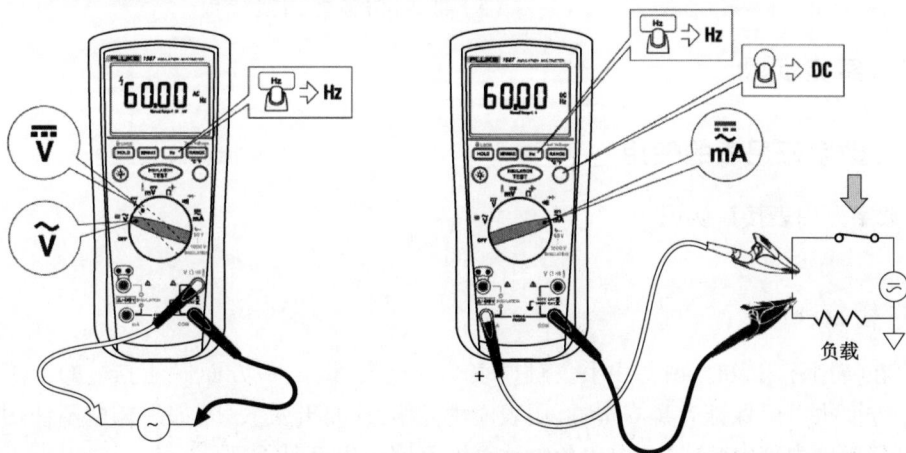

图 2-2-17　频率测量方法

(9)绝缘测试。绝缘测试只能在不通电的电路上进行。测试之前先检查熔断丝。绝缘测试步骤如下:

①将测试探头插入"＋"和"-"端子。

②将旋钮转至"INSULATION(绝缘)"位置。当开关调至该位置时,仪表将启动电池负载检查。如果电池未通过测试,显示屏下部将出现"电池"符号,在更换电池前不能进行绝缘测试。

③按"RANGE"选择电压。

④将探头与待测的电路连接。仪表会自动检查电路是否通电。

⑤主显示位置显示"----"直到按下 INSULATION TEST 按键,此时将获取一个有效的绝缘电阻读数。

⑥如果电路电源超过 30V(交流或直流),主显示区显示超过 30V 以上警告,同时,显示

高压符号,测试被禁止,必须立即关闭电源。

绝缘测试方法如图 2-2-18 所示。

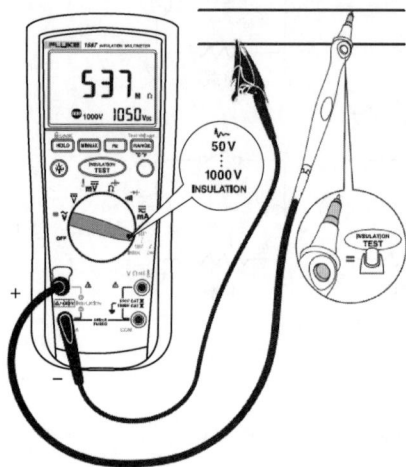

图 2-2-18 绝缘测试方法

任务实施

(一) 工作准备

(1)防护装备:绝缘防护装备。

(2)车辆、台架、总成:荣威 E50、丰田普锐斯或其他车型新能源车辆或台架。

(3)专用工具、设备:绝缘拆装工具、普通数字万用表(Fluke 87)、数字电流钳(FLUKE317)、绝缘电阻测试仪(Fluke 1587)。

(4)手工工具:无。

(5)辅助材料:普通接线板。

(二) 实施步骤

▶ 1. 数字万用表的使用

1)数字万用表接口认识

> 警告:
>
> 在使用万用表时,请勿用手去触摸表笔的金属部分,一方面保证测量的准确性,另一方面也可以保证人身安全;万用表使用完毕,应将开关关闭,如果长期不使用,还应将万用表内部电池取出,以避免电池腐蚀万用表内部其他部件。

(1)万用表右侧红色端子是用于电压、电阻、通断性、二极管、电容测量的输入端子,如图 2-2-19 所示。

(2)万用表右侧黑色端子用于所有测量的公共返回(负极)接线端子,如图 2-2-20 所示。

(3)万用表左侧第二个红色端子用于进行交流电与直流电微安与毫安测量的输入端子,最大量程为 400mA,如图 2-2-21 所示。

(4)万用表左侧第一个红色端子是进行交流电与直流电最高 10A 的电流测量输入端子,如图 2-2-22 所示。

(5)将挡位调至交流电压挡,如图 2-2-23 所示。

(6)将黑表笔连接至 COM 端子,如图 2-2-24 所示。

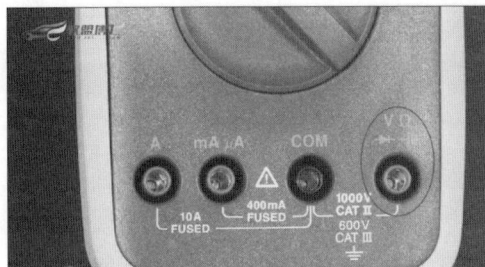

图 2-2-19　万用表电压等测试输入端子

图 2-2-20　万用表公共返回(负极)端子

图 2-2-21　万用表交流电与直流电(微安与毫安)
　　　　　测量的输入端子

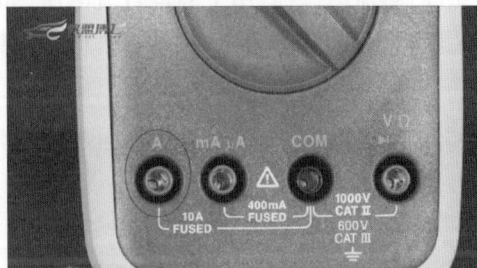

图 2-2-22　万用表交流电与直流电(安)测量的输
　　　　　入端子

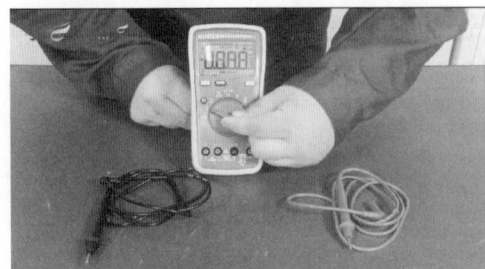

图 2-2-23　将挡位调至交流电压挡

图 2-2-24　将黑表笔连接至 COM 端子

(7)将红表笔连接至电压、电阻测量的输入端子,如图 2-2-25 所示。

(8)确认将黑表笔连接至公共 COM 端子,如图 2-2-26 所示。

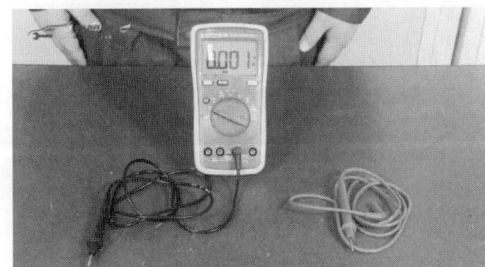

图 2-2-25　将红表笔连接至电压、电阻测量输入端子

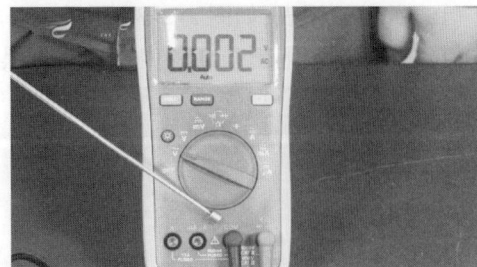

图 2-2-26　确认黑表笔连接位置

(9)确认将红表笔连接至电压、电阻测量端子,如图 2-2-27 所示。

(10)交流电压挡,用于测量交流电压,如图 2-2-28 所示。

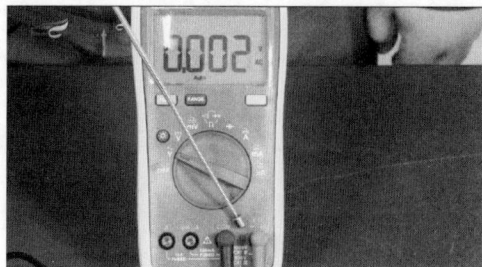

图 2-2-27　确认红表笔连接位置

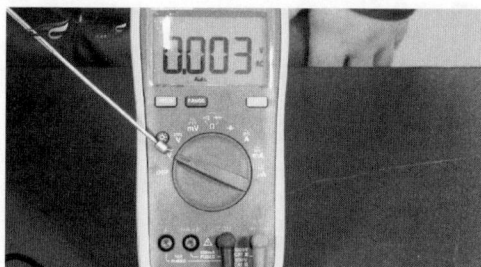

图 2-2-28　确认交流电压挡位位置

（11）直流电压挡，用于测量直流电压，如图 2-2-29 所示。

（12）直流和交流的毫伏电压挡，用于测量直流和交流的毫伏电压，如图 2-2-30 所示。

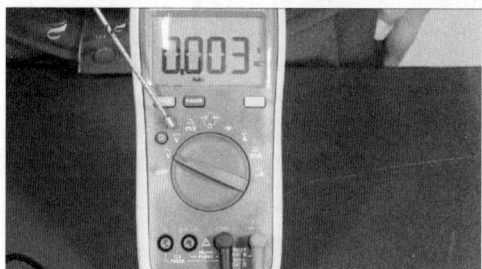

图 2-2-29　确认直流电压挡位位置

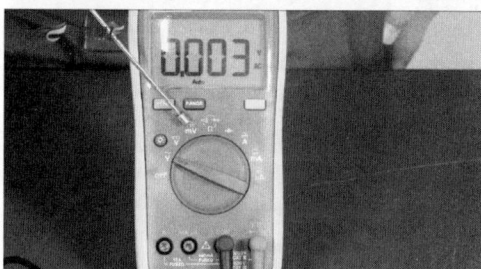

图 2-2-30　确认直流和交流的毫伏电压挡位位置

（13）电阻挡，可以进行电阻、电路通断和二极管的测量，如图 2-2-31 所示。

（14）电容挡，可以进行电容大小的测量，如图 2-2-32 所示。

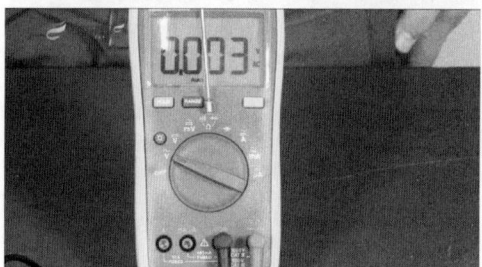

图 2-2-31　确认电阻挡位位置

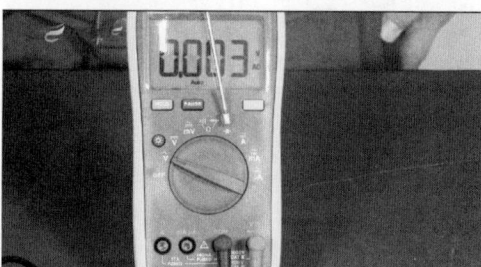

图 2-2-32　确认电容挡位位置

（15）关闭万用表，如图 2-2-33 所示。

（16）从万用表上断开红色表笔和断开黑色表笔，如图 2-2-34 所示。

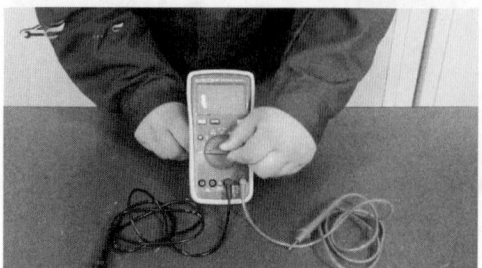

图 2-2-33　关闭万用表

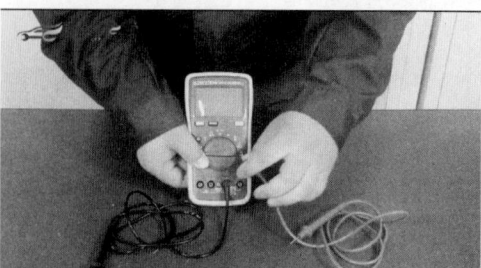

图 2-2-34　断开表笔

（17）电流挡位和量程说明，如图 2- 2-35 所示。

①若将红表笔连接至毫安微安端子，黑表笔连接至 COM 端子，则可以进行交流电与直流电微安与毫安的测量，最大量程400mA。

②若将红表笔连接至电流端子，黑表笔连接至 COM 端子，则可以进行交流电与直流电最高10A 的电流测量。

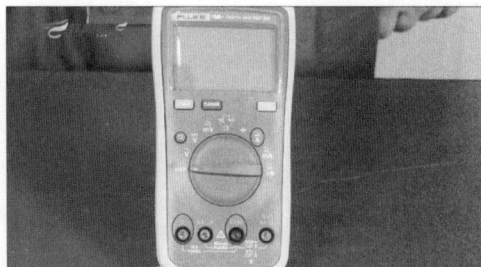

图 2-2-35　电流挡位和量程说明

2）数字万用表测量直流及交流电压

以下以直流及交流电压测量，介绍万用表的使用方法。其他测量请详细阅读万用表的使用说明书。

⚡ 警告：

　　在测量交直流电压时，请勿虚接，避免出现打火花现象，造成不必要的财产损失。在测量交流电压时，请勿用手触摸金属触点位置，避免发生触电危险。

（1）测量直流电压。使用数字万用表测量直流及交流电压，如图 2-2-36 所示。

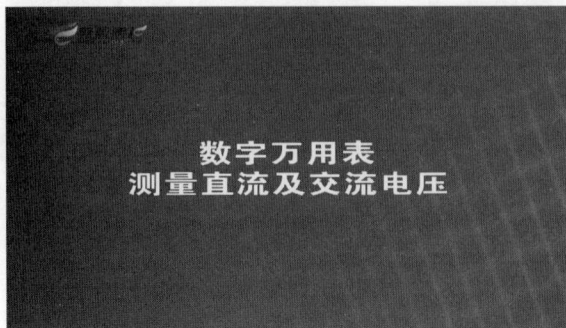

图 2-2-36　数字万用表测量直流及交流电压

①将黑表笔连接至 COM 端子，如图 2-2-37 所示。

②将红表笔连接至电压、电阻测量端子，如图 2-2-38 所示。

③将挡位旋至直流电压挡，如图 2-2-39 所示。

④测量低压蓄电池电压，如图 2-2-40 所示。

⑤待读数稳定后取下测量表笔，关闭万用表，断开红色表笔，断开黑色表笔，如图 2-2-41 所示。

（2）测量交流电压。

①将黑表笔连接至 COM 端子，如图 2-2-42 所示。

图 2-2-37　将黑表笔连接至 COM 端子

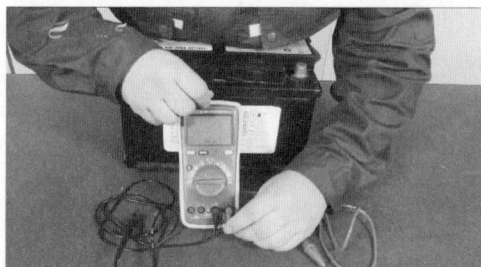

图 2-2-38　将红表笔连接至电压、电阻测量端子

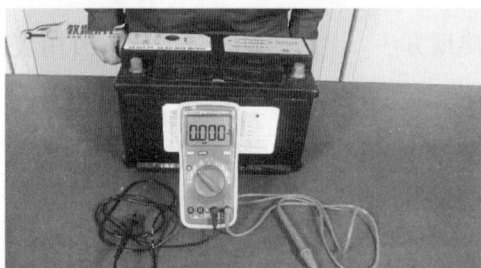

图 2-2-39　将挡位旋至直流电压挡

图 2-2-40　测量低压蓄电池电压

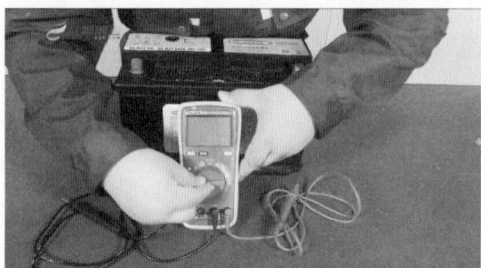

图 2-2-41　关闭万用表

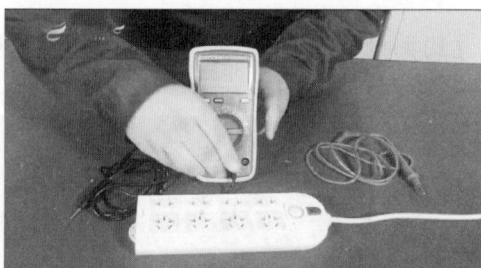

图 2-2-42　将黑表笔连接至 COM 端子

②将红表笔连接至电压、电阻测量端子，如图 2-2-43 所示。

③将挡位旋至交流电压挡，如图 2-2-44 所示。

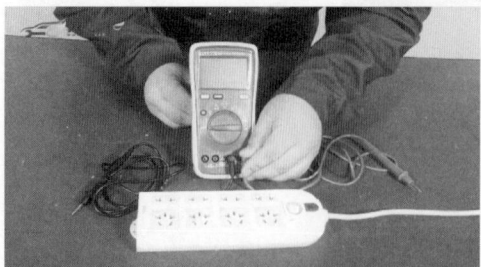

图 2-2-43　将红表笔连接至电压、电阻测量端子

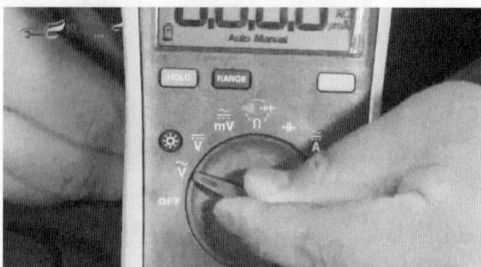

图 2-2-44　将挡位旋至交流电压挡

④将红表笔和黑表笔插入插座，测量交流电压，如图 2-2-45 所示。

⑤待读数稳定后取下测量表笔，关闭万用表，断开红色表笔，断开黑色表笔，如图 2-2-46 所示。

图 2-2-45　将红表笔和黑表笔插入插座

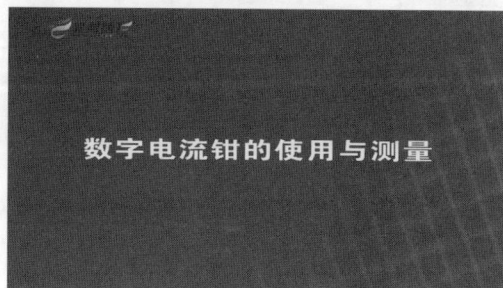

图 2-2-46　关闭万用表

▶2.数字电流钳的使用

1）测试前安全防护

💡**警告：**

在进行高压相关操作前,维修人员必须穿戴好劳保用品,戴好绝缘手套,穿好高压绝缘鞋!

（1）车辆防护。

①打开主驾驶车门,铺设脚垫、转向盘套、座椅套。

②打开前机舱盖,固定支架,铺设翼子板布。

（2）检查绝缘手套外观有无明显磨损痕迹。

（3）检查绝缘手套密封性。

①卷起手套边缘。

②折叠开口,并封住手套开口。

③向手套内吹气,确认有无空气泄漏。

④用同样的方法检查第二只手套。

⑤确认密封良好后,佩戴绝缘手套。

2）使用数字电流钳测量驱动电机的 W 线束、V 线束、U 线束交流电流

数字电流钳的使用与测量如图 2-2-47 所示。

图 2-2-47　数字电流钳的使用与测量

（1）数字电流钳（钳式万用表）认识。以 FLUKE317 为例（2-2-48）。

（2）驱动电机 W 线束、V 线束、U 线束认识。以荣威 E50 为例，如图 2-2-49 所示。

图 2-2-48　FLUKE317 数字电流钳

图 2-2-49　驱动电机 W、V、U 线束（荣威 E50）

（3）打开数字电流钳，旋至 600A 挡位，此时为直流电流测试模式，如图 2-2-50 所示。

（4）按下交直流模式切换按钮切换至交流挡，如图 2-2-51 所示。

图 2-2-50　选择电流测试挡位

图 2-2-51　交/直流测试模式切换至交流挡

（5）将电流钳悬置驱动电机 W 线束，如图 2-2-52 所示。

（6）起动车辆，踩下加速踏板，读取电动机 W 线束电流数据，如图 2-2-53 所示。

图 2-2-52　将电流钳悬置驱动电机 W 线束

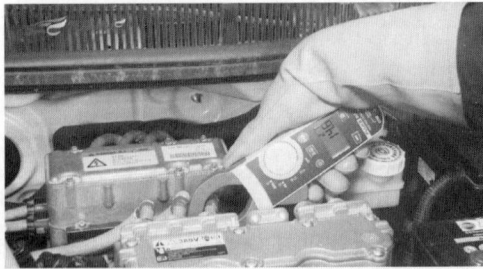

图 2-2-53　读取电动机 W 线束电流数据

（7）启动最大电流锁定模式，如图 2-2-54 所示。

（8）再次起动车辆，踩下加速踏板，读取电动机 W 线束通过最大电流值，如图 2-2-55 所示。

（9）采用同样的方法测量 V 线束、U 线束的电流值，并记录。

3）使用数字电流钳测量驱动电机的 PEB 高压线束直流电流

（1）按下交直流切换按钮切换至直流挡，如图 2-2-56 所示。

（2）将电流钳悬置 PEB 高压线束，如图 2-2-57 所示。

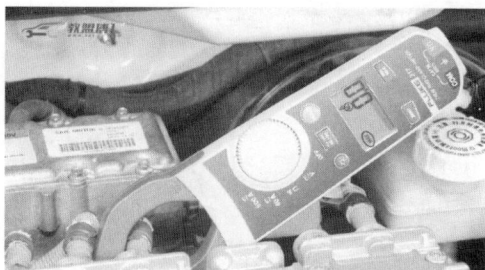

图 2-2-54　启动最大电流锁定模式

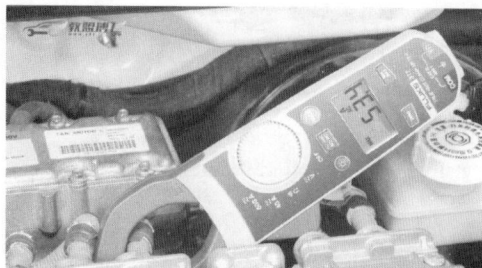

图 2-2-55　读取电动机 W 线束通过最大电流值

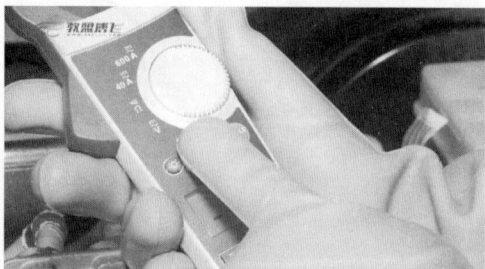

图 2-2-56　切换至直流挡

图 2-2-57　将电流钳悬置 PEB 高压线束

（3）再次起动车辆，踩下加速踏板，读取 PEB 高压线束电流数据值，如图 2-2-58 所示。

（4）启动最大电流锁定模式，如图 2-2-59 所示。

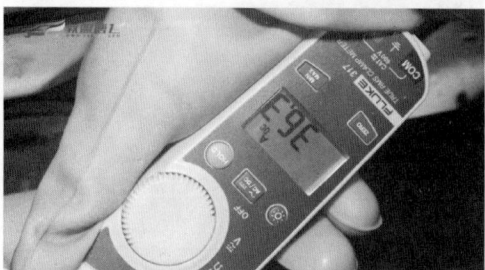

图 2-2-58　读取 PEB 高压线束电流数据值

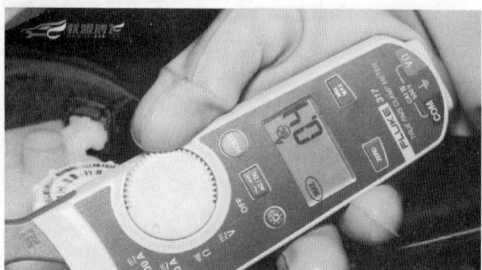

图 2-2-59　启动最大电流锁定模式

（5）起动车辆，踩下加速踏板，读取 PEB 高压线束通过最大电流值，如图 2-2-60 所示。

（6）取下电流钳，如图 2-2-61 所示。

图 2-2-60　读取 PEB 高压线束通过最大电流值

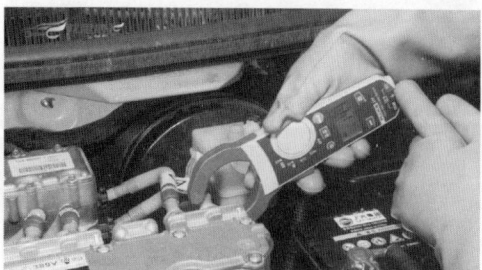

图 2-2-61　取下电流钳

（7）启动最小电流锁定模式，如图 2-2-62 所示。

（8）起动车辆，踩下加速踏板，读取 PEB 高压线束通过最小电流值，如图 2-2-63 所示。

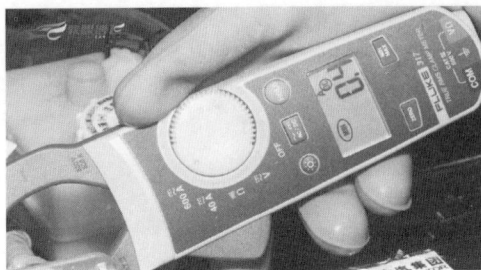

图 2-2-62　启动最小电流锁定模式

图 2-2-63　读取 PEB 高压线束通过最小电流值

（9）取下电流钳，如图 2-2-64 所示。

4）使用数字电流钳测量启动电流和充电电流

以下以丰田普锐斯为例，介绍使用数字电流钳测量启动电流的方法。

（1）将电流钳夹入低压蓄电池正极线束，如图 2-2-65 所示。

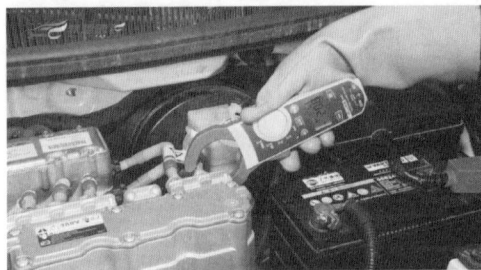

图 2-2-64　取下电流钳

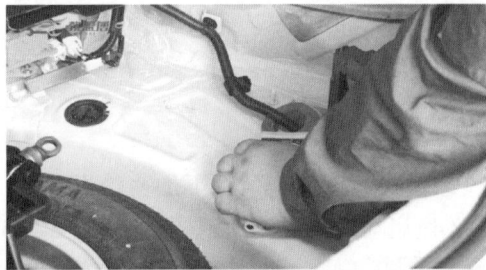

图 2-2-65　将电流钳夹入低压蓄电池正极线束

（2）打开电流钳旋至 600A 挡，如图 2-2-66 所示。

（3）踩下制动踏板，如图 2-2-67 所示。

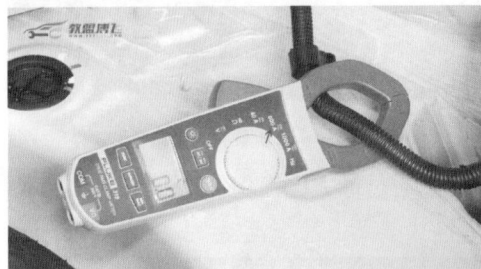

图 2-2-66　选择 600A 挡位

图 2-2-67　踩下制动踏板

（4）起动车辆，如图 2-2-68 所示。

（5）测量启动电流，如图 2-2-69 所示。

（6）踩下加速踏板，测量低压蓄电池充电电流，如图 2-2-70 所示。

▶3.绝缘测试仪的使用

以下以 FLUKE 1587 绝缘测试仪为例，介绍绝缘测试仪的使用方法。

1）绝缘测试仪的挡位认识

（1）电压挡，可测量交流或直流电压，测量范围为 0.1 ~ 600V，如图 2-2-71 所示。

图 2-2-68　起动车辆

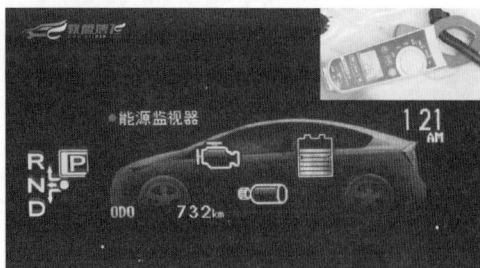

图 2-2-69　测量启动电流

图 2-2-70　测量低压蓄电池充电电流

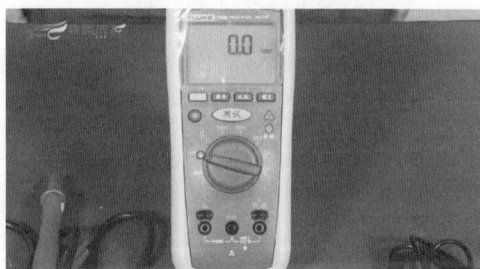

图 2-2-71　绝缘测试仪电压挡

(2)欧姆挡,测量搭铁耦合电阻,测量范围为 0.01Ω~20kΩ,如图 2-2-72 所示。

(3)绝缘测试范围,测量范围为 0.01Ω~10GΩ,如图 2-2-73 所示。

图 2-2-72　欧姆挡

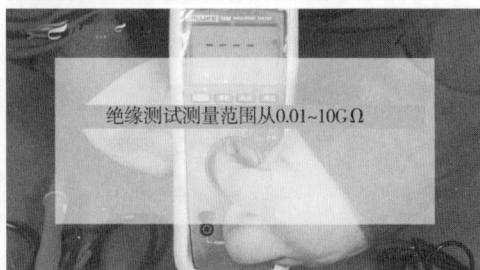

绝缘测试测量范围从0.01~10GΩ

图 2-2-73　绝缘测试范围

(4)1000V 绝缘电压挡,使用最高电压不超过 1000 挡进行绝缘测试,如图 2-2-74 所示。

(5)500V 绝缘电压挡,使用最高电压不超过 500V 进行绝缘测试,如图 2-2-75 所示。

图 2-2-74　1000V 绝缘电压挡

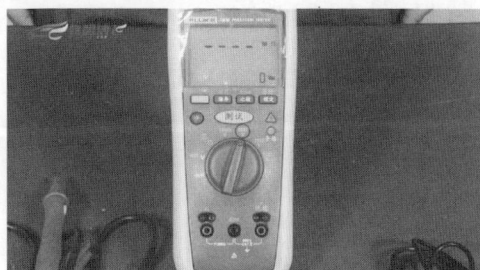

图 2-2-75　500V 绝缘电压挡

(6)250V 绝缘电压挡,使用最高电压不超过 250V 进行绝缘测试,如图 2-2-76 所示。

(7)100V 绝缘电压挡,使用最高电压不超过 100V 进行绝缘测试,如图 2-2-77 所示。

图 2-2-76   250V 绝缘电压挡

图 2-2-77   100V 绝缘电压挡

（8）50V 绝缘电压挡,使用最高电压不超过 50V 进行绝缘测试,如图 2-2-78 所示。

（9）关闭绝缘测试仪,如图 2-2-79 所示。

图 2-2-78   50V 绝缘电压挡

图 2-2-79   关闭绝缘测试仪

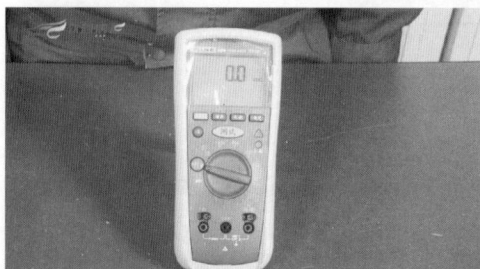

图 2-2-80   将绝缘测试仪旋至电池电压挡

图 2-2-81、图 2-2-82 所示。

2）绝缘测试仪内部电池和熔断丝的测试

用于检查绝缘测试仪内部的电池和熔断丝状况。

（1）电池测试。

①将绝缘测试仪旋至电池电压挡,如图 2-2-80 所示。

②按下蓝色按钮,启动满负荷电池测试,所测的电池电压会在主显示位置上显示 2s,如

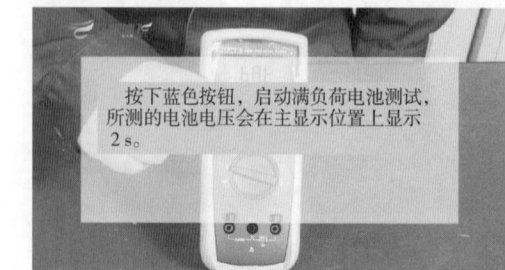

按下蓝色按钮,启动满负荷电池测试,所测的电池电压会在主显示位置上显示 2 s。

图 2-2-81   启动满负荷电池测试

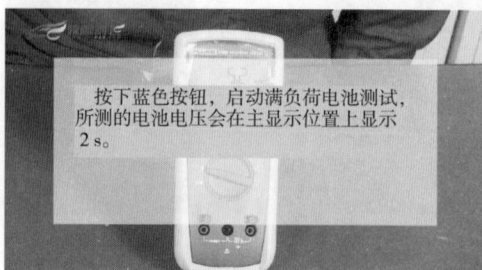

按下蓝色按钮,启动满负荷电池测试,所测的电池电压会在主显示位置上显示 2 s。

图 2-2-82   电池电压值显示

③关闭绝缘测试仪,如图 2-2-83 所示。

(2)熔断丝的测试。

①将绝缘测试仪旋至欧姆挡,如图 2-2-84 所示。

②按住测试按钮,测试熔断丝,屏幕显示数值应该不小于 22kΩ,若显示屏读数是 fuse,则表示熔断丝已损坏,应予以更换。如图 2-2-85 所示。

图 2-2-83　关闭绝缘测试仪

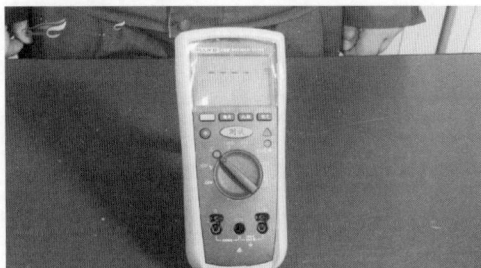

图 2-2-84　将绝缘测试仪旋至欧姆挡

③关闭绝缘测试仪,如图 2-2-86 所示。

若显示屏读数是fuse,则表示熔断丝已损坏,应予以更换。

图 2-2-85　熔断丝测试结果

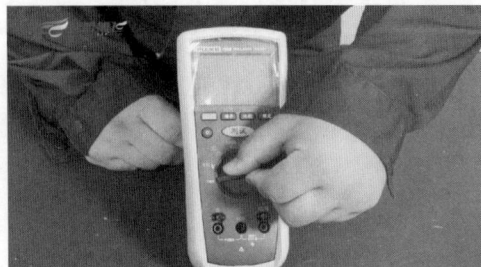

图 2-2-86　关闭绝缘测试仪

3)绝缘电阻的测量

绝缘电阻的测量如图 2-2-87 所示。

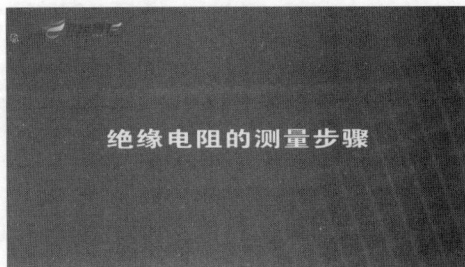

绝缘电阻的测量步骤

图 2-2-87　绝缘电阻的测量

💡 **警告：**

在进行绝缘测试时，请勿用手去触摸表笔的金属部分，避免发生触电危险。

绝缘测试仪使用完毕后，应将开关关闭，如果长期不使用，还应将测试仪内部的电池取出，以避免电池腐蚀测试仪内部其他部件。

（1）将黑表笔插入 COM 端子，如图 2-2-88 所示。

（2）将绝缘测试笔插入电压绝缘测试输入端子，如图 2-2-89 所示。

图 2-2-88　将黑表笔插入 COM 端子

图 2-2-89　将绝缘测试笔插入电压绝缘测试输入端子

（3）选用 25kV 绝缘手套进行测试对象，如图 2-2-90 所示。

（4）将挡位旋至 500V 电压挡，如图 2-2-91 所示。

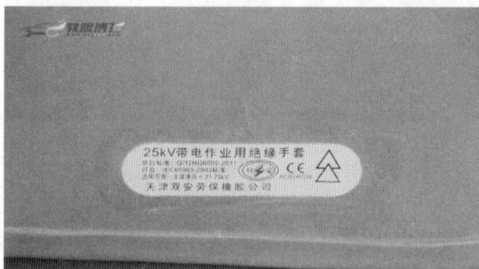

图 2-2-90　选择测试对象（绝缘手套）

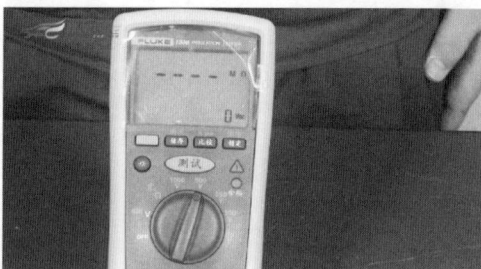

图 2-2-91　选择测试挡位（500V 电压挡）

（5）测试绝缘手套绝缘性，如图 2-2-92 所示。

（6）将两表笔与绝缘手套接触，如图 2-2-93 所示。

（7）按下测试按钮。如图 2-2-94 所示。

（8）等待仪表读数稳定后，读取仪表有效的绝缘电阻值，如图 2-2-95 所示。

（9）关闭绝缘测试仪，如图 2-2-96 所示。

（10）断开绝缘测试笔，如图 2-2-97 所示。

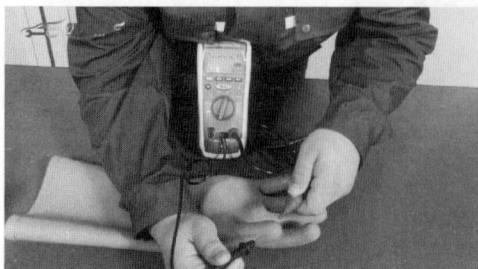

图 2-2-92　测试绝缘性

（11）断开黑表笔，如图 2-2-98 所示。

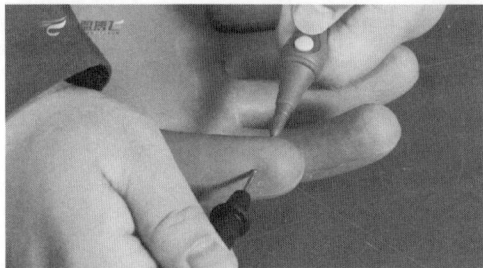

图 2-2-93　将两表笔与绝缘手套接触

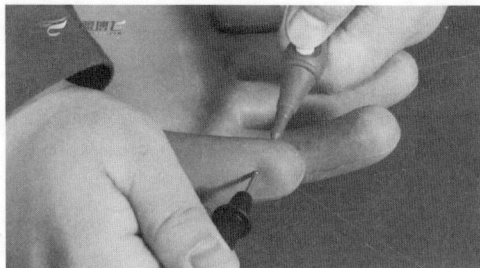

图 2-2-94　按下测试按钮

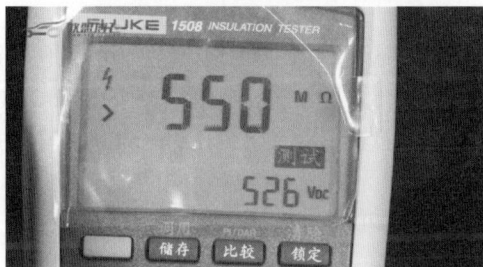

图 2-2-95　读取仪表有效的绝缘电阻值

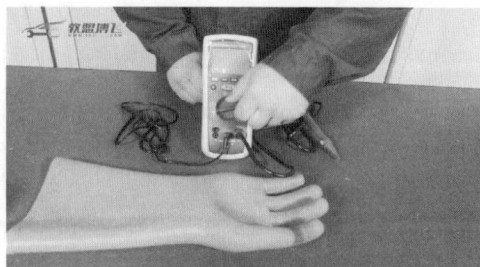

图 2-2-96　关闭绝缘测试仪

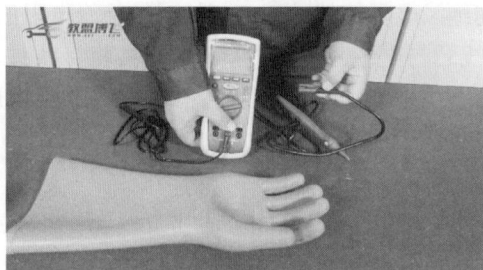

图 2-2-97　断开绝缘测试笔

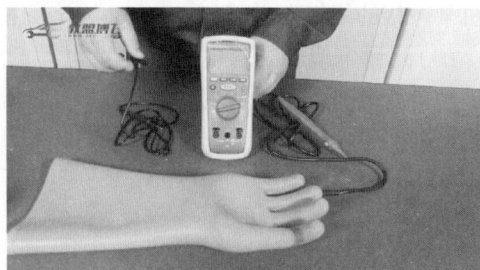

图 2-2-98　断开黑表笔

学习拓展

▶ 1. 绝缘电阻测试仪的使用

以下主要以手摇绝缘电阻表为例，介绍绝缘电阻测试仪的使用方法。

1）绝缘电阻表接线柱的功能说明

如图 2-2-99 所示，绝缘电阻表有三个接线柱，上端两个较大的接线柱上分别标有"搭铁"（E）和"线路"（L），在下方较小的一个接线柱上标有"保护环"（或"屏蔽"）（G）。

（1）E 端。搭铁端，接被测设备的接地部分或外壳。

（2）L 端。接线端，接被测设备的导体部分。

（3）G 端。保护环，主要用于电力电缆绝缘电阻的测量。

2）绝缘电阻的测量方法

图 2-2-99　绝缘电阻表接线柱功能

（1）线路对地的绝缘电阻。将绝缘电阻表的"搭铁"接线柱（即 E 接线柱）可靠地搭铁（一般接到某一接地体上），将"线路"接线柱（即 L 接线柱）接到被测线路上，如图 2-2-100 a）所示。连接好后，顺时针摇动绝缘电阻表，转速逐渐加快，保持在约 120r/min 后匀速摇动，当转速稳定，表的指针也稳定后，指针所指示的数值即为被测物的绝缘电阻值。

实际使用中，E、L 两个接线柱也可以任意连接，即 E 可以与接被测物相连接，L 可以与接地体连接（即搭铁），但 G 接线柱决不能接错。

（2）测量电动机的绝缘电阻。将绝缘电阻表 E 接线柱接机壳（即搭铁），L 接线柱接到电动机某一相的绕组上，如图 2-2-100 b）所示，测出的绝缘电阻值就是某一相的对地绝缘电阻值。

（3）测量电缆的绝缘电阻。测量电缆的导电线芯与电缆外壳的绝缘电阻时，将接线柱 E 与电缆外壳相连接，接线柱 L 与线芯连接，同时将接线柱 G 与电缆壳、芯之间的绝缘层相连接，如图 2-2-100c）所示。

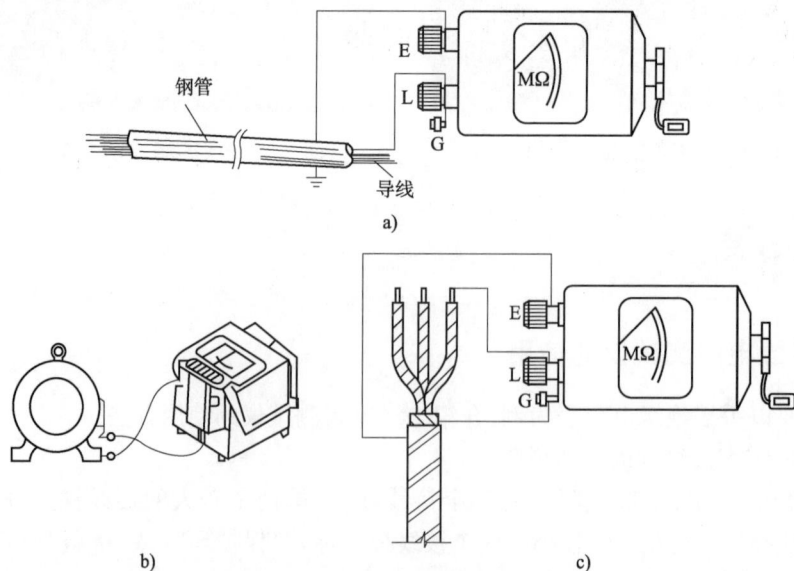

图 2-2-100　绝缘电阻表的接线方法

3）绝缘电阻表使用注意事项

（1）使用前应作开路和短路试验。使 L、E 两接线柱处在断开状态，摇动绝缘电阻表，指针应指向"∞";将 L 和 E 两个接线柱短接,慢慢地转动,指针应指在"0"处。这两项都满足要求,说明绝缘电阻表是好的。

(2)测量电气设备的绝缘电阻时,必须先切断电源,然后将设备进行放电,以保证人身安全和测量准确。

(3)绝缘电阻表测量时应放在水平位置,并用力按住绝缘电阻表,防止在摇动中晃动,摇动的转速为 120r/min。

(4)引接线应采用多股软线,且要有良好的绝缘性能,两根引线切忌绞在一起,以免造成测量数据的不准确。

(5)测量完后应立即对被测物放电,在绝缘电阻表的摇把未停止转动和被测物未放电前,不可用手去触及被测物的测量部分或拆除导线,以防触电(不能将绝缘电阻表的 L 端和 E 端直接短接放电)。

▶ 2. FLUKE 1503 绝缘测试仪的使用

图 2-2-101 所示是 FLUKE 1503 绝缘测试仪。使用方法可以参照 FLUKE 1587 的绝缘测试方法。

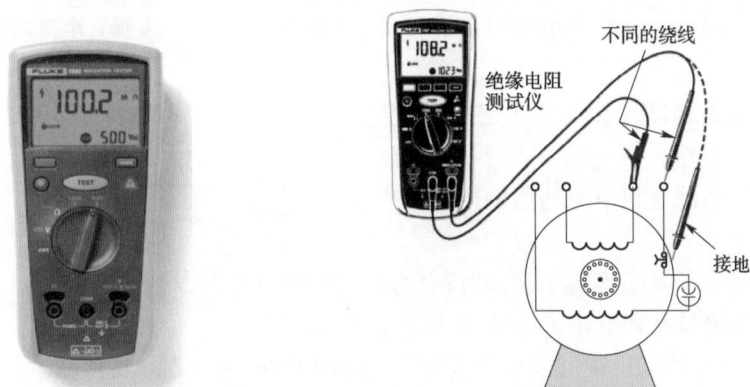

图 2-2-101　FLUKE 1503 绝缘电阻测试仪

▶ 3. 宝马 EOS 诊断仪

宝马汽车采用的 EOS 诊断仪(图 2-2-102)组成见表 2-2-6。

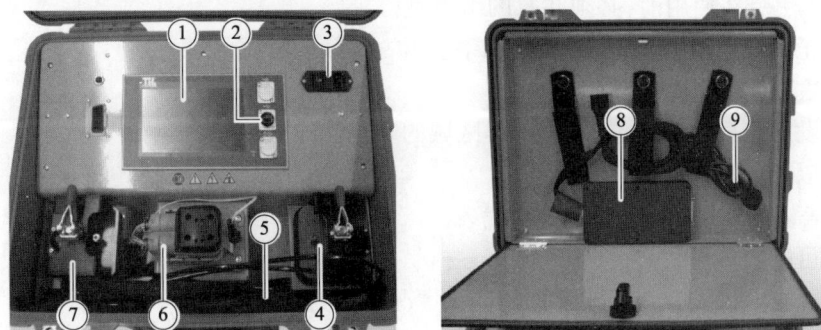

图 2-2-102　EOS 诊断仪

	EOS 诊断仪组成			表 2-2-6
索　引	说　明	索　引	说　明
1	用于操作的触摸屏	6	高电压插头
2	用于更新的 USB 接口	7	I12 加压钟形罩
3	网络电缆和主开关接口	8	用于高电压测试的继电器盒
4	I01 加压钟形罩	9	网络电缆
5	连接电缆		

任务实施

1. 填空题

(1)新能源汽车维修时,必须正确地选择_____工具。

(2)拆卸涉及高压的部件前,使用万用表测量确认电器两端电压为_____。

(3)测试电阻、连通性、二极管或电容以前,必须先_____电源,并将所有的高压电容器_____。

(4)在将仪表测试导线与电路或设备连接时,在连接带电导线之前先_____测试导线。

(5)连通性测试是利用蜂鸣器的声音来表示_____。

2. 判断题

(1)既然使用了绝缘拆装工具,就没有必要切断维修开关。　　　　　　　　　(　　)

(2)用仪表测量已知电压来验证仪表操作是否正常。　　　　　　　　　　　(　　)

(3)按仪表"RANGE"键可以在摄氏度(℃)和华氏度(℉)之间切换。　　　　(　　)

(4)测量电流之前,先检查仪表的熔断丝。　　　　　　　　　　　　　　　　(　　)

(5)绝缘测试只能在通电的电路上进行。　　　　　　　　　　　　　　　　　(　　)

(6)绝缘电阻表测量完成时,应将绝缘电阻表的 L 端和 E 端直接短接放电。　　(　　)

3. 单项选择题

(1)绝缘工具在使用前,必须注意的事项是(　　　)。

　　A. 正确地选择、检查及使用绝缘手套、护目镜、防护服

　　B. 去除所有金属物品

　　C. 设立安全警戒标志,确保工作区域的安全性

　　D. 以上都正确

(2)仪表以及使用手册上,"警告"代表(　　　)。

　　A. 可能损坏仪表

　　B. 可能导致人身伤害或死亡的危险情况和行为

　　C. 可能造成数据丢失

　　D. 可能损坏被测元件

（3）仪表上的"AC"表示(　　)。

  A. 平均值　　　　　　　B. 直流　　　　　　　C. 交流　　　　　　　D. 电压

（4）绝缘电阻表的"L端"表示(　　)。

  A. 搭铁端,接被测设备的搭铁部分或外壳

  B. 接线端,接被测设备的导体部分

  C. 保护环,主要用于电力电缆绝缘电阻的测量

  D. 公共端

（5）FLUKE 1503 是(　　)。

  A. 绝缘测试仪　　　　　　　　　　　　B. 万用表

  C. 故障诊断仪　　　　　　　　　　　　D. 绝缘拆装工具

（6）ED400 是(　　)品牌使用的诊断仪。

  A. 北汽新能源　　　　　　　　　　　　B. 江淮汽车

  C. 荣威汽车　　　　　　　　　　　　　D. 比亚迪汽车

（7）以下不能进行绝缘电阻测试的是(　　)。

  A. 数字式万用表　　　　　　　　　　　B. 手摇绝缘电阻表

  C. 高压绝缘测试仪　　　　　　　　　　D. 故障诊断仪

项目三

高压电基础理论

　　纯电动汽车与混合动力汽车都具有高电压。在制造、维修、维护等领域均需要防止高电压对人体的伤害。本项目主要包括以下3个任务：

　　任务1　高压电基础理论与安全识别；

　　任务2　新能源汽车高压部件认知；

　　任务3　新能源汽车安全设计。

　　通过以上3个任务的学习，你将了解高压电的相关理论，熟悉新能源汽车高电压部件的位置以及防止事故的安全设计。

任务1 高压电基础理论与安全识别

提出任务

很多维修技术人员谈到高电压电动汽车时,都会谈"压"色变。你现在被安排到新能源汽车的售后维修车间实习,主管要求你给其他人员培训如何去识别新能源汽车上的高压电,你能做到吗?

任务要求

知识要求

1.能够描述电的基本概念;
2.能够描述欧姆定律在高压系统的应用;
3.能够描述区分高压与低压的方法;
4.能够描述识别高电压车辆警示标识的方法。

能力要求

能够正确识别高电压车辆警示标识。

相关知识

电是一种能量,也是电子流动的表现形式。新能源汽车上的电存在于多个部件中,也存在有多种形式。大多数情况下,我们所讲的高压电只是从电的其中一个特性,即"电压"来阐述的。

▶ 1.电的基本概念

1)物质、原子和电子

电被定义为"在某个力的作用下,通过某个导体的电子流"。为了更好地理解这个定义,我们需要了解物质的结构。我们周围的任何事物(固体、液体和气体)均被认为是物质。物质是由许多不同的原子和分子组合构成的,如图3-1-1所示。

而原子则是由质子[携带一个正(+)电荷]、中子(不携带电荷)和电子[携带一个负

(-)电荷]构成的。位于原子中心的原子核由质子和中子构成。由于质子携带正电荷,而中子不带电荷,因此中子本身也被赋予正电荷。携带负电荷的电子沿轨道围绕原子核旋转,就像太阳系中的行星沿轨道围绕太阳旋转一样,如图3-1-2所示。

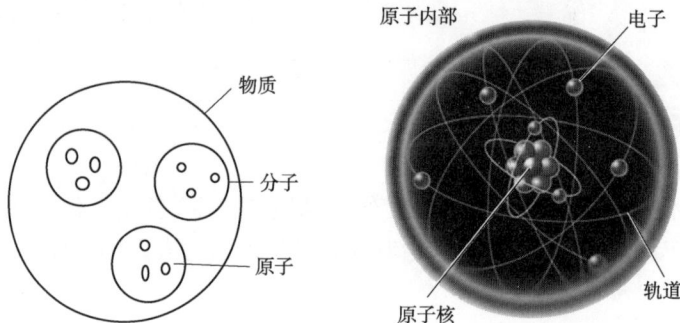

图3-1-1 物质的组成

图3-1-2 原子内部结构

同性电荷相斥,异极电荷相吸。由于受正电荷的吸引,负电荷保持沿其轨道旋转。这种吸引力就如同当两块磁铁的北极(正极)和南极(负极)靠得很近时就会相互吸引一样。

2)电子的运动

一个电子以能够保持其轨道的速度围绕中子作旋转运动。中子吸引力与电子旋转所产生离心力之间的平衡使每个电子保持着各自的运动轨道(壳层)。壳层外部的电子称作价电子。价电子远离中子,且较易脱离运行轨道。如果有一个良好的通路或导体,电子就能够从一个原子流到另一个原子,这样就产生了电流,如图3-1-3所示。

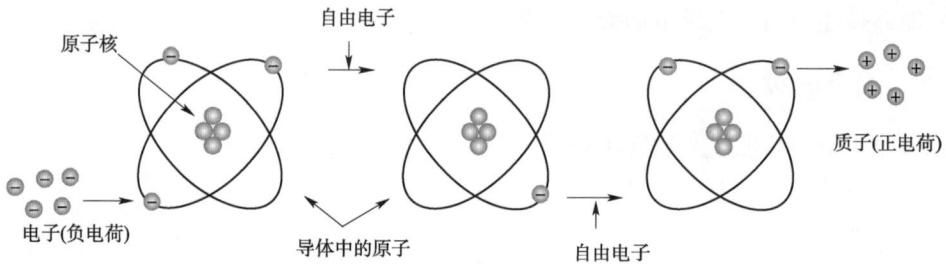

图3-1-3 电流的形成形式

丢失一个电子的原子被称为一个正离子。携带有一个多余电子的原子称为一个负离子。离子在不断地寻求着平衡——正离子试图获得一个电子,而负离子则试图排斥掉一个电子。这些吸引和排斥所产生的力就形成了被称为电动势(E)的电压。E的另一个名称是"伏特"。电子从一个原子流到另一个原子将产生电流。电子流过一个介质的难易程度取决于该介质的类别,即其是一个导体,还是绝缘体。

3)导体与绝缘体

原子随物质的不同而有所区别。一种物质的价电子越多,电子越难以通过。相反,价电子的数量越少,该物质越有利于电子的流过。不言而喻,导体与绝缘体之间的区别就在于其价电子的数量。

(1)导体。壳层外拥有少于4个电子的任何物质都是一种良好的导体。铜是应用在汽车导线上的一种常用导体,因为它强度高、成本相对较低而且对电子流的阻力非常小,如图 3-1-4 所示的汽车上的铜导线。

其他的良好导体还有(按照导电良好性排列):银、金、铝、钨、铁、钢、汞。

虽然银和金是优良导体,但由于其很昂贵,因此不适于在汽车上普通应用,而只将其应用在关键用途上。因为金具有很强的耐腐蚀性,所以某些汽车插头是用金制成的。

图 3-1-4 汽车上的铜导线

(2)绝缘体。壳层外拥有 4 个以上电子的任何物质都是绝缘体。绝缘体是可以防止或阻止电流的物质。采用该种材料包裹导线可以起到绝缘、保护导线和防止电击等作用。

具有良好绝缘性的物质:塑料、玻璃、橡胶、陶瓷、蒸馏水,图 3-1-5 所示的绝缘工具手柄均采用橡胶制成。

(3)半导体。壳层外恰好拥有 4 个电子的任何物质都是半导体。半导体只有在特定的条件下才导电。安装在电脑、收音机、电视等使用的印制电路板上的元件一般是由半导体制作的。图 3-1-6 所示是车窗控制器的电路板。

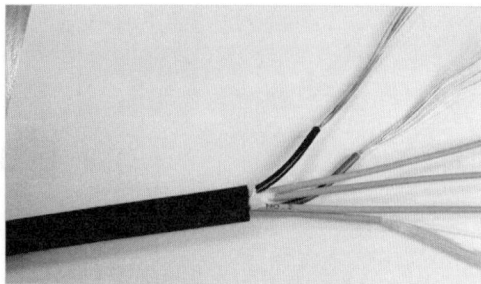

图 3-1-5 绝缘工具橡胶手柄

图 3-1-6 车窗控制器电路板

▶ 2. 欧姆定律

1)电压

电压是使电流流过一个导体的压力(电动势)。电压的力是由两个原子间的一个"势差"而引起的;也就是说,正(+)电荷与负(-)电荷之间的数量差造成了这种不平衡的状态。

如图 3-1-7 所示,可以将电压与水塔中所形成的水压做一个比较,来说明这个原理。水塔顶部(相当于 12V)与低部或地面(相当于 0V)之间的势差导致形成水压。

以单位伏特来计量电压,通常缩写为 V。绝大多数汽车电路均由车辆蓄电池或发电机来提供电源,且通常为 12V 电气系统。纯电动汽车或混合动力汽车动力蓄电池的电压一般在 200V 以上。

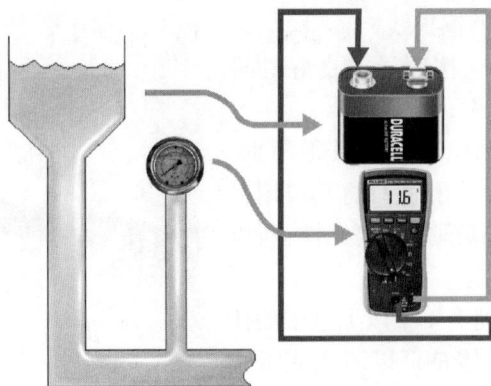

图 3-1-7　电压与水压的比较

如果在蓄电池正极接线柱与底盘地线之间,测量蓄电池所产生的电压,你会发现正是由于两个端子之间势差,才使电流流过电路,且此种情况下的势差为 12V。

如果没有电压以及一个连同搭铁线的完整回路,电流就不可能流动。电压和电流共同作用产生了电力,进而做功,例如点亮一个灯泡或使一台电动机运转。

2）电流

电流是电子从一个原子到下一个原子的流动。以单位安培来计量电流,通常缩写为 A。一个安培表示有 6280 亿个电子在 1s 内流过一个固定点。电流是一个很大的基本单位,例如,如果低于 1/10A 的电流流过人体,将会造成严重人体伤害。

如图 3-1-8 所示,以水塔为例,我们可以将电流与从水塔流到水节门的水进行比较。那么,水从水塔到地面的实际流动就类似于电流的流动。只有在电压(压力)的作用下,电流才会流动。

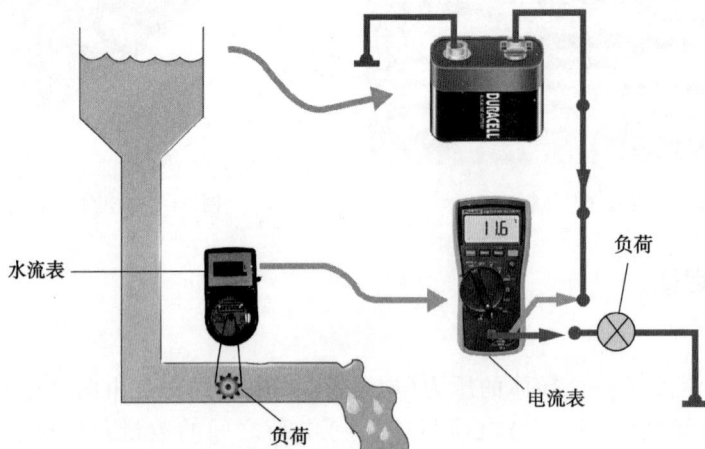

图 3-1-8　电流与水流的比较

电流有两种表现形式,即直流电流与交流电流,如图 3-1-9 所示。

（1）直流电流（DC）。例如当蓄电池一个接线柱处的电子过剩时,就会导致其向缺乏电子的另一个接线柱流动,这样就会形成直流电流。直流电流只沿一个方向流动(图 3-1-10)。直流电的一个优点是可以将其储存在采用电—化学法的蓄电池中。

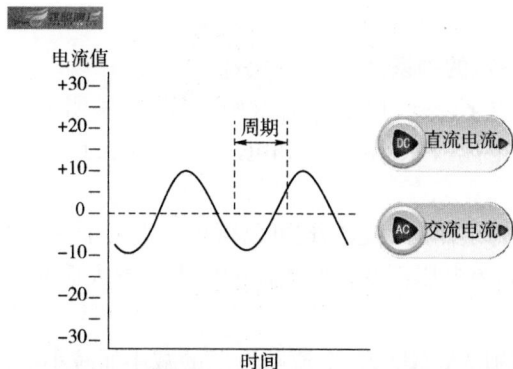

图 3-1-9 电流的表现形式

当改变极性(正极或负极)电流来回流动时，即产生交流电流(AC)。交流电流总是在不断地改变其流动方向，先沿正极方向流动，然后由沿相反的负极方向流动，这被称为一个循环。

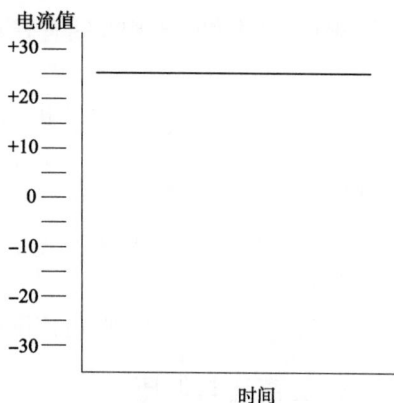

图 3-1-10 直流电流的特点

（2）交流电流（AC）。当改变极性（正极或负极）电流来回流动时，即产生交流电流（AC）。交流电流总是在不断地改变其流动的方向，先沿正极方向流动，然后由沿相反的负极方向流动，这被称为一个循环，如图 3-1-11 所示。

由于其符合正弦函数的数学特点，因此通常使用一个正弦波来表示一个循环。一个循环就是形成完整波形的过程。使用赫兹（Hz）来计量每秒的循环次数，也被称为交流电流的频率。

3）电阻

电阻阻碍或限制电路中的电流流动。所有电路均存在一定的电阻。所有的导体例如铜、银和金等同样也对电流具有一定的阻力。我们使用单位欧姆来计量电阻。表示电阻的符号是一个希腊字母 Ω。

可以将电阻与水塔中所形成的水流阻力做一个比较，来说明这个原理。如图 3-1-12 所示，水流从水塔向下流动时，会遇到细的阻力，这类似与电路中的电阻阻碍电流的流动。

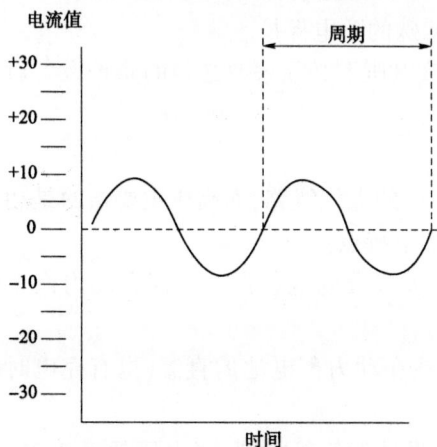

图 3-1-11 交流电流的特点

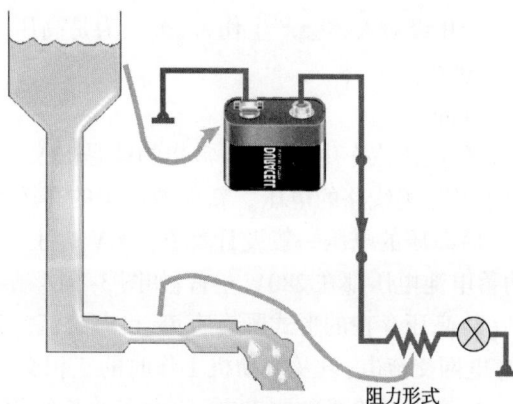

图 3-1-12 电阻与水流阻力的比较

并非所有的电阻都是一种负面的影响。在普通的照明电路中，灯泡本身就是利用电阻原理来发光的。灯丝的阻力限制电流的流动，进而使发光点升温，发光。

4）欧姆定律

电压、电流和电阻相互间有着某种特定的关系。

$$I = \frac{U}{R}$$

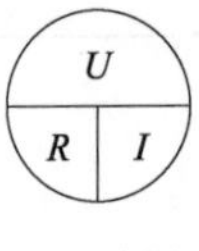

U：电压(V)，I：电流(A)，R：电阻(Ω)

图3-1-13 欧姆定律的表现形式

使用以下公式，可以描述欧姆定律，以说明电压(U表示电动势)，电流(I表示强度)和电阻(R)之间的关系，如图3-1-13所示。

从欧姆定律的表达公式可以得出以下两个基本推论。

（1）如果电压不变，则：电流随电阻的增大而减小；电流随电阻的减小而增大。

（2）如果电阻不变，则：电流随电压的增大而增大；电流随电压的减小而减小。

▶ 3. 高压与低压

1）基本概念

依据国家标准《电动汽车 安全要求 第3部分：人员触电防护》（GB/T 18384.3—2015）中人员触电防护要求，根据不同电压等级可能对人体产生的伤害和危险程度不同，在新能源汽车中，将电压按照类型和数值分为两个类型，见表3-1-1。

电压的类型和数值 表3-1-1

电压级别	工作电压(V)	
	DC(直流)	50～150Hz AC(交流)
A	$0 < U \leqslant 60$	$0 < U \leqslant 25$
B	$60 < U \leqslant 1000$	$25 < U \leqslant 660$

考虑到空气的湿度和人体在不同工作环境下的电阻，基于安全考虑将车辆电压分为以下安全级别，即：

（1）A级认为是较为安全的电压等级，在直流中是小于或等于60V的；在规定的150Hz频率下，低于25V，该电压下的维护人员不需要采取特殊的防电保护。

（2）B级对人体会产生伤害，被认为是高压。在该电压下必须采取必要的防护设备对维护人员进行保护。

2）特征

在新能源汽车中，低压通常指的就是12V电源系统的电气线路，而高压主要指的是动力蓄电池及相关线路的电压。新能源汽车的高压具有如下特点：

（1）高压的电压一般设计都在200V以上。例如大多数的电动汽车或混合动力汽车的动力蓄电池电压都在280V左右，如图3-1-14所示。

（2）高压存在的形式既有直流，也有交流。这包括在动力蓄电池的直流，也有充电时的220V电网交流电，以及电动机工作时的三相交流电。

（3）高压对绝缘的要求更高，大多数传统汽车上设计的绝缘材料，当电压超过200V时可能就变成了导体，因此在新能源汽车上的绝缘材料需要具有更高的绝缘性能。

（4）高压对正负极距离的要求。12V电压情况下，对正负之间的距离需要很近时才会有击穿空气的可能，但是当电压高到200V以上时，正负极之间会有一个很大的距离时就会发生击穿空气而导电,也就是我们常说的电弧。如图 3-1-15 所示,在 300V 电压下,两根导线距离 10cm 时就会发生击穿导电。

图 3-1-14　特斯拉 MODULE S 动力蓄电池总电压 400V

图 3-1-15　高压下产生的电弧

▶ 4. 认识高压标识

为防止意外触及高压系统,新能源汽车对高压部件均采用特殊的标识或颜色,对维修人员或车主给予警示。新能源汽车通常采用两种形式进行高电压的标识警示,这包括高压警示标识和导线颜色。

1)高压警示标识

每个新能源汽车的高电压组件壳体上都带有一个标记,售后服务人员或每位车主均可通过标记直观看出高电压可能带来的危险,所用警示牌基于国际标准危险电压警告标志。

如图 3-1-16 所示,高压警示标识采用黄色底色,或红色底色,图形上布置有高压触电国家标准。

图 3-1-16　高压警示标识

2)高压警示颜色

由于高压导线可能有几米长,因此在一处或两处通过警示牌标记意义不大。售后服务人员可能会忽视这些标牌。因此用橙色警示色标记出所有高电压导线,高电压导线的某些插头以及高电压安全插头也采用橙色设计,如图 3-1-17 所示。

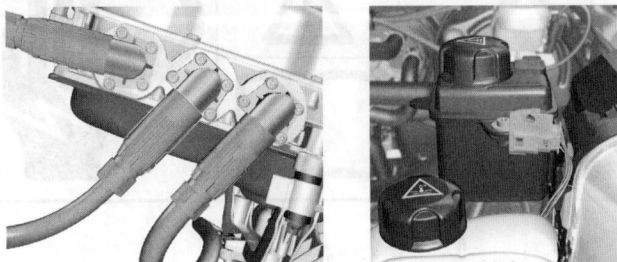

图 3-1-17　高压橙色导线及连接器

任务实施

(一) 工作准备

(1) 防护装备: 绝缘防护装备。

(2) 车辆、台架、总成: 实训中心新能源汽车(在国家车型目录内车辆)。

(3) 专用工具、设备: 随车充电器, 充电桩。

(4) 手工工具: 万用表。

(5) 辅助材料: 无。

(二) 实施步骤

本任务主要识别新能源汽车上的高压警示标识, 并说明其含义。

(1) 使用万用表测量电动汽车充电桩输出电压, 并记录下电压值。

> 注意:
>
> 测量充电桩电源输入端电压, 充电桩输出端电压只有在充电桩内部接触器闭合的情况下才有电压输出。

> 警示!
>
> 测量的操作仅实训教师执行, 防止学生触电!

(2) 打开实训中心新能源车辆前机舱盖, 识别以下标识的位置并说明其含义, 如图 3-1-18 所示。

图 3-1-18　安全标示

（3）识别以下橙色导线的位置，并说明其含义，如图 3-1-19 所示。

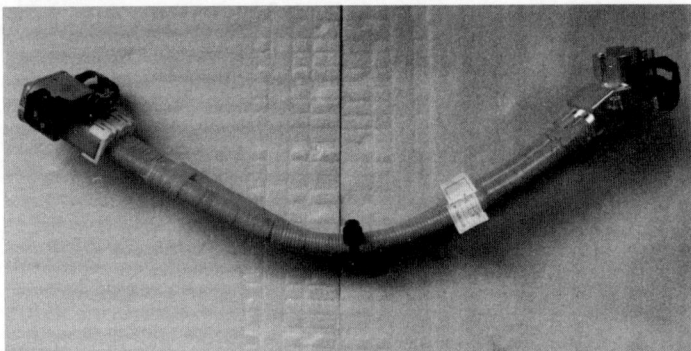

图 3-1-19 橙色导线

学习拓展

在电动汽车中，高压电气系统的工作电压在数百伏，较高的工作电压对电源系统与车辆底盘之间的绝缘性能提出了更高要求。

高压电缆线绝缘介质老化或受潮湿环境影响等因素都会导致绝缘性能下降，电池组自身产生的漏液、受潮等，均会导致绝缘程度下降。电源正负极引线或电池通过受潮绝缘层和底盘构成漏电回路，使底盘电位上升，不仅将影响低压电气和车辆控制器的正常工作，而且会危及乘客的人身安全。当高压电路和底盘发生多点绝缘性能严重下降时，还会导致漏电回路的热积累效应，可能造成车辆的电气火灾。因此，高压电气系统相对车辆底盘的电气绝缘性能的实时检测是电动汽车电气安全技术的核心内容，对乘客安全、电气设备正常工作和车辆的安全运行具有重要意义。

高压电的位置如图 3-1-20 所示。

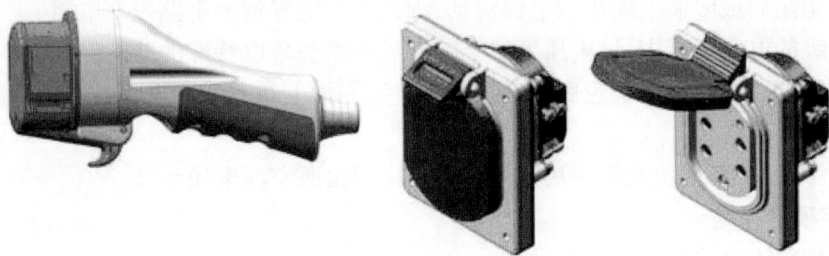

图 3-1-20 高压电的位置

对于电动汽车的高压电系统和自动断路器的工作状态及功能的监测，需要检测的参数可以分成以下几类：

（1）高压电气参数：高压系统电压、电流，高压总线剩余电量。

（2）高压电路参数：动力电池绝缘电阻、高压总线等效电容。

（3）非电测量参数：环境温度、湿度。

（4）数字量测参数：主要是开关量的输入和输出。

根据电动汽车和人体安全标准，在最大交流工作电压小于660V，最大直流工作电压小于1000V以及整车质量小于3500kg的条件下，电动汽车的高压安全要求如下：

（1）人体的安全电压低于60V，触电电流和持续时间乘积的最大值小于30mA·s。

（2）绝缘电阻除以电池的额定电压至少应该大于100Ω/V，最好是能确保大于500Ω/V。

（3）对于各类电池，充电电压不能超过上限电压，一般最高不超过额定电压的30%。

（4）对于高于60V的高压系统的上电过程至少需要100ms，在上电过程中应该采用预充电过程来避免高压冲击。

（5）在任何情况下继电器断开时间应该小于20ms，当高压系统断开后1s，汽车的任何导电的部分和可接触的部分对地电压峰值应当小于42.4V（交流）/60V（直流）。

学习测试

1. 填空题

（1）电是一种能量，也是_____流动的表现形式。

（2）绝缘体是可以防止或阻止_____的物质，采用该种材料包裹导线可以起到防止电击等作用。

（3）描述电压、电流和电阻相互间特定的关系的定律是_____。

（4）在新能源汽车中，低压通常指的就是_____电源系统的电气线路，而高压主要指的是_____及相关线路的电压。

（5）新能源汽车采用两种形式进行高电压的标识警示，包括_____和_____。

2. 判断题

（1）电流有两种表现形式，即直流电流与交流电流。 （   ）

（2）电阻阻碍或限制电路中的电流流动，因此电流能导通的电路没有电阻。 （   ）

（3）B级的电压等级中，该电压下的维护人员不需要采取特殊的防电保护。 （   ）

（4）高压警示标识采用黄色底色，或红色底色，图形上布置有高压触电国家标准。

（   ）

（5）为了醒目，新能源汽车采用红色警示色标记出所有高电压导线。 （   ）

3. 不定项选择题

（1）下列关于电的描述正确的是（   ）

　　A. 电子的移动形成电　　　　　　　B. 电有交流与直流

　　C. 电是有物质的原子移动产生的　　D. 电的正负极没有区别

（2）根据电的特性，物质可以基本分为（   ）两类（不含半导体）。

　　A. 导体　　　　　B. 绝缘体　　　　　C. 中性体　　　　　D. 正负体

（3）下列关于欧姆定律的描述正确的是（   ）。

　　A. 主要是关于电压、电流、电阻的关系描述

　　B. 电压一定时，电阻越大，电流越小

C. 电阻一定时,电压越大,电流越小

D. 电压等于电阻除以电流

(4)在高压车辆中,高压的安全电压应该不超过(　　　)。

A. 直流 60V　　　B. 交流 25V　　　C. 直流 36V　　　D. 交流 12V

(5)高电压车辆高压导线的颜色是(　　　)。

A. 橙色　　　B. 灰色　　　C. 蓝色　　　D. 红色

任务 2　新能源汽车高压部件认知

提出任务

维修带有高电压的新能源汽车之前,必须正确认识车辆上哪些部件具有高压。你的主管让你去维修一辆纯电动汽车,但是和你一起维修的另一名技师并不了解车辆上哪些部件是危险的,你能在维修前给他正确的引导和说明吗?

任务要求

知识要求

1. 能够描述新能源汽车高电压的主要位置;
2. 能够描述新能源汽车高电压的特征;
3. 能够描述混合动力汽车高电压的部件及特点;
4. 能够描述纯电动汽车高电压的部件及特点。

能力要求

1. 能够正确判断混合动力汽车高电压部件位置;
2. 能够正确判断纯电动汽车高电压部件位置。

相关知识

▶ 1. 新能源汽车高电压的主要位置

纯电动汽车与混合动力汽车设计有高电压。如图 3-2-1 所示,高电压车辆的高电压部件主要集中在以下几个位置:

(1)驱动系统。包括动力电池和三相电动机,以及电动机驱动控制器和逆变器。

(2)空调与加热系统。包括高压电驱动的压缩机,高压的 PTC 加热器。

(3)充电系统。包括为动力电池充电的车载充电器和充电接口。

(4)电源系统。主要是 DC/DC 转换器。

此外,用于连接高压部件之间的导线也属于高电压部件。

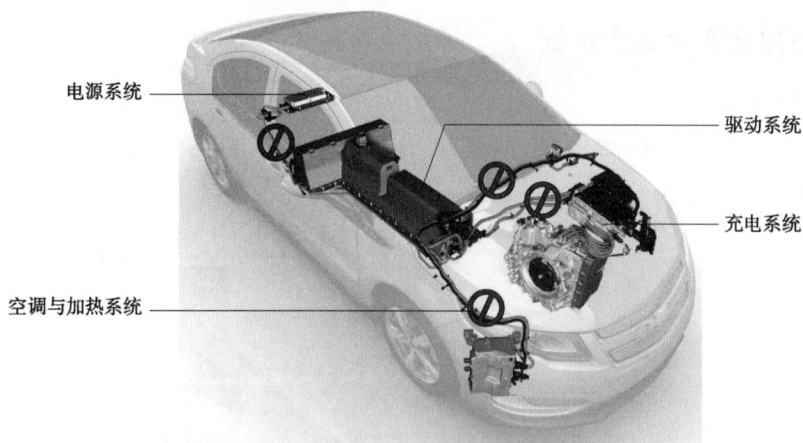

图 3-2-1　高压部件在车辆上的位置

　　高电压车辆的高压部件安装位置具有以下特点：

　　(1)高压部件主要集中在整体式车身的外部。除了少数的混合动力汽车动力电池安装在车辆后部位置外,大多数车辆动力电池、逆变器等都布置在乘客舱外部,而且高压导线也是沿着底盘外布置的。图 3-2-2 所示是北汽新能源纯电动汽车位于底盘的橙色高压导线位置。

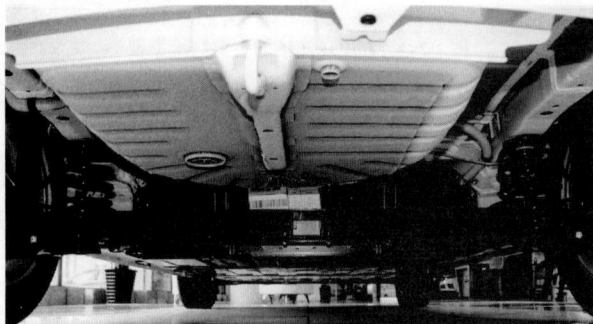

图 3-2-2　北汽新能源纯电动汽车位于底盘的橙色高压导线

　　(2)高压部件都具有明显的橙色标识,或者部件的醒目位置粘贴有高压标识,如图 3-2-3 所示。

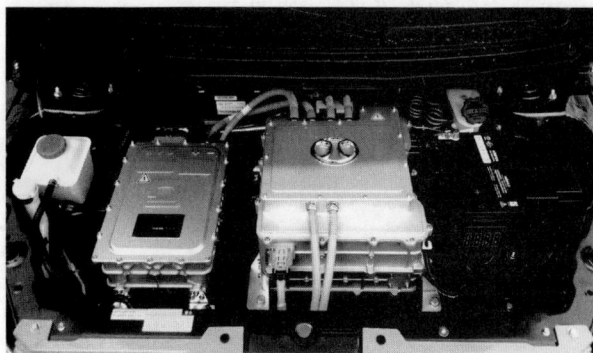

图 3-2-3　北汽新能源纯电动汽车高压电缆采用橙色绝缘层

▶ 2. 高电压车辆高压特征

1）高电压类型

纯电动汽车和混合动力汽车，其高电压系统均同时具有直流高压和交流高压，如图 3-2-4 所示。

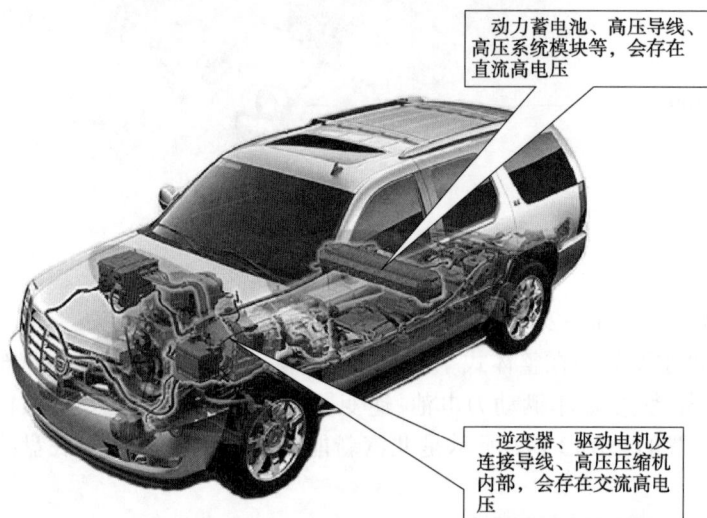

动力蓄电池、高压导线、高压系统模块等，会存在直流高电压

逆变器、驱动电机及连接导线、高压压缩机内部，会存在交流高电压

图 3-2-4　高电压车辆的主要高压类型

直流高压主要分布在动力电池到各个驱动部件的位置，如动力电池到驱动逆变器之间连接的是直流高电压；动力电池到高压压缩机之间连接的是直流高电压。

交流高压主要分布在逆变器与驱动电机之间，以及充电接口与车载充电器之间。不同的是逆变器与驱动电机之间的交流高电压电压通常都在 300V 左右，而充电接口与车载充电器之间的交流高电压即为外部电网的 220V 50Hz 的电压。

2）存在时间

高电压车辆上的高电压并不是持续存在的，除了动力电池会持续存在高电压外，其他的系统或部件只有在运行的时候才具有高电压。

充电系统部件仅在车辆充电期间存在高电压，这包括来自外部电网的 220V 交流高压，以及车载充电器与动力电池之间的直流高压，如图 3-2-5 所示。

充电桩　充电线　充电线束　车载充电器　BDU　动力蓄电池　DC/DC转换器　蓄电池

图 3-2-5　充电期间具有高电压的部件

逆变器、高压压缩机、PTC 加热器以及 DC/DC 转换器部件只有在系统运行时,来自动力电池的高电压才会加载到这些部件上。

▶ 3. 主要高电压部件及特点

1)混合动力汽车高电压部件

图 3-2-6 所示为典型混合动力汽车驱动系统结构示意图。

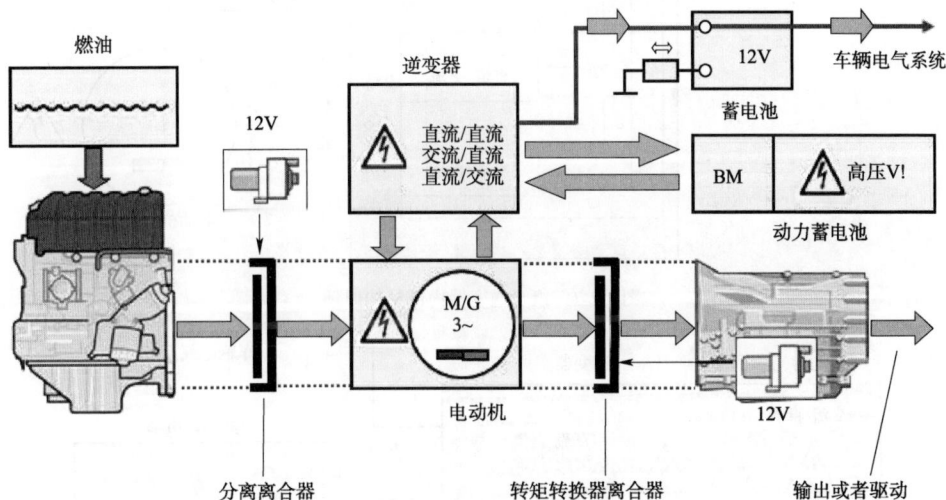

图 3-2-6　混合动力汽车驱动系统

驱动车辆时,其主要的高压部件有动力电池、逆变器和电动机。在逆变器内部具有的逆变转换,包括直流变直流、交流变直流及直流变交流。

(1)直流/直流:把动力电池高电压的直流电转换为车辆电气系统所用的直流电,并给车辆 12V 蓄电池充电。

(2)交流/直流:把三相交流电转换成直流电给动力电池充电。

(3)直流/交流:把动力电池的直流电转换成三相交流电给电动机供电。

图 3-2-7 所示是现在有些车型组合逆变器的工作原理,该逆变器的特点是具有控制电动机和 DC/DC 转换器的组合功能,此外在逆变器内部还会并联一条高压线路给空调压缩机供电。

用于控制电动机的逆变器工作时,在 U、V 和 W 相位连接点处晶体管的作用下,高压动力电池的直流电通过脉宽调制的方式转换为交变连接的三相。每一相的极性都以频率函数的形式进行翻转。为了使电压具有交流电特性,产生正半波或负半波的脉宽调制的宽度为调制后的窄/宽/窄,并用电容器来滤波。

2)纯电动汽车高电压部件

图 3-2-8 所示为典型纯电动汽车的驱动系统结构示意图。

纯电动汽车驱动系统的驱动结构与混合动力汽车类似,有区别的是在逆变器前方增加了一个充电器。

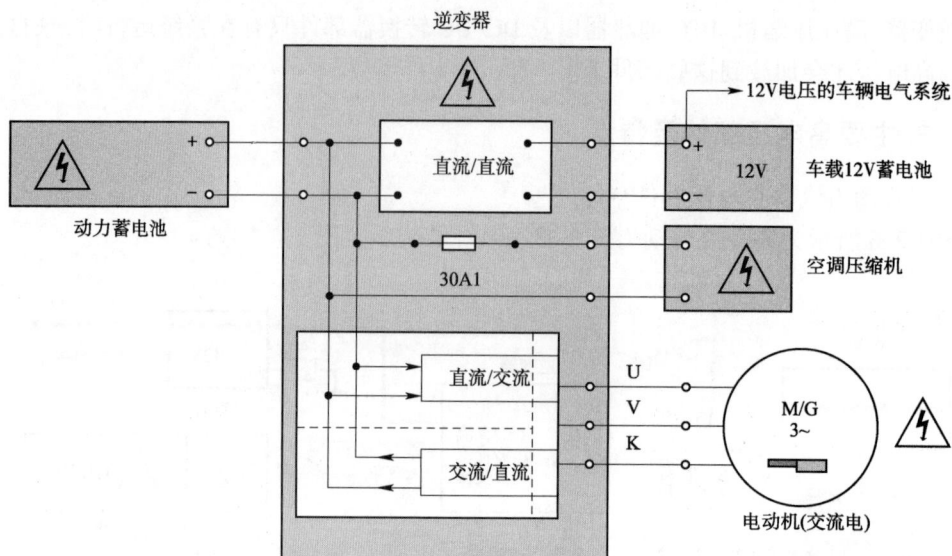

图 3-2-7　组合逆变器内部结构原理

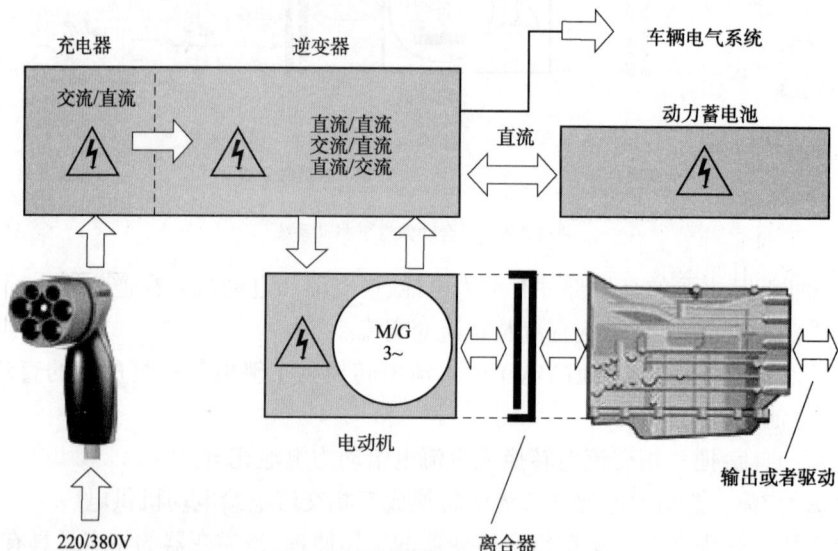

图 3-2-8　纯电动汽车驱动系统

3）高电压部件的位置及特点

（1）电机。图 3-2-9 所示为驱动电机内部具有高压的部件位置。当电机运行时,位于电动机的高压电缆、插头,以及电机定子绕组上均会存在交流高电压。

（2）逆变器。图 3-2-10 所示为逆变器上的主要高压部件位置,逆变器通常模块壳体采用金属全封闭设计,主要的高电压位置集中在模块电缆的接口上。

（3）高压压缩机。对于混合动力汽车来说,空调压缩机可以由电机来驱动。由于空调压缩机消耗大量能量,需要对其供电(例如可以由动力电池的直流电压供电)。电机可采用三相异步电动机,这相当于在空调压缩机中集成了直流/交流逆变器。

图 3-2-11 所示为高压压缩机的高电压主要位置。高压压缩机在运行时,位于压缩机上

的高压电缆接口、高压连接电缆以及压缩机本身均具有高电压。

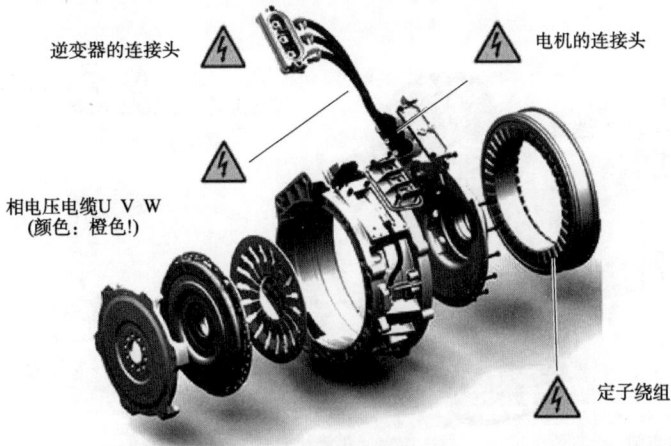

图 3-2-9　驱动电机高压位置

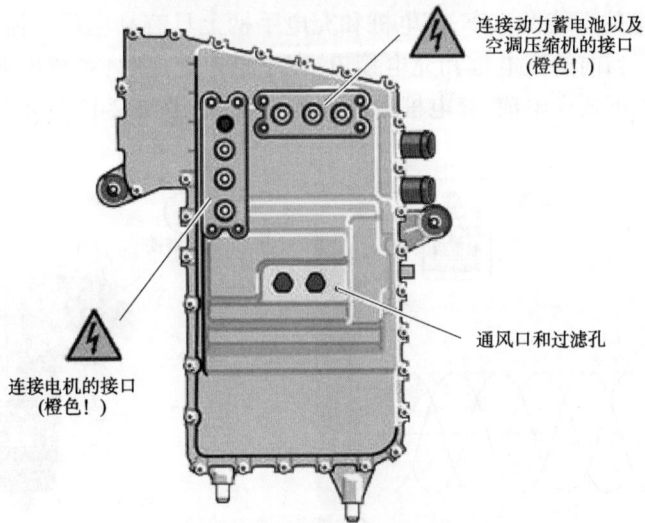

图 3-2-10　逆变器高压位置

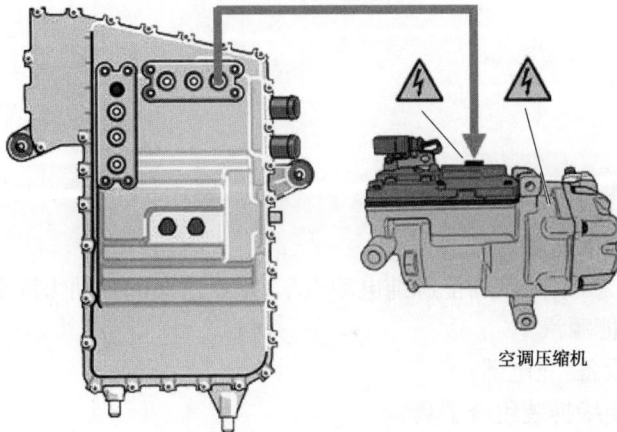

图 3-2-11　高压压缩机高压位置

（4）动力电池。如图 3-2-12 所示，动力电池上所有的部件，包括维修开关、连接导线均具有高电压。

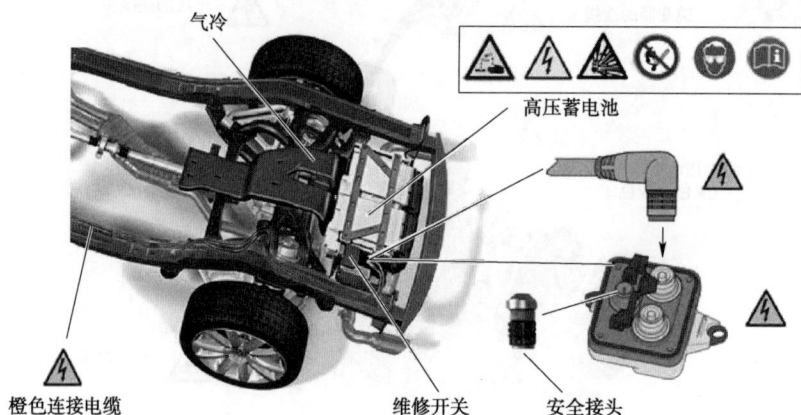

图 3-2-12　动力电池高压位置

（5）充电。充电的新能源汽车，充电桩和充电手柄上具有高电压。需要注意的是，出于对车主的安全考虑，当前的充电桩和充电接口，在车辆未充电时，系统内部都会自动断开电路循环，也就是说未正式充电前，充电桩和接口是安全的。图 3-2-13 所示是充电桩与充电接口高压位置。

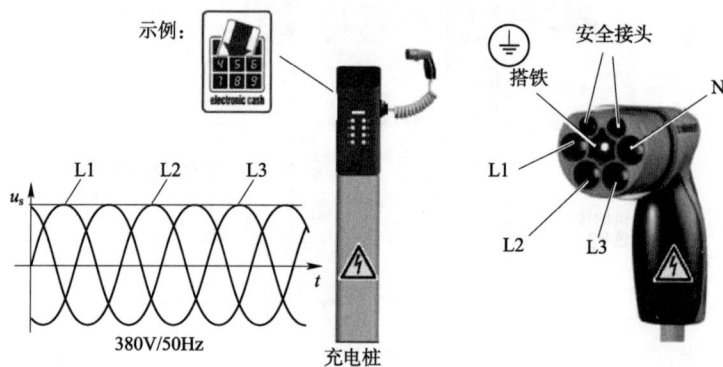

图 3-2-13　充电桩与充电接口高压位置

任务实施

（一）工作准备

（1）防护装备：绝缘防护装备。

（2）车辆、台架、总成：北汽新能源纯电动汽车；比亚迪秦混合动力汽车；荣威 e50 纯电动汽车；或其他同类新能源汽车。

（3）专用工具、设备：充电器。

（4）手工工具：绝缘拆装组合工具。

（5）辅助材料：无。

（二）实施步骤

本任务主要识别纯电动汽车与混合动力汽车高压部件的位置，包括以下两个任务：

（1）识别纯电动汽车高电压部件位置及高压存在的时间。

（2）识别混合动力汽车高电压部件位置及高电压存在的时间。

实施任务前准备：

（1）对高电压车辆周围布置好明显的警示标识。

（2）检查车辆，确保车辆无故障，主要是高压漏电类故障。

（3）制作以下标识，用于在实训过程中标识高压部件，如图 3-2-14 所示。

图 3-2-14　高压安全标识

> 💡 **警示!**
>
> 未经教师允许，不得随意触动车辆！
>
> 举升车辆期间，禁止车辆周围站立人员！

实施步骤：

（1）观察实训车辆，记录车辆的型号。

（2）使用充电器给车辆充电，并将手中的高压标识粘贴到具有高压的部件上面。

（3）打开车辆的前机舱，标识在车辆未运行时的高压部件。

（4）标识车辆在运行时前机舱的高压部件。

（5）打开车辆行李舱，标识车辆行李舱内的高压部件。

（6）举升车辆，拆卸车辆下护板，标识车辆底部的高压部件。

（7）总结纯电动汽车和混合动力汽车高压部件的安装位置特点。

▶ 1. 北汽 EV200 高压部件识别

（1）车辆型号及充电接口位置。新能源汽车高压部件安装位置如图 3-2-15 所示。

车辆型号，如图 3-2-16 所示。

充电接口位置，如图 3-2-17 所示。

（2）打开前机舱盖，可以找到以下部件的位置（图 3-2-18）：

①PDU-高压动力分配单元、DC-DC 转换器、车载充电器。

②电动机控制器。

③高压电缆接口。

（3）举升车辆，拆下前部、底板护板，可以找到以下部件的位置（图 3-2-19）：

①三相电动机。

②动力电池。

③高压电缆。

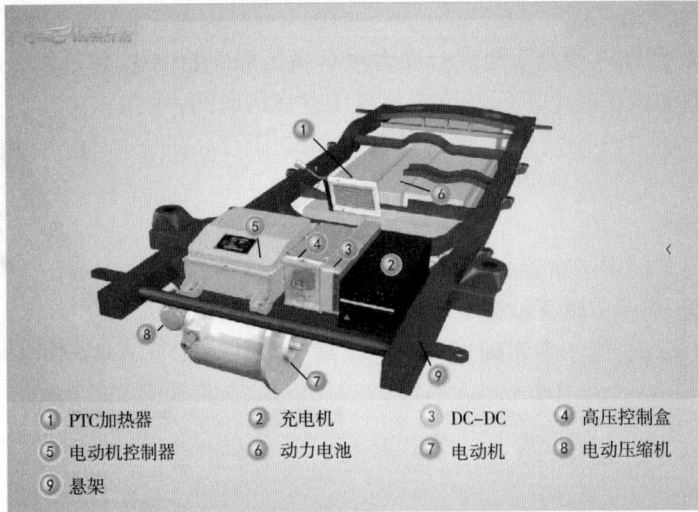

图 3-2-15　新能源汽车高压部件安装位置

① PTC加热器	② 充电机	③ DC-DC	④ 高压控制盒
⑤ 电动机控制器	⑥ 动力电池	⑦ 电动机	⑧ 电动压缩机
⑨ 悬架			

图 3-2-16　车辆型号

图 3-2-17　充电接口位置

图 3-2-18　前机舱部件

图 3-2-19　底盘部件

（4）降下车辆，在车内可以找到电池维修开关位置，如图 3-2-20 所示。

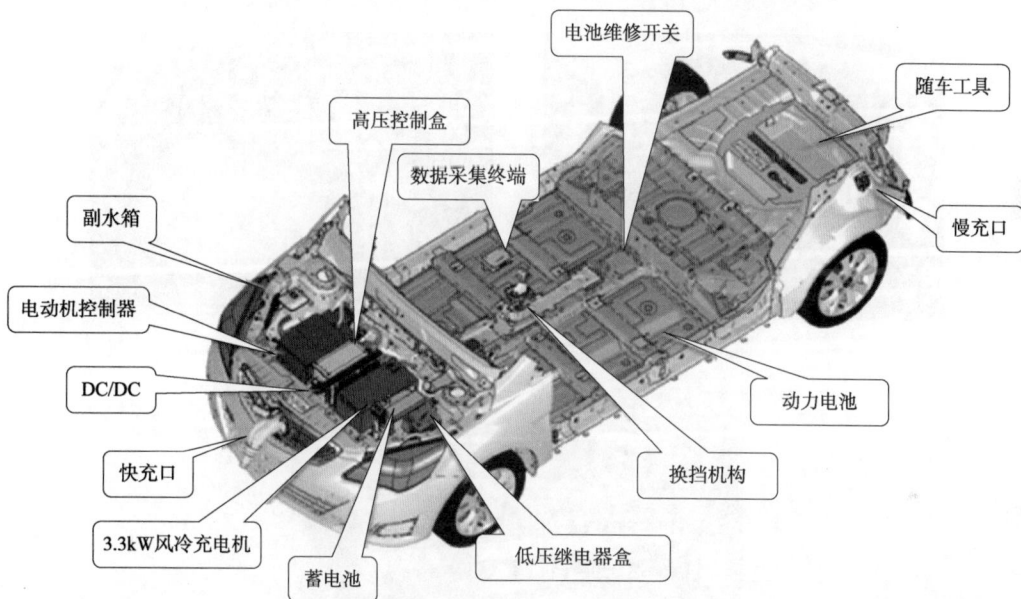

图 3-2-20　车内部件和电池维修开关

▶ 2. 比亚迪秦混合动力高压部件识别

（1）车辆型号及充电接口位置。

①车辆型号如图 3-2-21 所示。

②充电接口如图 3-2-22 所示。

（2）打开行李舱，拆卸车辆内饰，可以找到
以下部件位置（图 3-2-23）：

①动力电池。

②动力分配单元，即 BDU。

③车载充电器。

图 3-2-21　车辆型号

（3）打开前机舱盖，从机舱盖内可以找到以下部件的位置（图 3-2-24）：

①电动机控制器。

②DC/DC 转换器。

（4）在车内行李舱位置可以找到手动维修开关位置，如图 3-2-25 所示。

图 3-2-22 充电接口位置

图 3-2-23 行李舱内部件

图 3-2-24 机舱内部件

图 3-2-25 手动维修开关位置

▶ 3. 荣威 e50 主要高压部件识别

荣威 e50 主要高压部件介绍如图 3-2-26 所示。

图 3-2-26 荣威 e50 主要高压部件介绍

1）驱动电机总成

荣威 e50 驱动电机为三相交流电动机，接受 PEB 的控制，是整个车辆的动力源，如图 3-2-27 所示。

图 3-2-27　驱动电机总成

2）电力电子箱

电力电子箱是控制驱动电机的电器组件，在高速 CAN 上与整车控制器 VCU、仪表、车身等控制器通信。

接收 VCU 的转矩命令以控制驱动电机，且电力电子箱控制器带有自诊断功能，确保系统安全运行，如图 3-2-28、图 3-2-29 所示。

图 3-2-28　电力电子箱

图 3-2-29　电力电子箱内部

3）高压配电单元

高压配电单元，位于前机舱中，固定在 PEB 和 PDU 托盘上，如图 3-2-30、图 3-2-31 所示。

其主要作用为：将高压动力电池组的高压电分配给各高压用电器；同时，可以对电动空调压缩机和加热器高压回路起过电流保护作用。

图 3-2-30　高压配电单元

图 3-2-31　高压配电单元内部

4）动力电池

动力电池为整车提供动力能源，它包含 5 个模块，其中 3 个 27 串 3 并的大模块，2 个 6 串 3 并的小模块，如图 3-2-32 所示。

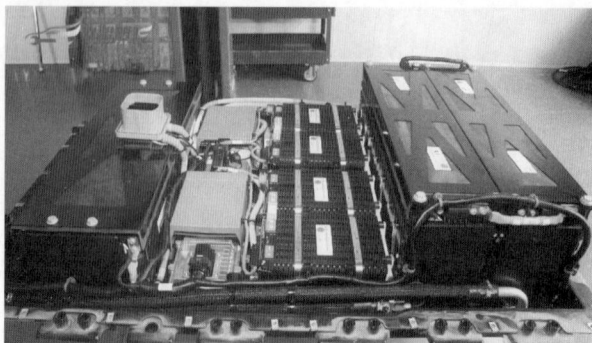

图 3-2-32　动力电池组

学习测试

1. 填空题

(1)纯电动汽车和混合动力汽车,其高电压系统均同时具有_____高压和_____高压。

(2)交流高压主要分布在_____与驱动电机之间,以及_____与车载充电器之间。

(3)除了_____会持续存在高电压外,其他的系统或部件只有在运行的时候才具有高电压。

(4)纯电动汽车驱动系统的结构与混合动力汽车的区别的是在逆变器前方增加了一个_____。

(5)高压压缩机在运行时,高压电缆接口、高压连接电缆以及压缩机本身均具有_____。

2. 判断题

(1)用于连接高压部件之间的导线也属于高电压部件。　　　　　　　　(　　)

(2)大多数车辆动力蓄电池、逆变器等都布置在乘客舱内部。　　　　　(　　)

(3)新能源汽车充电系统部件仅在车辆充电期间存在高电压。　　　　　(　　)

(4)当电动机运行时,高压电缆、插头,以及电动机定子绕组上均会存在直流高电压。

　　　　　　　　　　　　　　　　　　　　　　　　　　　　　　　(　　)

(5)充电桩和充电接口,在车辆未充电时,系统内部都会自动断开电路循环。　(　　)

3. 不定项选择题

(1)高压新能源汽车高压部件主要有(　　　)。

　　A.动力电池　　　　　　　　　　　B.驱动电机及控制器

　　C.高压附属部件　　　　　　　　　D.车窗电动机

(2)动力电池的高电压具有的特点是(　　　)。

　　A.一直持续有高电压　　　　　　　B.关闭点火开关后高压消失

　　C.高压仅有 25V 左右　　　　　　　D.内部存在直流和交流高压

(3)动力电动机或控制器高电压具有的特点是(　　　)。

　　A.一直持续有高电压　　　　　　　B.关闭点火开关后高压消失

　　C.高压仅有 25V 左右　　　　　　　D.内部存在直流和交流高压

(4)高压压缩机和 PTC 高电压具有的特点是(　　　)。

　　A.一直持续有高电压　　　　　　　B.关闭点火开关后高压消失

　　C.高压仅有 25V 左右　　　　　　　D.PTC 加热器位于蒸发箱内不易碰到

(5)充电器高电压具有的特点是(　　　)。

　　A.一直持续有高电压　　　　　　　B.插入外部充电器期间具有高压

　　C.高压仅有 25V 左右　　　　　　　D.内部存在直流和交流高压

任务 3   新能源汽车安全设计

📖 提出任务

现在有一辆电动汽车发生了事故,你被指派去现场处理事故车辆的清理工作,你能正确区别哪些地方是安全的,哪些车辆部件或系统依然会存在高电压吗?

✅ 任务要求

📋 知识要求

1. 能够描述新能源汽车的主要安全隐患;
2. 能够描述新能源汽车的安全设计方案及特点。

🧠 能力要求

能够正确分析新能源汽车的安全设计特点,并灵活运用。

💡 相关知识

新能源汽车相比于传统内燃机汽车,由于驱动系统存在高电压,其安全系统设计更为复杂。如果车辆在充电及行驶过程中出现碰撞、翻车等事故,可能造成电力驱动系统的短路、漏电、燃烧、爆炸等,由此可能对乘员造成电伤害、化学伤害、燃烧伤害等。

▶ 1. 新能源汽车的安全隐患

通常情况下,我们将高电压类型新能源汽车的电气系统分为低压电气系统、CAN 网络通信系统和高压电气系统。低压电气系统指的是 12V 电源及车身电气系统;CAN 网络通信系统是包括整车控制器、BMS 和电动机控制器之间的通信网络;高压电气系统包括了动力蓄电池、驱动电机及其控制器。以下阐述的新能源汽车安全隐患主要针对的就是高压电气系统。新能源汽车主要高压电气系统部件如图 3-3-1 所示。

新能源汽车安全隐患包括有高压触电、动力蓄电池泄漏与燃烧,以及车辆特殊情况下可能存在的其他风险等。

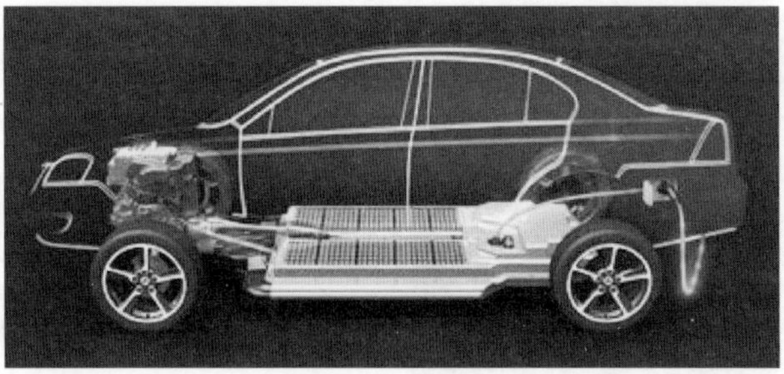

图 3-3-1　新能源汽车主要高压电气系统部件

1) 高压安全

无论是纯电动汽车,还是高电压的混合动力汽车,其电压和电流等级都比较高。动力蓄电池的电压一般在 300～600V。正常工作时,电流可达几百安培。

人体能承受的安全电压的高低取决于人体允许通过的电流和人体的电阻。人体电阻主要是由体内电阻、体表电阻、体表电容组成。人体电阻随着条件的不同在很大范围内变化,但是人体电阻一般不低于 $1k\Omega$。我国民用电网中的安全电压多采用 36V,大体相当于人体允许电流 30mA(以人体为电阻 1200Ω)的情况,这就要求人体可接触的新能源汽车任意两个带电部位的电压要小于 36V。

如图 3-3-2 所示,是在新能源汽车中人体常见的触电形式,以 288V 电压为例。

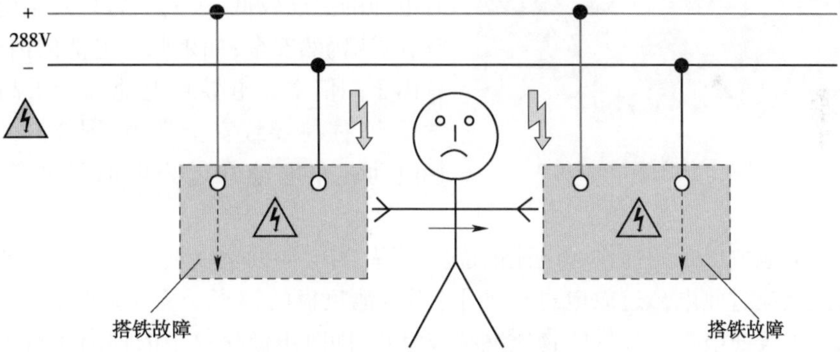

图 3-3-2　人体触电的主要形式

对于系统中的高电压元件,假如由于内部破损或者潮湿,有可能会传递给外壳一个电势。如果形成两个这样外壳具有不同电势的部件,在两个外壳之间会形成具有危险性的电压! 此时,如果手触及到这两个部件,会发生触电的危险!

人体没有任何感觉的阈值是 2mA。这就要求如果人或其他物体构成动力蓄电池系统(或"高电压"电路)与地之间的外部电路,最坏的情况下泄漏电流不能超过 2mA,即人直接接触电气系统任一点的时候,流过人体的电流应当小于 2mA 才认为车辆绝缘合格。

2) 动力蓄电池安全

新能源汽车的关键部分是动力蓄电池(图 3-3-3),对于动力蓄电池安全性的研究是分析高压电类型新能源汽车安全性的前提。近年来,锂离子电池在纯电动汽车和混合动力汽车上得到了广泛的应用。所以以锂离子电池为例,来介绍动力蓄电池的安全性。

锂离子电池在正常使用过程中不会出现安全问题,但电池的滥用会导致电池的热效应

图 3-3-3　新能源汽车动力蓄电池与安装位置

加剧，这是锂离子电池出现安全问题的导火索，最终表现为电池的"热失控"，从而引起安全事故。导致热失控有以下几种情况。

图 3-3-4　过充电导致的温度过高着火

（1）过充电与过放电。在给车辆进行充电时，特别是在电池充电末期，电池内部离子的浓度增加，扩散性能下降，浓差极化增加，电池接受能力下降，电池再充电就会出现过充电。过充电时如果电池的散热较好，或者过充电流很小，此时电池的温度较低，过充电后只发生电解液的分解，电池仍然安全；如果此时电池的散热较差，或者由于高倍率充电导致电池温度很高而引发化学反应，往往导致安全隐患，图 3-3-4 所示为一辆电动客车电池在过充电时导致着火事故的发生。

同样，在电池放电末期提供大电流的能力下降，当电池剩余电量不足而又需要大电流放电时，就会使电池过放电。过放电过程如下：当电池负极的锂离子完全脱出以后，为了维持电流，电池负极表面电极电位低的物质继续被氧化，同时正极材料中的锂离子有可能发生还原反应。在发生过放电时，由于电池负极的锂离子减少，脱出能力下降，极化电压增加，此时很容易导致电池负极的活性物质脱落，容易造成电池内部短路。电池内部短路的直接表现就是迅速产生热量引发着火隐患。

（2）过电流。锂电池过电流主要有以下几种情况：

①低温环境下充放电。在低温环境下，由于电池的导电性和扩散性下降，特别是电池负极的锂离子活动能力下降，电池可接受电流的能力下降，容易导致电池出现过电流。

②电池老化、电池的性能下降（包括容量降低、内阻增加、倍率特性下降等）后，仍按照原来电流充电容易导致产生的相对电流过大。

③电池并联成组。在充电过程中，由于电池一致性的差异，单体电池的内阻各不相同，分配到各单体电池的充电电流不同，可能会导致分配到某些单体电池电流远大于充电电流，如图 3-3-5 所示。

④电池的内外部短路。电池短路会在瞬间产生很大电流，电池内部温度急剧升高，而使

电池发生泄漏、起火等安全事故。

图 3-3-5　多个电池并联充电电流不一致导致的过热损坏

（3）电池过温。上述提到的过充、过放、过电流会导致电池过温，以下几种情况也会引起电池过温：

①电池的热管理系统失效。表现为动力蓄电池组总成内电池温度传感器损坏，或者是检测控制电路失效或散热风扇损坏。

图 3-3-6 所示为典型动力蓄电池内电池温度检测系统。

②电池温度采样点有限。车辆上电池数量众多，很难对每个单体电池都实现温度检测。

③温度采样点受限制。由于电池本身结构的原因，新能源汽车的电池管理模块对电池的温度采样点一般都在电池正负极接线柱上，或者通过贴片采集电池外壳的温度，不能反映实际的电池内部温度。

图 3-3-6　系统监测电池温度

④工作环境温度高。如果电池靠近驱动电机或空气压缩机等发热部件，会导致电池过温。

⑤电池温度升高会引发的隐患包括有电池本身性能的逐步下降，进一步加剧了电池内部的短路。此外由于电池本身温度过高，会导致电池产生热温度变形，从而产生泄漏等事故的发生。

3）危险运行工况下的安全

新能源汽车由于存在高电压，因此在行驶中发生事故时，如果没有很好的安全设计，很容易发生安全隐患。这些安全隐患包括：

（1）高压系统短路。当动力系统的高压线短路时，将会导致动力蓄电池瞬间大电流放电，此时动力蓄电池和高压线束的温度迅速升高，将会导致动力蓄电池和高压线束的燃烧，严重时还可能会引起电池爆炸。

若动力蓄电池的高压母线与车身短路，乘员可能会触碰到动力蓄电池的高压电，从而产生触电伤害。

（2）发生碰撞或翻车。当电动汽车发生碰撞或翻车时，可能导致动力系统高压短路，此时动力系统瞬间产生大量热量，存在发生燃烧甚至爆炸的风险；此外还可能造成高压零部件脱落,对乘员造成触电伤害。如果动力蓄电池受到碰撞或因为燃烧导致温度过高,有可能造成电池电解液的泄漏,对乘员造成伤害;发生碰撞或翻车还会对乘员造成机械伤害。

(3)涉水或遭遇暴雨。当电动汽车遇到涉水、暴雨等工况时,由于水汽侵蚀,高压的正极与负极之间可能出现绝缘电阻变小甚至短路的情况,可能引起电池的燃烧、漏液甚至爆炸,若电流流经车身,可能使乘员遭受触电风险。

(4)充电时车辆的无意识移动。当车辆在充电时,如果车辆发生移动,可能会造成充电电缆断裂,使乘员以及车辆周围人员遭受触电风险;若充电电缆断裂前正在进行大电流充电,还可能造成电池的高压接触器粘连,从而进一步增加人员的触电风险。

▶ 2. 新能源汽车的安全设计

从上面的叙述可以看出,新能源汽车存在的安全风险包括:高压系统短路、高压系统绝缘故障、高压系统脱落、高压充电风险等。根据这些安全隐患以及实际的工作状况,对新能源汽车主要从以下方面进行设计,如图 3-3-7 所示。新能源汽车的安全设计如图 3-3-8 所示。

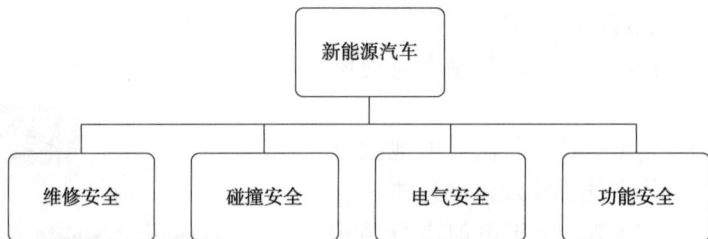

图 3-3-7　新能源汽车安全设计

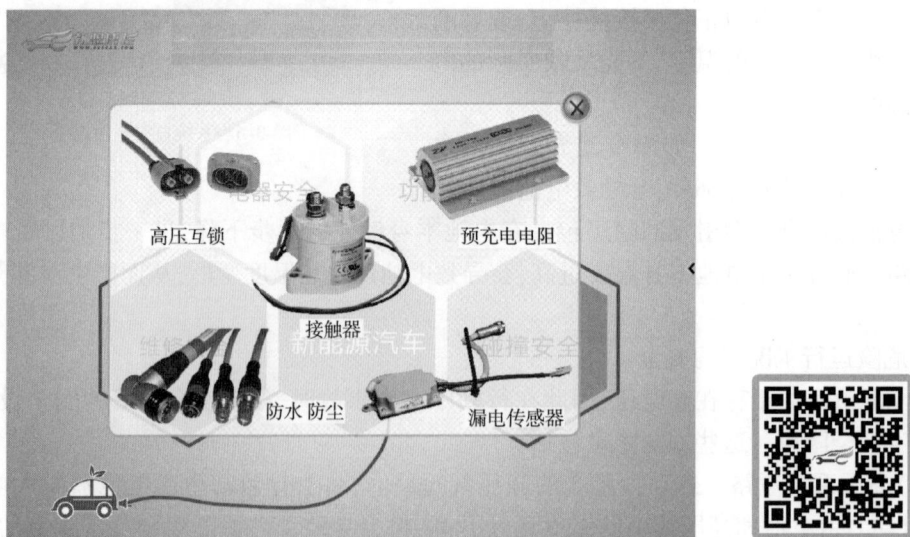

图 3-3-8　新能源汽车安全设计

1)维修安全

维修安全主要包含两方面:传统内燃机汽车的维修安全和针对新能源汽车的特殊维修安全。新能源汽车的维修安全主要是防止高压触电。因此,维修人员在对高电压类型汽车进行操作之前应当保证不会有触电风险,为此大多数汽车在系统上设计有维修开关

（图 3-3-9），当断开维修开关时，动力蓄电池的动力输出立即中断。在操作上应当遵从以下流程：在断开电池的动力输出后，需等待 5 min 才能接触高压部件。

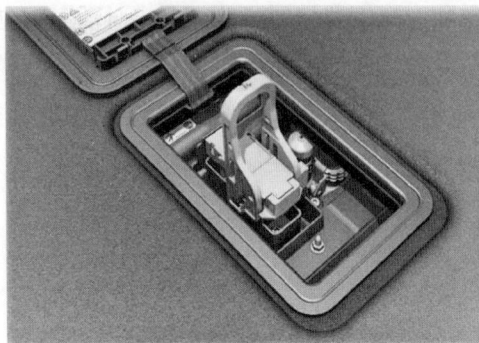

图 3-3-9　奥迪混合动力汽车上的维修开关

2）碰撞安全

当车辆发生碰撞时，车辆的安全系统应当满足以下要求：碰撞过程中以及碰撞后都要保证相关人员的人身安全。对于新能源汽车来说，除了传统汽车的相关保护需求之外，还应当满足以下要求：

（1）碰撞过程中避免乘员和行人遭受触电风险，在保证人员安全的情况下尽量保护关键零部件不受损害。

（2）碰撞后保证维护和救援人员没有触电风险。为此有些车辆设计有图 3-3-10 所示的电路：将惯性开关串联到高压接触器的供电回路中，当发生碰撞时惯性开关断开，从而切断高压接触器的供电电源，此时动力蓄电池的高压输出便会被断开，保证了乘员、行人、维护和救援人员的高压安全。

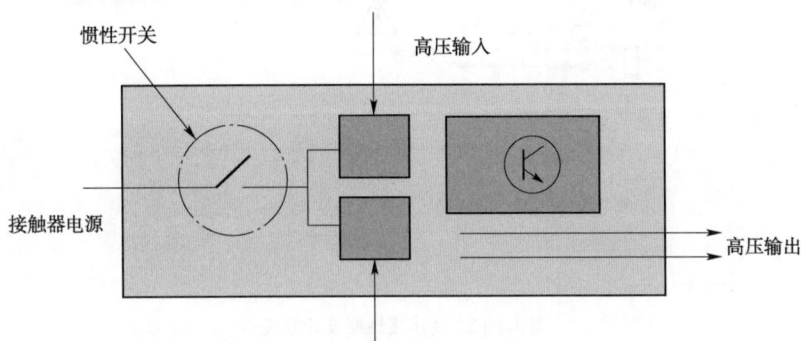

图 3-3-10　惯性开关在电路图中的位置

3）电气安全

新能源汽车的电气安全主要包括以下方面：

（1）防止人员接触到高压电。

（2）电池能量的合理分配。

（3）充电时的高压安全。

（4）行驶过程中的高压安全。

（5）碰撞时的电气安全。

（6）维修时的电气安全等。

为保证新能源汽车的电气安全，有些车辆会设计以下安全装置：

（1）高压零部件的接插件（图 3-3-11）既可防止人员直接接触到高压，还可防水、防尘，减小高压系统绝缘出现问题的风险。

（2）动力蓄电池与外部高压回路之间设计有高压接触器（图 3-3-12），以保证在驾驶员无行驶意图或充电意图时，车辆除电池内部之外的高压系统是不带高压电的。只有当驾驶员将车辆钥匙打到"Start"挡或对动力蓄电池进行充电时,接触器才可能会闭合。

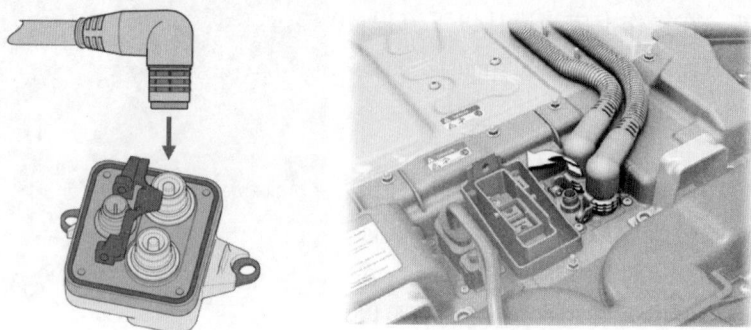

图 3-3-11　高压插头的安全设计方式

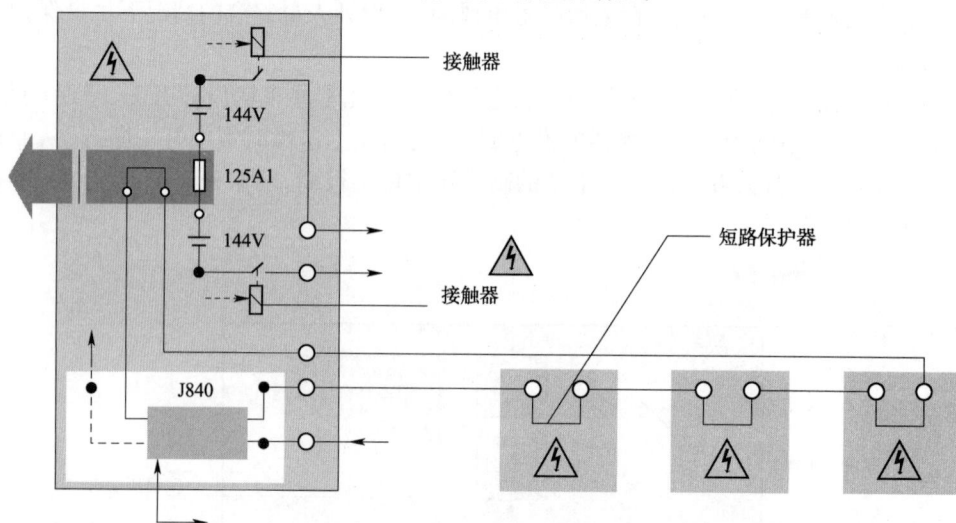

图 3-3-12　高压接触器设计方式

（3）高压系统中应当设计预充电回路（图 3-3-13），在动力蓄电池输出高压电之前,先通过预充电回路对电池外部的高压系统进行预充电。预充电回路主要由预充电阻构成。由于高压零部件的高压正、负极之间设计有补偿电容,如果没有预充电电阻,那么在高压回路导通瞬间,补偿电容将会由于瞬间电流过大而烧毁。

（4）绝缘电阻检测系统。为保证人员免遭触电风险,高压系统应当进行绝缘电阻检测电路的设计,若绝缘电阻值过小,整车控制器应当发送接触器断开指令。

（5）短路保护器。当高压系统出现短路等危险情况时,为保护乘员和关键零部件,需设计如图 3-3-12 所示的短路保护器。如果流过短路保护器的电流大于某个值时,该保护器便会被熔断。

（6）高压互锁（HVIL）回路设计。当高压互锁回路断开时（表示某一高压部件的低压或高压连接断开）,此时乘员或维修人员有可能会接触到高压电从而造成触电伤害,因此电池管理单元在检测到断开信号之后应当立即断开相应的高压接触器以切断高压输出。如图 3-3-14 所示,位于橙色高压连接器上方设计的低压互锁开关,当该低压互锁开关断开时,系统将切断高电压。

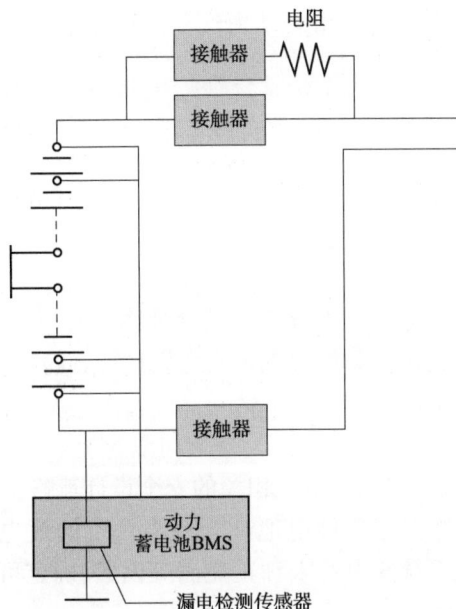

图 3-3-13　高压预充电电阻设计方式　　　　　　　图 3-3-14　高压互锁

4）功能安全

此外,对于电动类型的新能源汽车,还需要从以下两个功能方面采取安全设计,避免安全隐患的发生。

（1）转矩安全管理。为防止车辆出现不期望的运动,需要在整车控制器中加入转矩安全控制策略。具体转矩安全策略如下：

①整车控制器负责计算整车的转矩需求,计算的转矩需求的差值大于某个标定值,则认为转矩输出存在安全风险,此时整车控制器会将车速限制在安全范围内。

②若整车控制器的需求转矩与电动机的实际转矩的差值大于某个标定值,则认为电动机的转矩控制存在风险,此时整车控制器将会限制电动机的转矩输出,若两者差值一直过大,则切断动力蓄电池的动力输出。

（2）充电安全。在充电时需要防止车辆移动以及避免快充、慢充、行驶模式之间的冲突,为此进行如下设计：

①只有挡位放在 P 挡时才允许充电。

②在充电过程中,转矩需求及实际转矩输出都应当为 0。

③当充电枪插上时,不允许闭合控制高压电输出的接触器。

④当充电回路绝缘电阻小于标准要求的阻值时,应当停止充电并断开高压接触器。

任务实施

（一）工作准备

（1）防护装备:绝缘防护装备。

（2）车辆、台架、总成：北汽新能源纯电动汽车；比亚迪秦混合动力汽车；或其他同类新能源汽车。

（3）专用工具、设备：无。

（4）手工工具：无。

（5）辅助材料：厂家维修手册及培训资料。

（二）实施步骤

本任务主要要求学生结合实训中心新能源车辆，通过检索资料和结合维修手册，判断该车辆的安全设计特点，并针对实际的应用方面进行讨论。新能源汽车安全设计特点如下。

▶ 1.动力电池安全设计

以北汽新能源为例，查找动力电池厂家的资料，学习动力电池相关的安全设计策略。

（1）电池可用容量修正。电池管理系统（BMS）根据单体电池在环境温度下的放电容量，以及慢充过程中因为电芯一致性变差导致电池系统充电并未真正充满等因素，确定可用容量上报给整车控制器（VCU），VCU根据该值计算续航里程。

（2）SOC估算及修正策略。根据车载充电模式和行车模式下单体电池最高电压进行SOC修正。

（3）放电过程电流控制策略。行车放电过程中，放电电流不能超过电池BMS给整车VCU上报的最大允许放电电流值。放电过程电流控制策略是BMS根据动力电池当前的SOC及最高温度实时调整"最大允许放电电流"数值。

（4）能量回馈过程控制策略。BMS通过上报"最大允许充电电流"给整车控制器来表现动力电池当前状态可以接受最大回馈电流的能力。

（5）车载充电电流控制策略。车载充电时，BMS根据当前最小温度请求允许最大充电电流。

当单体最高电压充电到3.6V时，BMS请求充电电流降到5A。

单体最高电压达到3.7V，停止充电，并把SOC修正为100%。

（6）地面充电控制策略。快充时动力电池系统与地面充电桩之间的交互信息及工作流程严格按照《电动汽车非车载传导式充电机与电池管理系统之间的通信协议》（GB/T 27930—2011）执行。受限于动力电池的充电能力，为了更好地实现快充功能，在快充过程中设计有加热功能。

①快充电结束条件为电池最高单体电压 $U_{max} \geq 3.7V$。

②快充过程中不进行SOC修正。

③当电池最小温度 $T_{min} < 0℃$ 时，闭合加热继电器，开启加热功能。

（7）保温过程控制策略。车载充电完成之后，根据电池的温度判断是否需要保温，如果需要保温，进入保温过程。

①进入保温条件：电池温度 $T_{max} < 25℃$ 并且 $T_{min} < 10℃$。

②在保温过程中，如果 $T_{min} < 5℃$，BMS向车载充电机请求加热需求电压360V，加热需求电流5A，并闭合加热继电器。

③保温过程中,当 T_{min}≥8℃时,断开加热继电器,停止加热。

④保温时间:6h。如果进入保温过程达到6h,停止保温,退出保温过程。

(8)动力电池故障处理策略。动力电池系统在行车模式/车载充电模式/地面充电模式下诊断、上报和处理的故障,及处理措施及恢复条件。

▶2. 车辆安全设计

新能源汽车(电动汽车)主要从以下几个方面进行安全设计(图3-3-15):

(1)碰撞保护→通过网络监测当车辆安全气囊引爆后,系统将自动切断正常高电压。

(2)高压互锁→通过在高压连接器上设计监测低压开关,当开关被断开时先断开高电压,防止触电。

(3)电源极性反接保护→意外接错电源正负极,系统将自动切断高电压。

(4)开盖检测→在高压电池与部件的盖子上设立低压开关,在低压开关打开(盖子被打开)时,系统切断高电压。

(5)主动泄放与被动泄放→通过主动与被动监测是否存在对车身短路,自动快速将电池组电能泄放掉,避免电池发热燃烧。

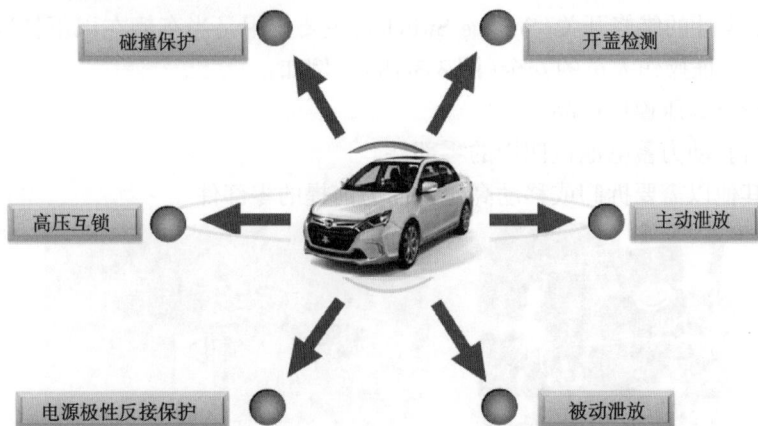

图3-3-15 车辆安全设计

此外,电动汽车高压系统的每一个高压回路均有熔断丝做为过电流保护。动力蓄电池总成内部增加了一定数量的熔断丝盒接触器进行保护,动力蓄电池的每根采样线也有单独的熔断丝保护。即使发生碰撞短路,也可保证电池包等高压器件及线束会短路损坏或起火,如图3-3-16所示。

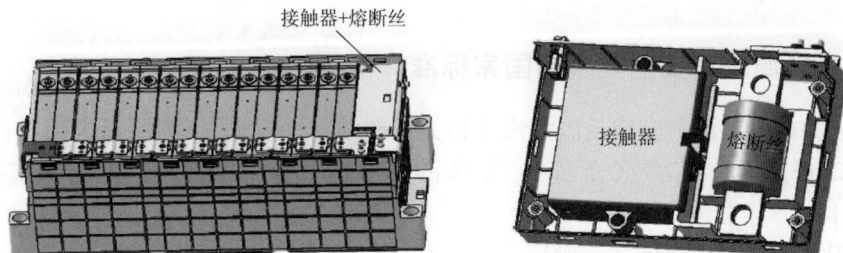

图3-3-16 动力蓄电池内部的接触器与熔断丝

▶ 3.高压维修安全设计

电动汽车对维修人员有特殊的安全操作要求,这包括图3-3-17所示的4个方面。

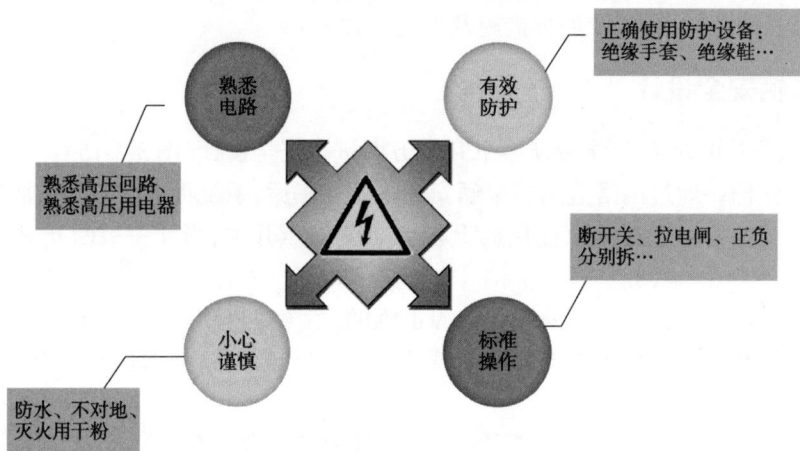

图 3-3-17   维修的高压系统安全须知

此外,系统设计的维修开关(Service Switch),主要作用是当车辆在以下情况时直接断开高压回路,从而保证操作人员的安全(图3-3-18)。例如:

(1)检修所有高压模块产品。

(2)检修所有动力蓄电池包四周的零部件。

(3)检修其他以需要拆卸或移动高压产品为前提的零部件。

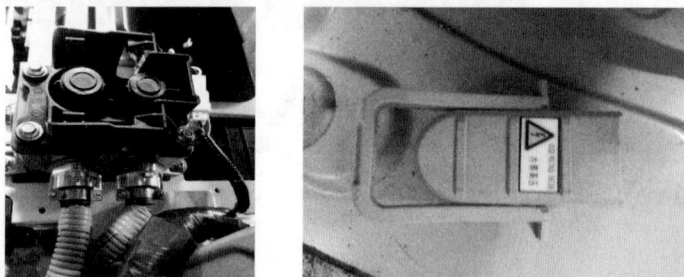

图 3-3-18   维修开关

📖 拓展知识

▶ 1.新能源汽车安全要求的国家标准

混合动力或电动汽车应满足国家汽车相关标准的安全要求,下列所示为国家标准(GB/T 18384—2015)针对电动汽车安全要求的主要归纳,具体内容可直接参考 GB/T 18384—2015。

1)动力蓄电池安全要求

(1)动力蓄电池的绝缘电阻、爬电距离的要求应符合 GB/T 18384.1—2015 的要求。

（2）应保证车辆的任何地方不得有安装在车辆上的动力蓄电池产生的危险气体聚集。

（3）动力蓄电池舱应尽可能与乘客舱隔开。动力蓄电池舱应确保均匀散热和通风,使车辆运行过程中或过程后,动力蓄电池处于安全允许的温度范围内,动力蓄电池排出的有害气体能安全地逸到大气中,不允许排到乘客舱。

（4）在发生意外事故或其他故障条件下,动力蓄电池可能会释放出较多的有害物质,此时应使其危险降到最低限度,尤其要注意乘客舱。

（5）动力蓄电池和动力电路系统应通过断路器和熔断器进行保护。该装置应能在车辆制造厂规定的过流、与动力蓄电池连接的电路出现短路的情况下,自动断开与动力蓄电池的连接电路。该装置的响应时间应由车辆制造厂根据动力蓄电池参数、动力蓄电池和电路发生过流或短路的防护方式来确定。

（6）动力蓄电池类型应清晰可见地注明动力蓄电池的化学类型以便识别。

2）触电防护安全要求

（1）防止与动力电路系统中带电部件直接接触。

（2）车辆不得含有暴露的导线、接线端、连接单元。动力电路系统的带电部件,应通过绝缘或使用盖、防护栏、金属网板等来防止直接接触。这些防护装置应牢固可靠,并耐机械冲击。在不使用工具或无意识的情况下,它们不能被打开、分离或移开。

（3）在乘客舱及行李舱中,带电部件在任何情况下都应由至少能提供 IPXXD 防护等级的壳体来防护。

（4）发动机舱中的带电部件应设计为只有在有意接近的情况下,才有可能接触到。

（5）打开机盖后,与系统连接的部件应具有 IPXXB 防护等级。

（6）车辆其他地方的带电部件,应提供 IPXXB 防护等级。

（7）车辆标志、动力蓄电池规定的、容易接触的带电部件的防护罩等应清楚地标注规定的标志,标志应清晰牢固。

（8）高电压配线线皮应统一由橙色和/或橙色套管构成。

（9）防止与动力电路系统中外露可导电部件的间接接触。

（10）所有电气的设计、安装应避免相互摩擦,防止绝缘失效。

（11）应通过绝缘的方法来防止间接接触,并且使车载的外露可导电部件连接在一起,达到电位均衡。

3）绝缘电阻要求

混合动力电动汽车的高电压电路系统和电平台应绝缘,绝缘电阻值的要求应符合 GB/T 18384.3—2015 中 6.2.2 的规定。

4）电位均衡要求

电位均衡应符合 GB/T 18384.3—2015 中 6.4 的规定。

5）动力电路系统和燃料供给系统要求

燃油系统设计的安装位置及管路应避开温度较高的热源以及动力电路系统等可能产生电弧的地方,尤其不能在一个密闭的空间内。

动力电路系统和燃油供给系统设计的安装位置及线路、管路走向应保证两个系统具有安全距离或保证有效隔离。

车辆在各种使用条件下,供油管路与其接头不允许有泄漏。一旦发生燃油泄漏时,设计上应保证绝不允许流到动力蓄电池和高电压电路系统。

对于使用汽/柴油之外燃料的车辆,燃料供给系统须满足其相应燃料车辆标准的安全要求。

6)车辆碰撞的特殊要求

按照国家强制性标准的规定进行相关的碰撞试验,满足相关的要求,以及下列要求。GB/T 18384.3—2015 中 4.1.4.2 乘员保护进行碰撞试验时应满足下列要求:

(1)如果车载储能装置安装在乘客舱的外部,进行碰撞试验中和试验后,动力蓄电池包及其部件(动力蓄电池、蓄电池模块、电解液)不得穿入乘客舱内。

(2)如果车载储能装置安装在乘客舱内,车载储能装置的任何移动应确保乘客的安全。

(3)进行碰撞试验中和试验后均不能有电解液进入乘客舱。

(4)进行碰撞试验中和试验后储能装置不能出现爆炸、着火。

7)第三方保护要求

进行碰撞试验时,动力蓄电池包及其部件(动力蓄电池、蓄电池模块、电解液)或超级电容器等储能装置不能由于碰撞而从车上甩出。

进行碰撞试验时,应防止造成动力电路的短路。

碰撞试验结束后,按照 GB/T 18384.3—2015 中 6.2.2 的要求(不需进行准备阶段)进行绝缘电阻的测量,并满足绝缘电阻的要求。

翻车时车载储能装置应满 GB/T 18384.3—2015 中 4.1.4 的要求,同时混合动力电动客车的储能装置应满足 GB/T 17578 的要求。

8)防水要求

应通过一个绝缘电阻值监测系统提供防水监控,或通过遮蔽电压设备(非高电压部件本标准不做要求)防止其暴露在水中或依靠其他方式。如果车辆安装了绝缘电阻值监测系统,应符合 GB/T 18384.3—2015 的要求。

如果车辆未安装绝缘电阻监测系统,应进行 GB/T 18384.3—2015 中 7.2 规定的试验,试验中和试验后车辆不会损坏,不会丧失行驶能力,并满足 GB/T 18384.3—2015 中 7.3.2 的要求。

9)功能安全要求

(1)起动程序。应通过一个钥匙开关起动车辆。

对于需要外接充电的车辆,当车辆与外部电路(例如:电网、外部充电器)连接时,不能通过其自身的驱动系统使车辆移动。防止车辆在钥匙开启状态和换挡器在"行驶"和"倒退"位置时开动车辆。而且,应提供必要的互锁装置。

①除非换挡器位置选择在"停车"或"空挡",在任何其他位置时控制器都不能向车辆传输移动的最初动力。

②起动钥匙只有"点火开关"在"关"的状态,换挡器在"停车"的状态时才能够拔掉。

(2)行驶和停车。车辆应通过一个明显的信号装置提示驾驶员车辆可以起步行驶,这个信号装置可参照 GB/T 4094.2—2005 中规定的"运行准备就绪"信号装置。

车辆行驶时产生的氢气要求符合 GB/T 18384.1—2015 的规定。

当车辆处于停车,发动机不工作时,如果车辆仍处于"可行驶"状态,或只通过一个操作动作就可使车辆处于"可行驶"状态时,则应通过一个信号(声学或光学信号)明显地提醒驾驶员。"可行驶"状态：在这种状态，当踩下加速踏板时，车辆可能行驶。

如果车辆装有在紧急情况时（例如：某部件过热）可限制操作的装置，则应通过一个明显的信号通知车辆使用者。

当车辆在停车状态以及钥匙开关在"关"位置时，车辆不得自动起动发动机给动力蓄电池充电。

需要外部充电的车辆，车辆充电时氢气测量及要求应符合 GB/T 18384.1—2015 的规定。

（3）手动开关。应配备一个手动开关来断开车载动力电源（例如：动力蓄电池）。当车辆因维修或故障，不能确保高压系统绝缘时，该开关能够切断高压动力电路系统。

（4）电气连接件。任何不期望的断开都不应导致车辆产生危险。当电流过大时，应使用一个电路保护器、切断装置或熔断器断开动力电路。

学习测试

1. 填空题

（1）新能源汽车安全隐患包括有_____、动力蓄电池_____与燃烧，以及其他风险。

（2）在给车辆进行充电时，充满后再长时间充电，就会出现_____。

（3）过充、过放、过电流会导致电池_____。

（4）当动力系统的高压线_____时，将会导致动力蓄电池瞬间大电流放电。

（5）新能源汽车的维修安全主要是防止_____。

2. 判断题

（1）我国民用电网中的安全电压多采用 220V。　　　　　　　　（　　）

（2）在给车辆进行充电时，充得越久越好。　　　　　　　　　　（　　）

（3）在断开电池的动力输出后，就可以接触高压部件。　　　　　（　　）

（4）当高压系统出现短路等危险情况时，为保护乘员和关键零部件，需设计短路保护器。

　　　　　　　　　　　　　　　　　　　　　　　　　　　　（　　）

（5）新能源汽车在充电时需要防止车辆移动以及避免快充、慢充、行驶模式之间的冲突。

　　　　　　　　　　　　　　　　　　　　　　　　　　　　（　　）

3. 不定项选择题

（1）动力蓄电池在（　　　）状态下可能会存在风险。

　　A. 过充电　　　　　　　　　　　　B. 过放电

　　C. 温度过高　　　　　　　　　　　D. 正常驱动车辆

（2）（　　　）情况下，高压系统将关闭高电压。

　　A. 起动车辆　　　　　　　　　　　B. 发生严重碰撞

　　C. 关闭点火开关　　　　　　　　　D. 发生漏电

（3）为防止维修人员触电，在车辆高压系统上会设置（　　　）部件用于解除高压。

　　A. 维修开关　　　B. 熔断丝　　　C. 继电器　　　D. 点火开关

（4）高压车辆的连接器上设计的互锁开关用于（　　　）。

　　A. 防止维修人员触电　　　　　　　B. 监测高压连接器是否被断开

　　C. 锁止开关，不让任何人打开　　　D. 以上都不对

项目四

高压车间
作业安全要求

本项目主要学习新能源汽车维修专用的高压车间作业安全要求，分为2个任务：

任务1　高压车间安全管理；

任务2　高压维修作业标准。

通过2个任务学习，掌握新能源汽车维修高压车间作业安全要求。

任务1 高压车间安全管理

提出任务

你所在的维修站需要组建新能源汽车专业维修专用的高压车间,你的主管要求你制定高压车间相关的制度和标准,你能完成这个任务吗?

任务要求

知识要求

1. 能描述新能源汽车维修专用高压车间场地与设施的要求;
2. 能描述新能源汽车维修人员的要求。

能力要求

能够遵守新能源汽车维修高压车间和人员的要求。

相关知识

新能源汽车维修车间有高压电安全风险,必须加强安全管理,杜绝高压安全事故的发生。

▶ 1. 高压车间安全管理

新能源汽车(电动汽车和混合动力汽车)专用车间安全管理,除了普通车间的安全要求外,必须注意以下事项。

1)车辆焊接维修

(1)首先要切断低压电源和动力电池插头。

(2)操作人员要具备特种作业操作证。

(3)清理周围易燃物品,并申请动火证。

(4)做好车身的保护,预防飞溅及着火。

(5)严格按照焊接工艺进行操作。

2)灭火器的使用和检查

(1)火灾发生将产生不可估量的危害,因此必须预防车辆自燃等火灾的发生,及时处理机舱内的油污、接插件松动或线束老化等隐患。

（2）火灾发生后不要惊慌，要及时采取正确的方法来灭火，将火灾消灭在萌芽状态。首先要切断电源，所有人员立即离开车辆并站在远离车辆的上风。

（3）经常检查车上的灭火器是否在固定的位置，是否在有效期内。要充分了解本灭火器的性质和正确使用方法。在采取救火措施的同时立刻报警（电话 119 110）。

（4）常用的车载灭火器都是干粉的，以高压为动力，由喷射筒内的干粉进行灭火。灭火时手提干粉灭火器快速奔赴火点，在距离燃烧处 1m 左右，先将开启把上的保险销拔下，然后将喷嘴部迅速对准火焰的根部扫射灭火。当干粉喷出后，手始终压下压把不能放开，否则会中断喷射。应选择站在上方方向喷射。

（5）当电动车发生火灾时，最有效的灭火方式是采用大量的水灭火。因为电动车起火多为电路短路起火，这种情况下为了保证人员安全，使用水基灭火器可能快速对短路产生的热量降温，使电能耗尽来有效灭火。

▶ 2. 高压车间场地与设施要求

工作环境的好坏将直接影响是否发生事故，新能源汽车维修车间的场地与设施比普通汽车维修车间要求要高。图 4-1-1 所示是新能源汽车维修车间示意图。

图 4-1-1　高电压车辆维修车间

1）使用面积

高压维修车间的面积根据实际要求确定，并符合国家相关规定。

2）采光

明亮的车间可以让车辆维护人员能够更加清楚地观察到周围的部件及物体，避免因为视线不好意外触碰到高压而发生维修，同时也能够有利于其他人员及时观察到可能存在的隐患。

维修车间的采光应按照 GB 50033—2013 的有关规定。采光设计应注意光的方向性，应避免对工作产生遮挡和不利的阴影。对于需要识别颜色的场所，应采用不改变自然光光色的采光材料。

3）照明

当天然光线不足时，应配置人工照明，人工照明光源应选择接近天然光色温的光源。维修车间的照明要求应符合 GB 50034—2013 的有关规定。进行精细操作（如：划线、金属精加工、间隙调整等）工作台、仪器、设备等的工作区域的照度不应低于500lx。照度不足时应增加局部补充照明,补充照明不应产生有害眩光。

4)干燥

干燥,是为了降低维护区域人员的触电风险。因为当湿度增加时,人体和空气的绝缘电阻就会增加,那么在相同的电压下,人体触电的风险也就增加了。因此高压车间必须保持干燥。

5)通风

通风,有利于在维护车辆期间产生的有害物排出,并在发生触电事故的情况下,通风的环境能够更加有利于伤者呼吸到更多的氧气。

通风应符合 GB 50016—2014 和工业企业通风的有关要求。

6)防火

应符合 GB 50016—2014 有关厂房、仓库防火的规定以及 GB 50067—2014 的有关规定。

7)卫生

卫生应符合 GBZ 1—2010、GB/T 12801—2008 的有关要求。

8)安全标志

安全标志应符合 GB 2894—2008、GB 2893—2008 的有关要求。

此外,作为高电压车辆的维护,对于维护工位很多厂商有特别的要求,例如图4-1-2所示,比亚迪汽车要求维修其新能源汽车必须具有单独的维修工位,该工位的设备采用特殊的颜色与其他工位进行区别。

当工位上有高电压车辆进行维修时,要求在工位周围必须布置有明显的警示标识,避免他人未经允许进入高电压工位而发生危险,图4-1-3所示为一些企业制定的高压警示标识。

图 4-1-2 比亚迪高电压车辆维修工位

图 4-1-3 高电压警示标签

9)高压安全防护规定

(1)应遵循五条安全规定:

①断开。

②防止重新接通。

③确定处于无电压状态。

④接地和短路。

⑤遮盖或阻隔相邻的带点部件。

(2)应使用个人防护装备:应向维修人员提供合适的个人防护装备,以便在工作场所进行作业。

(3)应遵循维修场地的要求。为避免发生危险或造成损坏,车辆的停放位置必须干净、干燥、无油脂,且不会接触到飞溅的火星,要避免与车辆清洁和其他车辆维修工位过近。

▶ 3. 高压维修工位布置

高压维修工位的布置应满足以下要求:

(1)专用的维修工位。

(2)清洁,干燥,通风良好。

(3)维修作业前请设置安全隔离警示。

(4)维修工位上必须配有防护用品。

(5)避免无关人员靠近。

▶ 4. 车间维修人员要求

电动汽车维修操作人员必须持证上岗,并经过培训,才能进行操作:

(1)具备国家安监局颁发的《特种作业操作证(低压电工证)》,如图4-1-4所示。

(2)必须经过新技术有限公司新车型培训,并通过考核。

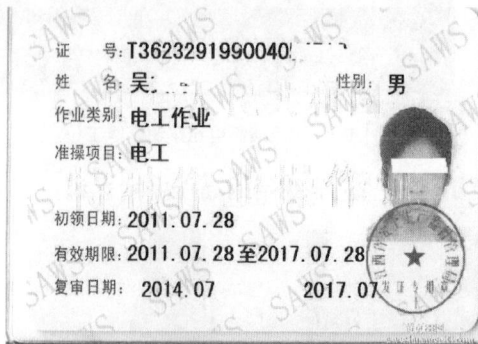

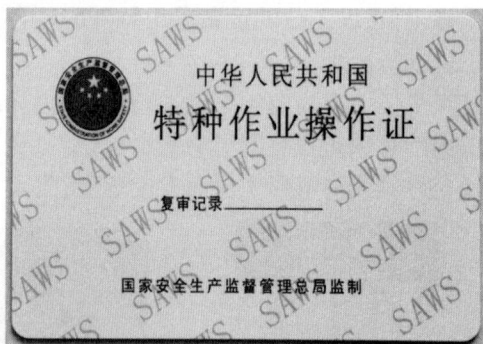

图4-1-4 特种作业操作许可证

📖 任务实施

(一) 工作准备

(1)防护装备:常规实训着装。

(2)车辆、台架、总成:无。

(3)专用工具、设备:无。

(4)手工工具:无。

（5）辅助材料：无。

（二）实施步骤

参观新能源车间或实训室,讨论以下主题:
（1）新能源汽车维修车间的安全制度。
（2）新能源汽车维修车间场地与设施要求。
（3）新能源汽车维修人员要求。

学习拓展

▶ 1. 汽车自燃原因

夏季一向是汽车自燃事件的多发季节。与其他的车辆事故不同,汽车自燃不仅严重危害到车内驾驶员与乘客的安全,也会影响到其他车辆与人员的安全,同时还会造成附近地区的交通混乱,往往有着比较大的危险性。由于自燃事件在现实生活中比较少见,一旦突然发生,更加需要人们镇定从容地去应付。

1)寻找原因

据有关专家的介绍,目前常见的汽车自燃事件多数起因于导线短路,其发生概率在60%以上,其次是油路问题。近年来的一个新变化是因为汽车装饰而引发的自燃事件开始增多。此外,随手在车内乱扔打火机等易燃物品也是造成汽车自燃的原因。这些自燃往往与车主个人的疏忽或者不良用车习惯有关,车辆的新旧与自燃关系反而不大。

2)导线短路

导线短路是造成汽车自燃最常见的原因,尤其是在没有任何先兆的情况下,汽车突发的自燃事故多为线路故障而引发的。造成汽车导线短路的原因:

首先是导线老化。由于天气炎热散热缓慢,那些已经有点老化的导线、接触不良的旧电器等很容易出现发热燃烧的事故。

另外,由于大量地为汽车增加各种附加电子设备,也可能增加汽车电路的负担。在夏季周围环境本来就比较热,而且长途长时间行车的条件下,原本只是熄火抛锚的事故,很可能就会"升级"成为自燃。

3)油路故障

燃油是最危险的易燃物,如果汽车发生燃油泄漏,不必出现明火,只需要极高的环境温度就很可能引起车辆自燃。夏季温度较高,油路上的管道经常会发生受热变形变松脱落等事故,其后果当然是引发火灾。

另外,变速器油与转向助力油泄漏到高温的排气管上,也是引发汽车自燃的原因之一。

4)内饰与其他人为原因

近年来的汽车装饰之风使得某些车内有着许多比较容易燃烧的塑料与化纤装饰件,它们往往会因为车内温度过高、车辆长时间行驶时产生的摩擦等发热甚至燃烧。这些物体燃烧后往往有不易扑灭,同时还散发出有毒气体的特点,对车内人员的威胁极大。有些比较容易燃烧的物品,如打火机、香水及其他化学物质在车内长时间受高温的烘烤也会发生燃烧甚至爆炸之类的事故。

▶ **2. 汽车自燃预防措施**

1)预防措施

勤检查以杜绝隐患。专家介绍,虽然旧车因为各种部件老化比较容易出现自燃的事情,但不管是新车还是旧车,对车辆做及时的检查与维护是防范车辆发生自燃的最佳方法。

2)定期检查电路与油路

汽车在使用了3~5年后常会出现导线胶皮老化、导线电阻增大而发热的现象,容易出现短路燃烧。蓄电池接线柱因杂质、油污或腐蚀使得接点松动发热,会引燃导线绝缘层,长期受震动或温度急剧变化影响而使线路接点松动等也是车辆发热自燃的原因。此外,油路的堵塞、破裂、渗漏等都是必须在检查时重点防范的问题。在夏季行车时,如果一直闻到一股焦煳的味道,一定要停车熄火自行检查,如果不能够确定哪里发生问题最好送有关专业机构维修。

3)不要随意对汽车进行改装与装饰

对车辆加装和改装时,一定要去专业化,且有一定规模和信誉好的地方。车辆内饰材料最好选择具备防火性能的,一旦发生火灾,火势不容易蔓延。那些不合格的装饰材料看似便宜漂亮,但它们不仅可能造成车内空气的污染,更加严重的便是成为汽车自燃的"火源"。随意为汽车增加各种电子与机械的设备不仅会加重电子线路的负担,而且会引发摩擦等,是包括自燃在内的各种事故的主要罪魁祸首之一。

4)小心用车

不要在烈日下将车开到"极限",并且超长时间与超长距离地开车,要让车能够有适当的"休息"时间。同时要小心那些不好的路面或者有着易燃易爆易腐蚀物的地区,以免车辆在不知不觉中受到损害并且突然地燃烧起来。

5)不乱放杂物

除了打火机、香水、空气清新剂、摩丝及其他化学物质容易引起燃烧以外,也应该注意不要贪图方便在长途行车时将汽油、柴油等危险油品放在车内。香烟甚至是普通的纸张等在夏天也是引发火灾的可能因素,车内要尽量少放杂物,对自己的汽车做一番清理以去除"火源"是应该做的事情。对于有吸烟习惯的人来说,尤其要注意不要在车内乱扔未熄灭的烟头,最好不要在汽车内吸烟,以防"引火自焚"。

▶ **3. 汽车自燃应对办法**

由于汽车自燃不仅是突发事件,而且对于具体的车主来说也往往是第一次碰到,所以应该比较从容地应对,以减少损失。反之,应对不当则有可能造成车毁人伤的悲剧。

1)灭火器具必须配备

记住如果是干粉灭火器,最好每年去当地消防器材商店检查一次,检查干粉粉剂是否结块、提供喷射动力的内置氮气瓶压力是否下降。很多人的车上没有按规定配备灭火器或配备了也不定期更换,而大多数人根本没有使用过灭火器,这些都为火灾以及严重的损失埋下了祸根。建议每位驾驶员都应该熟悉掌握灭火器的使用方法,以免发生意外时束手无策。

2)掌握正确的程序

当发觉汽车有焦味,或者车内冒出浓烟时,应立即弄清楚这是否是自燃的先兆。如果是自燃,要做的是马上停车,拉驻车制动器,关闭电源。然后迅速离开燃烧的汽车,取出灭火器,给油箱和燃烧的部分降温灭火,以避免爆炸。要在第一时间准确找到起火处,用灭火器将其熄灭。若发现时已经较晚,火势又很大,则应尽快远离现场并及时向119报警。注意人的安全为上,不要急着抢救车内财物,以防被意外烧伤。这里要提醒新驾驶员,尤其驾驶二手旧车的新驾驶员,要学会如何打开发动机罩,否则一旦起火、哪怕是一丁点的小火也只能眼睁睁地看着它蔓延开来烧毁整辆车。

3)及时投保

保险公司一般都有自燃险,即车辆附加自燃损失险,规定投保机动车在使用过程中因本身电器、线路、供油系统发生故障引起火灾的,属自燃,保险公司可进行赔付。因此,夏季行车为安全起见,应该投保自燃险。

学习测试

1. 填空题

(1)进行车辆焊接维修时,首先要切断低压电源和 _____ 插头。

(2)新能源汽车的停放位置必须干净、_____、_____,且不会接触到飞溅的火星。

(3)电动汽车维修操作人员必须持证上岗,具备 _____ 颁发的《特种作业操作证》。

2. 判断题

(1)火灾发生后,所有人员立即离开车辆并站在远离车辆的下风。　　　　　　(　　)

(2)新能源汽车维修作业前请设置安全隔离警示。　　　　　　　　　　　　(　　)

3. 单项选择题

(1)当电动车发生火灾时,最有效的灭火方式是用(　　)灭火。

　　A.大量的水　　　　　　　　　　　　B.大量的沙

　　C.干粉灭火器　　　　　　　　　　　D.以上都不正确

(2)新能源汽车维修人员必需的证件是(　　)。

　　A.《特种作业操作证(高压电工证)》　　B.《特种作业操作证(低压电工证)》

　　C.高级工技能等级证　　　　　　　　D.技师技能等级证

任务2　高压维修作业标准

提出任务

你所在的维修站需要组建新能源汽车专业维修车间,你的主管要求你制定高压车间维修作业标准,你能完成这个任务吗?

任务要求

知识要求

1. 能够描述新能源汽车维修流程;
2. 能够描述新能源汽车维修规范;
3. 能够描述高压安全操作必备防护措施及工具;
4. 能够描述高压禁用操作程序;
5. 能够描述新能源汽车外出救援注意事项。

能力要求

能按新能源汽车高压维修作业标准操作。

相关知识

电动汽车(包括混合动力汽车)涉及高压电,在维修过程中保证按照工作流程进行,才能保护我们自身安全和车辆、设备安全。

▶1.新能源汽车维修流程

新能源汽车(高压车辆)维修时必须严格按照流程进行,高压车辆维修的合理流程如图4-2-1所示。

▶2.新能源汽车维修规范

维修高电压车辆时,必须遵循高电压安全操作规范和机动车维修操作规范。
高压安全操作维修规范如图4-2-2所示。

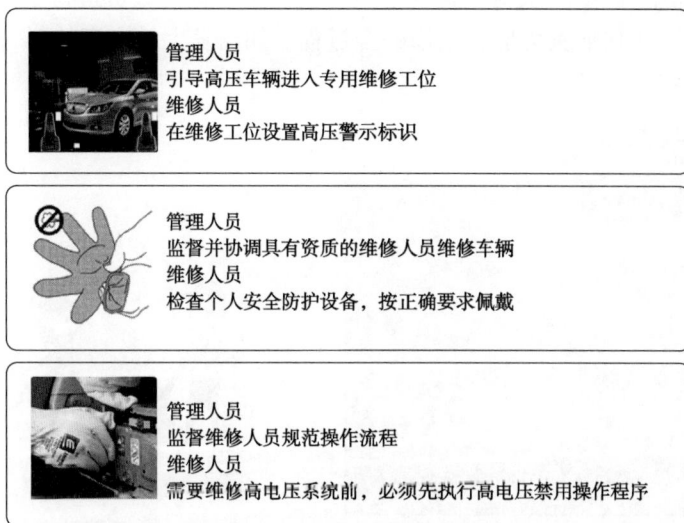

图 4-2-1　高压车辆维修流程图

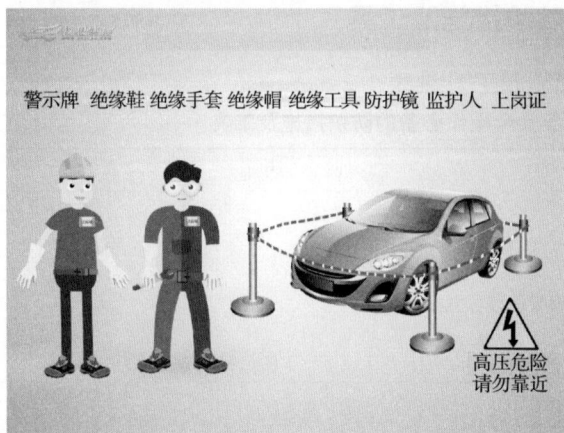

图 4-2-2　高压安全操作维修规范

在高电压安全操作规范中要求：

（1）对于车辆维修过程中的高压配件必须立即标识明显的高压勿动警示，并禁止将带有高压电的部件放置在无人看管的环境下，如图 4-2-3 所示。

（2）高电压修理与维护过程中，维修人员禁止带有手表、金属笔等金属物品在身上。

（3）严禁非专业人员对高压部件进行移除及安装。

（4）未经高压安全培训并取得许可证的维修人员，不允许对高压部件进行维修等操作。

（5）车辆在充电过程中不允许对高压部件进行拆装、维修等工作。

（6）维修前必须进行高电压禁用操作。

（7）维修完毕后上电前，确认车辆无人操作。

（8）更换高压部件后，测量搭铁是否良好。

（9）电缆接口必须按照标准力矩拧紧。

（10）在执行车辆维修期间，必须同时有两名持有上岗证的人员进行工作，其中一名人员作为工作的监护人，工作职责为监督维修的全过程。如当发生触电事故时，监护人应该立即采取有效措施执行急救，如图4-2-4所示。

图 4-2-3　高压警示

图 4-2-4　维修时必须设专职监护人

▶ 3. 高压安全操作必备防护措施及工具

高压安全操作必备的防护措施及工具见表4-2-1。

高压安全操作必备的防护措施及工具　　　　　　　　　　表 4-2-1

工具	说　明
高压危险请勿靠近	警示牌 ● 在地面或车辆附近明显位置放置
	绝缘手套（绝缘等级为1000V/300A以上） ● 拆除及安装高压部件使用
	皮手套 ● 拆除及安装高压部件使用（保持绝缘手套）
	绝缘鞋 ● 拆除及安装高压部件使用

工具	说　　明
	防护眼镜 ●拆除及安装高压部件使用
	绝缘帽 ●拆除及安装高压部件使用
	绝缘表 ●测试高压部件绝缘阻值
	绝缘工具 ●拆除及安装高压部件使用

▶ 4. 高电压禁用操作程序

拆解维修高电压系统前,必须首先执行高压禁用流程!

高压电禁用操作程序如下:

(1)移:移除车辆上所有外部电源,包括12V蓄电池充电器。

(2)拔:拔出充电枪(仅针对插电式混合动力或电动车)。

(3)关:关闭点火开关,把钥匙放到安全区域。

(4)断:断开12V蓄电池负极,并远离负极区域。

(5)取:取下MSD(手动分离开关),放到安全区域。

(6)等:等待5min,以保证高压能量全部释放。

(7)查:佩戴个人安全防护设备,拆卸高压连接器,开始下一步的电压验证。

▶ 5. 电动汽车外出救援注意事项

外出救援抛锚的电动汽车时,应注意以下事项:

(1)在车辆能动的情况下将车移到不影响其他车辆通行、安全的地带。

(2)在条件许可的情况下打开双闪警示灯(夜间也可以用发光体代替)。

(3)按照规定的距离立即正确放置三角警示牌。

（4）如果在现场不能维修,请采用硬连接将车辆拖回维修点。

（5）如果确定无法移动,请联系救援车辆。

（6）等待救援时,所有人员请勿待在车内!

任务实施

（一）工作准备

（1）防护装备:常规实训着装。

（2）车辆、台架、总成:无。

（3）专用工具、设备:无。

（4）手工工具:无。

（5）辅助材料:无。

（二）实施步骤

参观新能源车间或实训室,讨论以下主题:

（1）新能源汽车维修为什么要特别注意安全?

（2）如何保证新能源汽车维修时的安全?

以下是北汽新能源汽车标准作业程序。

▶ 1. 车间作业程序

对于维修间内的车辆,务必确定:

（1）防止车辆前后移动。

（2）在车辆前方执行作业前,将钥匙从钥匙开关锁中取出。

（3）在前机舱实施作业,务必要使用翼子板护套。

（4）在车底下作业时,必须将蓄电池负极拆开。

（5）顶起车辆时,不可顶在动力电池处。

①不要在只靠一个千斤顶支撑的车底下工作。

②这里提供的举升要求适用于整车,对于一辆拆除了驱动电机或动力电池的汽车,重心发生变化,使举升情况不稳定,此时要将汽车支撑或固定在举升设备上。

提示:

不要把工具、换下来的配件遗留在工作区域或周围,保持工作区域干净整洁。

注意:

　　在车上实施焊接操作时,必须要拆除蓄电池接线,避免造成相关零部件损坏,同时周边要配备适当的灭火设备。

▶ 2. 拖曳车辆

提示：

（1）此方法并不建议使用。若必须在拖曳情况下牵引车辆方可使用该方法。

（2）为了能够牵引汽车，必须先安装一个牵引环。

（3）牵引环属于随车工具。

前牵引环安装步骤如下：

（1）撬出牵引环盖罩。如图 4-2-5 所示中的①。

注意：

小心工作，防止漆面受到损伤！

（2）安装牵引环。如图 4-2-6 所示，沿"箭头"方向旋入牵引环①并用扳手②拧紧。

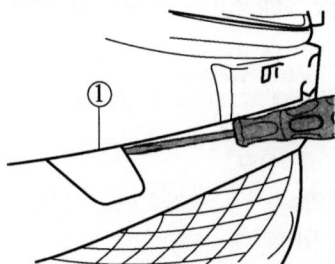

图 4-2-5 撬出牵引环盖罩　　　　　图 4-2-6 安装牵引环

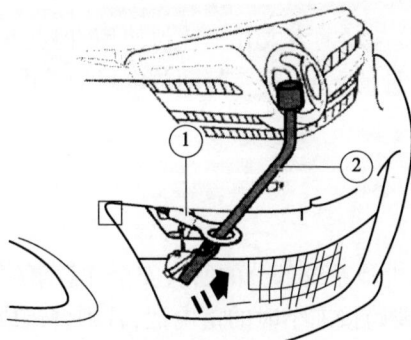

（3）使用完之后，旋出牵引环①并将其与随车工具放在一起，装上牵引环盖罩。

提示：

只有在上述牵引环上才可以安装牵引绳或牵引杆。

牵引绳应当有弹性，以保护两辆汽车。因此只能使用塑料绳或类似弹性材料做成的绳子。更安全的方法是使用牵引杆！

注意：

不允许出现过大的拉力和冲击负载。如果在不平坦的路面上进行牵引，总会有紧固件过载或受损的危险。

关于"拖拉和牵引"的注意事项：

（1）必须注意关于车辆牵引的法律规定。

（2）两名驾驶员都必须熟悉牵引过程的特点，否则不能进行牵引起动或牵引工作。

（3）如使用牵引绳，牵引车的驾驶员在起动和换挡时要特别注意缓慢地操作离合器。

（4）被牵引车的驾驶员应注意随时保持牵引绳绷紧。

（5）两辆汽车上的危险警报灯都要打开，请遵守不同的法规要求。车钥匙必须置于 ON 挡，这样不会锁死转向盘，而且可以打开转向信号灯、喇叭、车窗玻璃刮水器和车窗玻璃清洗装置。

（6）被托车辆牵引时，挡位置于空挡，并打开危险警报灯，距离较远时车辆前部必须被抬起。在变速器不能得到润滑的情况下，只能在驱动轮抬升的情况下才能被牵引。

▶ 3. 跨接起动

💡 注意：

跨接起动的方式并不建议使用，但在某些情况下这是可以将车辆起动的唯一方法，在这种情况下，跨接起动放电后的蓄电池必须立即充电，以避免蓄电池永久性的损坏。

提示：

阅读蓄电池系统部分的所有安全注意事项和警告。

（1）不要跨接冻结时的蓄电池，否则会造成人身伤害。

（2）不要跨接指示窗口为黑色或白色的免维护蓄电池。

（3）不要跨接电解液液位低于极板顶部的蓄电池。

（4）蓄电池不要靠近明火。

（5）请戴上护目镜，摘掉手指或手腕上的金属饰品，以免蓄电池偶然碰火受伤。

（6）使用大功率起动设备时，不要使蓄电池电压高于 16V。

（7）蓄电池电解液是腐蚀性酸性溶液，不要让电解液接触到眼睛、皮肤或衣服。连接线夹时不要倾斜蓄电池或使线夹彼此接触。如果电解液溅入眼中或皮肤上，要立即用大量的清水进行冲洗。

（8）蓄电池产生了易燃、易爆的氢气。一定要使火苗或火花远离通气口。

（9）不要用输出电压超过 12V 的起动辅助蓄电池或其他起动辅助电源。

（10）利用另一辆车起动时，要防止跨接起动车辆的车身相互接触。否则可能会损坏每辆汽车的电气系统。

在将跨接线连接至蓄电池时，切勿使跨接线彼此接触或碰触到车身搭铁。一个充满电的蓄电池，如果经过跨接线短路，会以高于 1000A 的放电率放电，造成电弧并使跨接线与端子的温度快速上升，甚至可能会造成蓄电池的爆炸。未遵守这些说明，可能会造成人员的伤害！

▶ 4.举升和支撑点

（1）前部支撑点。如图 4-2-7 所示，在下边梁标记区域和底板垂直加强件（如箭头所示）上安装支撑盘。

（2）后部支撑点。如图 4-2-8 所示，在下边梁标记区域和底板垂直加强件（如箭头所示）上安装支撑盘。

注意：

底板加强件必须平放在升降台支撑盘的正中。

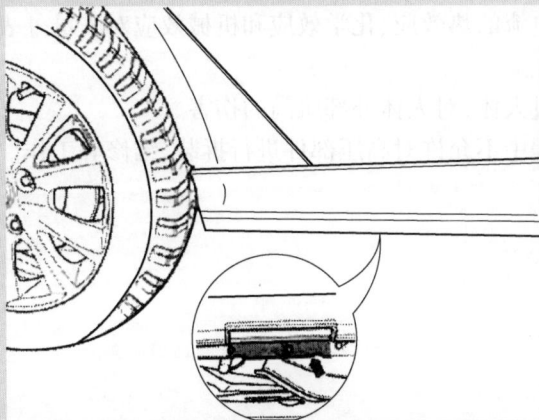

图 4-2-7　前部支撑点

注意：

底板加强件必须平放在升降台支撑盘的正中。

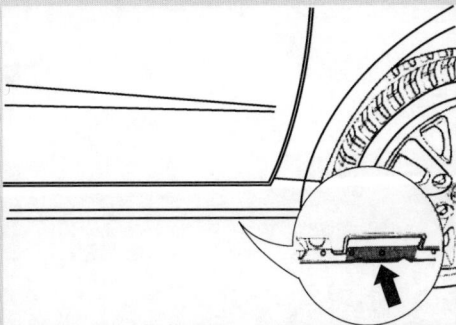

图 4-2-8　后部支撑点

学习测试

1. 填空题

(1)触电是指人体触及带电体时,_____对人体所造成的伤害。

(2)根据伤害的性质不同,触电可以分为_____和_____两种。

(3)未经高压安全培训并取得_____的维修人员,不允许对_____进行维修等操作。

(4)维修车辆时,监护人工作职责为_____的全过程。

2. 判断题

(1)电伤是指由于电流的热效应、化学效应和机械效应对人员外表造成的局部伤害。

( )

(2)电击指电流流过人体,对人体外部肌肉的伤害。 ( )

(3)车辆在充电过程中不允许对高压部件进行拆装、维修等工作。 ( )

项目五

高压安全与防护

维修带有高电压新能源汽车需要做好自身安全防护，并严格按照规范操作流程操作。本项目主要包括以下3个任务：

任务1　安全电压与急救理论；

任务2　安全防护与应急处理；

任务3　高压系统中止与检验。

通过以上3个任务的学习，你将学习和了解到高电压车辆的基本触电原理，以及如何采取正确的防护措施来避免触电事故的发生。

任务1　安全电压与急救理论

提出任务

你作为新能源汽车专业的学生,在刚进入工作岗位实习不到一个月的时间,突然有一天遇到了一位同事因违章操作导致了触电事故,此时你应该如何及时去帮助他?

任务要求

知识要求

1.能够描述高电压对人体伤害的基本理论;
2.能够描述人体触电的基本形式;
3.能够描述触电后的急救基本理论与方法。

能力要求

能够正确、及时执行触电事故的处理与急救。

相关知识

新能源汽车会有高电压,这对人体会产生伤害。无论是研发、生产,还是售后技术人员,如果没有正确认识新能源汽车具有的高压风险,并正确处理涉及到的高压工作区域的防护,都会导致严重的高压伤害。

▶ 1. 高电压与人体伤害

1)人体安全电压

通常,当人体接触到25 V以上的交流电,或60 V以上的直流电时,人体就有可能会发生触电事故。人体的触电并不是指人体接触到了很高的电压,是因为过高的电压通过人体这个电阻后,会在人体中形成电流,从而导致人体的伤害。因此必须注意的是,伤害人体的不是电压,而是电流。

在电网中,一直认为36V是一个人体安全电压。实际上在高电压的新能源汽车中,这个电压值并不是科学的。主要原因是:一方面,人体的电阻会存在个体的差异性,例如胖的和瘦的,男的和女的,其电阻值都不会一样(图5-1-1);另一方面,人所处的工作环境,也会导致人体的电阻值发生变化,例如在潮湿的夏天和干燥的冬天,人体表现的电阻就不一样,环境越潮湿,人体的电阻就会越小。此外,还需要注意的是每个人对电流流过身体的反应也不一样,有一部分人可能能够承受更大的电流。因此,目前国际上对安全电压通行的认识是直流60V 以下,交流 25V 以下。

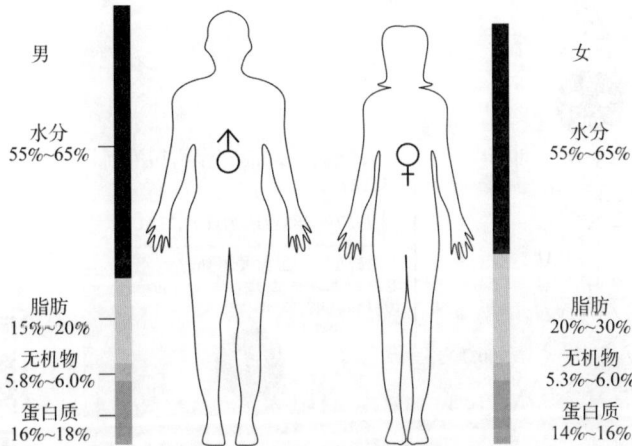

图 5-1-1 人体电阻的差异性

当电压高到一定值以后,会有相应的电流流过人体。如图 5-1-2 所示,有大约 5 mA 的电流通过人体时,就可视作是"电气事故",会产生麻木感。人体内通过的电流达到大约 10 mA 时,到达了导出电流的极限,人体开始收缩,无法再导走电流,电流的滞留时间也相应增加。30 ~ 50 mA 交流电的长时间滞留会导致呼吸停止以及心室纤维性颤动。经过人体的电流到达大约 80 mA 时,被认为是"致命值"。

从图 5-1-2 可以看出,电流对人体的伤害基本上几毫安就够了。

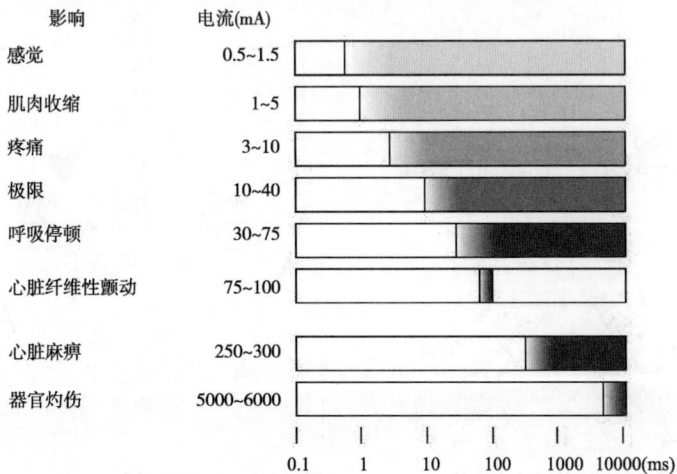

图 5-1-2 不同电流值对人体的伤害反应

此外,需要注意的是,人体之所以导电,主要的原因是血液含有电解液成分,电解液成分导致了导电性。而人体的皮肤、肌肉也具有一定的导电能力。对于大多数人,整个身体的总电阻值是很低的,特别是有主动脉的地方(胸腔部位和躯干),而最大的危险发生在电流通过人体心脏时刺激心脏产生的异常颤振。

高压电与人体伤害如图 5-1-3 所示。

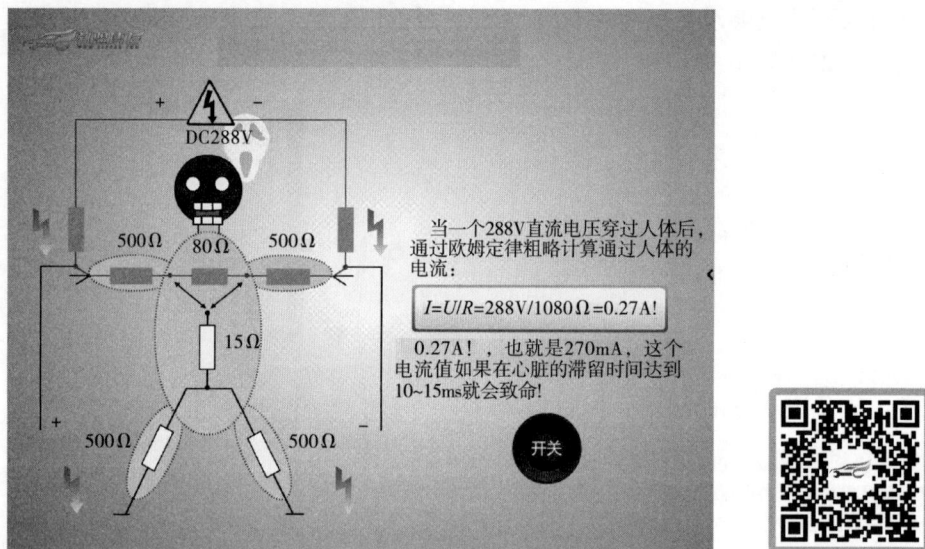

图 5-1-3　高压电与人体伤害

如图 5-1-4 所示，人体皮肤电阻值为 100 kΩ ~ 1 MΩ，但是阻值在有些情况下也可能降为零，尤其是当皮肤潮湿或者破损时，阻值会明显下降。

例如，当一个 288 V 直流电压穿过人体后（图 5-1-5），我们可以通过欧姆定律粗略计算出通过人体的电流：

$$人体电流\ I = U/R = 288\ V/1080\ \Omega = 0.27\ A$$

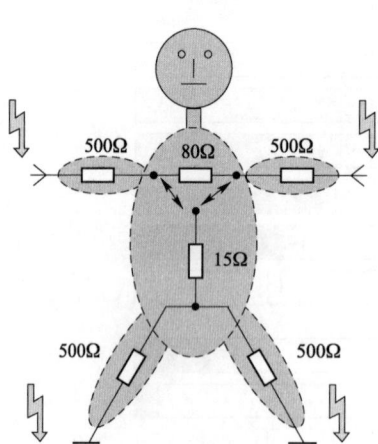

图 5-1-4　人体基本电阻值

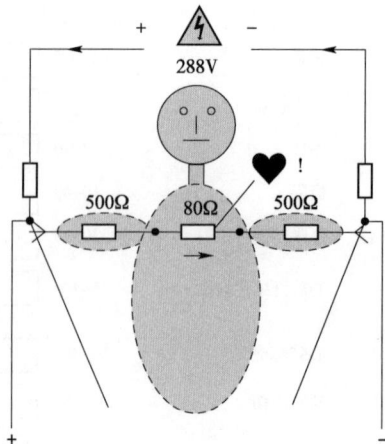

图 5-1-5　288 V 电压穿过人体产生的电流

0.27A，也就是 270mA，将这个电流值参照图 5-1-2 可以发现，这个电流值如果在心脏的滞留时间达到 10 ~ 15ms 就会致命！

2）高电压对人体的伤害形式

能够最终对人体产生伤害的是电流，电流对人体的伤害有三种形式：电击、电伤和电磁场伤害。

（1）电击是指电流通过人体，破坏人的心脏、肺及神经系统的正常功能。

（2）电伤是指电流的热效应、化学效应和机械效应对人体的伤害。主要指电弧烧伤、熔化金属溅出烫伤等。

（3）电磁场生理伤害是指在高频磁场的作用下，人会出现头晕、乏力、记忆力减退、失眠、多梦等神经系统的症状。

一般认为，电流通过人体的心脏、肺部和中枢神经系统的危险性较大，特别是电流通过心脏时，危险性最大。所以从手到脚的电流途径最为危险。因为沿该条途径有较多的电流通过心脏、肺部等重要器官；其次是从一只手到另一只手的电流途径，如图5-1-6所示。

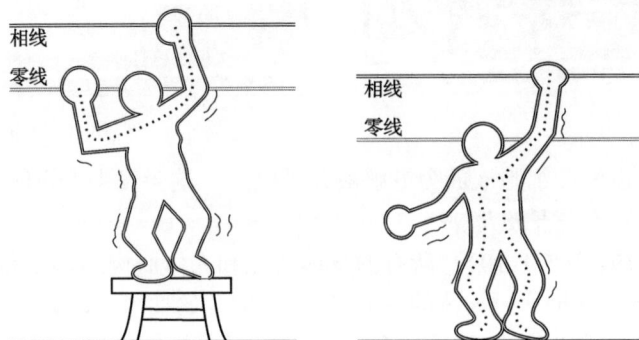

图5-1-6　最危险的触电形式（一）

此外，触电还容易因剧烈痉挛而摔倒，导致电流通过全身并造成摔伤、坠落等二次事故。最危险的触电形式如图5-1-7所示。

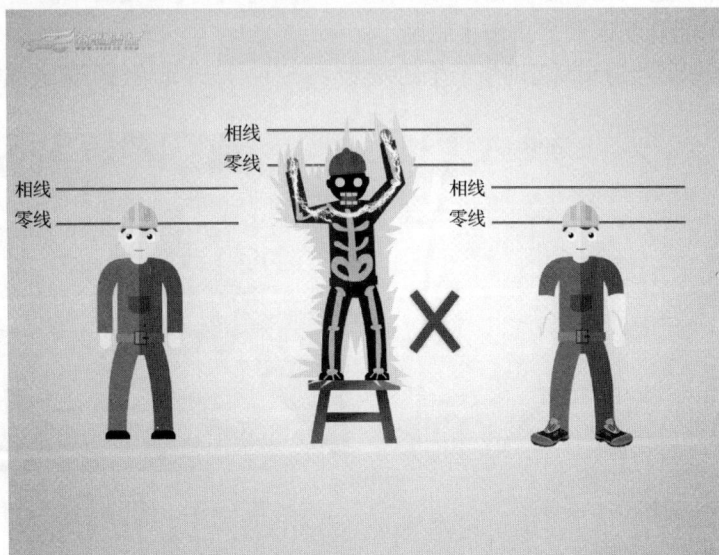

图5-1-7　最危险的触电形式（二）

通常，产生最多的伤害是电击事故，其主要类型包括：

（1）电击效应。电流低于导通限值时，会有相应的电击反应，从而容易因肢体不受控制和失去平衡而导致受伤，如图5-1-8所示。

（2）热效应。电流导入导出点处会发生烧伤和焦化,也会发生内部烧伤。这会导致肾脏负荷过大,甚至造成致命的伤害,如图5-1-9所示。

图5-1-8　电击效应伤害

图5-1-9　类似电击产生的热效应形式

（3）化学效应。血液和细胞液成为电解液并被电解。这会发生严重的中毒,中毒情况在几天后才能被发现,因此伤害极大。

（4）肌肉刺激效应（图5-1-10）。所有的身体功能和人体肌肉运动都是由大脑通过神经系统的电刺激来控制。如果通过人体的电流过高,肌肉开始抽搐,大脑再也无法控制肌肉组织。后果:例如,握紧的拳头再也无法打开或者移动。如果电流经过了胸腔,肺会产生痉挛（呼吸停止）,心脏的跳动节奏会被中断（心室纤维化颤动,无法进行心脏的收缩扩张运动）。

（5）发生静态短路的热效应。工具急剧发热,会导致材料熔化,从而可能发生烧伤事故。

（6）由于短路引起火花。金属很快熔化,产生飞溅的火花,飞溅出来的金属颗粒温度超过5000℃,可能引起烧伤以及严重伤害眼睛。

（7）带电高压线路接通和断开时所产生的弧光（图5-1-11）。光辐射可能造成电光性眼炎。

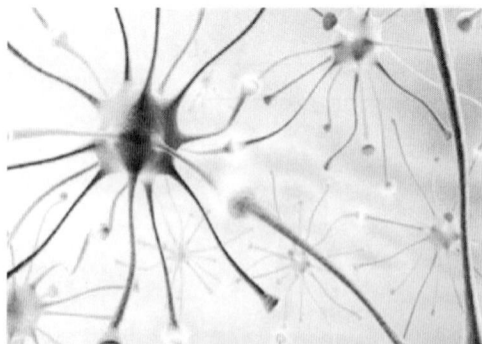

图5-1-10　刺激效应的内部形式

图5-1-11　高压击穿空气产生电弧

3）交流与直流触电伤害

直流与交流电压都会对人体产生伤害,但是交流电压对人体伤害的阈值却只有直流的50%（图5-1-12）。交流电压在人体内产生交流电,会触发肌肉组织和心脏产生颤动。交流电压的频率越低,危险性越高。交流电会触发心室纤维性颤动,如果不进行急救很快就会致命。

通常情况下,高电压系统中的三相电动机由三相交流电压驱动。三相电动机的输出功率和转速由电压大小和频率控制。因为三相电动机处于运转状态,引发的电气事故相当危险。

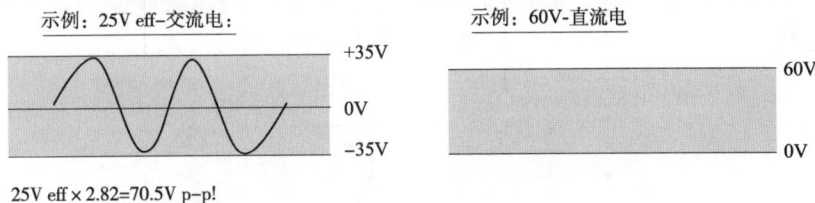

图 5-1-12　交流与直流电的形式

如果规格中注明了交流电压,则该电压指的是行业内通用的有效电压。但是,实际的接触电压会高得多,这取决于交流电压的波形(正弦或者矩形)。

4)人体触电方式

如上所述,能够对人体产生触电的前提是人体与触电源之间形成了回路,有电流流经人体后才会导致触电。

新能源汽车的高电压系统是与车身之间隔离的,因此,在如图 5-1-13 所示的这种情况下,人体不会产生触电,原因就在于人体没有与直流电源之间形成回路。

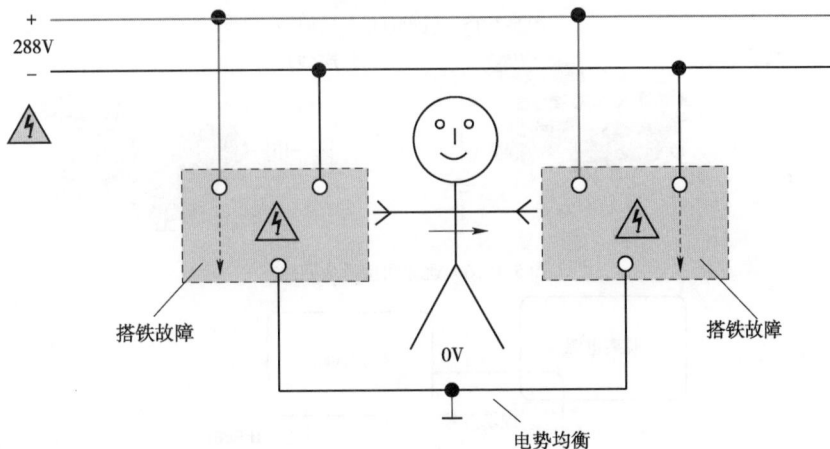

图 5-1-13　非触电情况

但是,当新能源汽车的高电压部件发生对车身搭铁故障时,如图 5-1-14 所示,人体在同样的情况下就有可能发生触电事故。

在实际工作中,维修工人应该避免因为操作导致自己与电压系统形成回路,例如图 5-1-15 所示的这种触电方式是大多数维修人员能够理解的。但是在图 5-1-16 所示的两种间接触电形式却是很容易被维修工人所忽视的。

▶ **2.急救处理**

援救触电事故中受伤人员时,自身的安全是第一位的,绝对不要去触碰仍然与电压有接触的人员。如果可能,马上将电气系统断电,或用不导电的物体(木板、扫帚把等)把事故受害者或者导电体与电压分离。触电急救基本内容如图 5-1-17 所示。

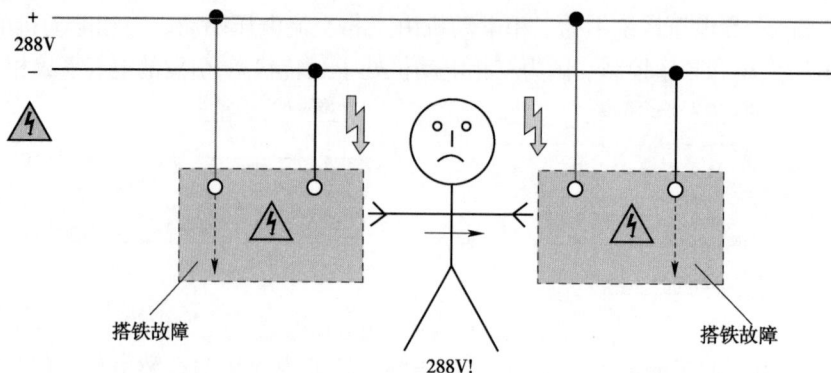

图 5-1-14　触电情况

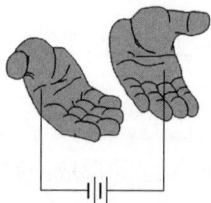

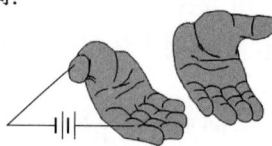

图 5-1-15　避免直接形成回路

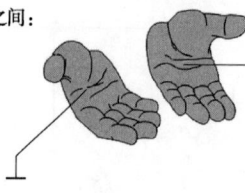

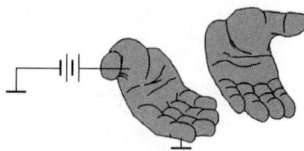

图 5-1-16　避免间接形成回路

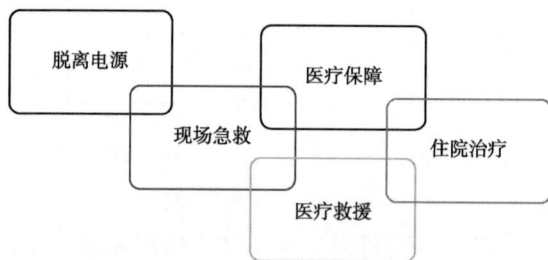

图 5-1-17　触电急救基本内容

基本的触电急救流程如下(图 5-1-18)。

1)迅速脱离电源

人体触电以后,可能由于痉挛或失去知觉等原因而紧抓带电体,不能自己摆脱电源。抢救触电者的首要步骤就是使触电者尽快脱离电源。在新能源汽车中脱离电源的方法包括有带上绝缘手套将触电人员脱开,或者切断高压电源。总之,要因地制宜,灵活运用各种方法,快速切断电源,防止事故扩大。

2)现场急救

当触电者脱离电源后,应根据触电者的具体情况迅速对症救护,力争在触电后 1min 内进行救治。国内外一些资料表明,触电后在1min内进行救治的,90%以上有良好的效果,而超过12min再开始救治的,基本无救活的可能。现场应用的主要方法是口对口人工呼吸和体外心脏挤压法,严禁打强心针。

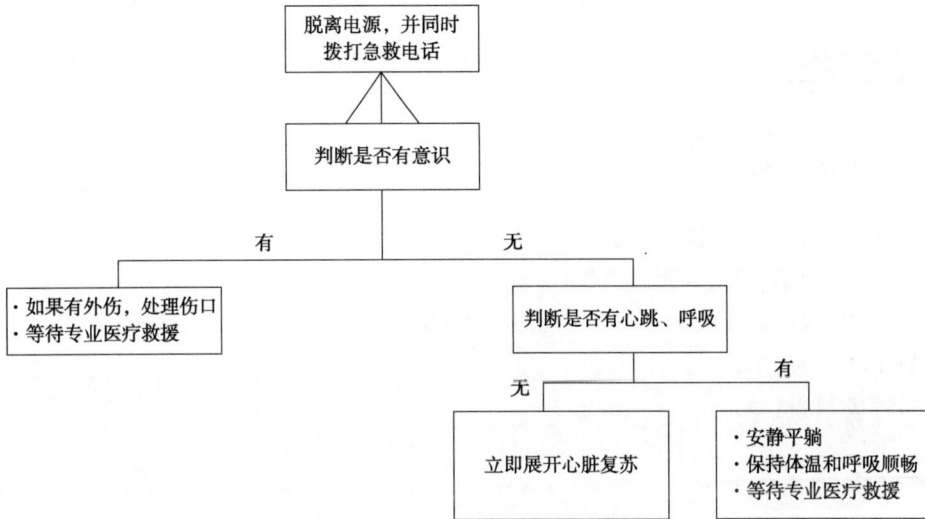

图 5-1-18 高压触电急救流程

口对口人工呼吸法:是用人工的方法来代替肺的呼吸活动,使空气有节律地进入和排出肺脏,供给体内足够的氧气,充分排出二氧化碳,维持正常的通气功能。

体外心脏挤压法:是指有节律地对心脏挤压,用人工的方法代替心脏的自然收缩,使心脏恢复搏动功能,维持血液循环。

3)触电急救方法

触电者一般有以下四种症状,可分别给予正确的对症救治:

(1)神志尚清醒,但心慌力乏,四肢麻木。该类人员一般只需将其扶到清凉通风之处休息,让其自然慢慢恢复。但要派专人照料护理,因为有的病人在几小时后会发生病变而突然死亡。

(2)有心跳,但呼吸停止或极微弱。该类人员应该采用口对口人工呼吸法进行急救。人工呼吸法可按下述口诀进行,频率是每分钟约12次:

清理口腔防堵塞,鼻孔朝天头后仰;

贴嘴吹气胸扩张,放开口鼻换气畅。

(3)有呼吸,但心跳停止或极微弱。该类人员应该采用人工胸外心脏按压法来恢复病人的心跳。一般可以按下述口诀进行,频率是每分钟为60~80次。

当胸一手掌,中指对凹腔;

掌根用力向下压,压下突然收。

(4)心跳、呼吸均已停止者。该类人员的危险性最大,抢救的难度也最大。应该把以上两种方法同时使用,亦即采用"人工氧合"的方法。最好是两人一起抢救,如果仅有一人抢救时,应先吹气2~3次,再挤压心脏15次,如此反复交替进行。

如果发生电池事故时,还应该按以下要求进行处理:

(1)如果发生了皮肤接触,用大量的清水进行冲洗。

（2）如果吸入了气体，必须马上呼吸大量新鲜空气。

（3）如果接触到了眼睛，用大量的清水进行冲洗（至少10min）。

（4）如果吞咽了蓄电池内溶物，喝大量清水，并且避免呕吐。

任务实施

（一）工作准备

（1）防护装备：常规实训着装。

（2）车辆、台架、总成：无。

（3）专用工具、设备：无。

（4）手工工具：无。

（5）辅助材料：无。

（二）实施步骤

本任务主要练习触电后突发事故下，如何正确执行急救。其基本的实习包括：

（1）根据触电事故的情况，描述正确的触电急救流程。

（2）教师演示心肺复苏基本操作方法与注意事项。

（3）学生相互练习心肺复苏操作方法。

提示信息：触电急救培训——心肺复苏。

高压触电以后，会短时间让人体心脏骤停，恰当的、第一时间心肺复苏，可以成功挽救80%以上的触电人员生命。

心肺复苏：是指对早期心跳呼吸骤停的患者，通过采取人工循环、人工呼吸、电除颤等方法，帮助其恢复自主心跳和呼吸；它包括三个环节：基本生命支持、高级生命支持、心脏骤停后的综合管理。

▶ 1. 胸外按压

只要判断心脏骤停，应立即进行胸外按压，以维持重要脏器的功能。

1）步骤1（图5-1-19）

体位：患者仰卧位于硬质平面上。患者头、颈、躯干平直无扭曲。

图5-1-19　胸外按压步骤（1）

2）步骤2（图5-1-20）

按压部位:胸骨中下1/3交界处或双乳头与前正中线交界处。

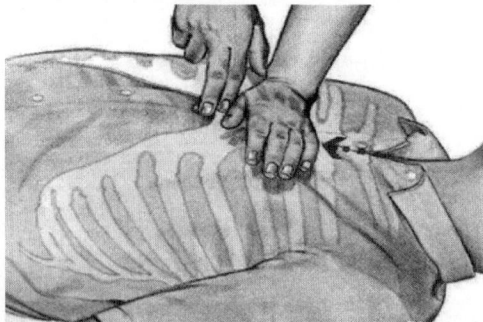

图5-1-20　胸外按压步骤(2)

3）步骤3（图5-1-21）

按压方法:按压时上半身前倾,双肩正对患者胸骨上方,一只手的掌跟放在患者胸骨中下部,然后两手重叠,手指离开胸壁,双臂绷直,以髋关节为轴,借助上半身的重力垂直向下按压。每次抬起时掌根不要离开胸壁,并应随时注意有无肋骨或胸骨骨折。

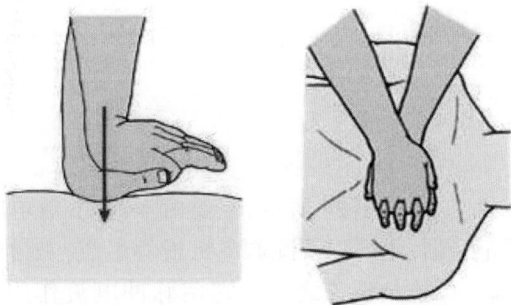

图5-1-21　胸外按压步骤(3)

💡 **注意:**

一手的掌根部放在按压区,另一手掌根重叠放于手背上,使第一只手的手指脱离胸壁,以掌跟向下按压。按压频率:至少100次/min。按压幅度:至少5cm或者胸廓前后径的1/3,压下与松开的时间基本相等,压下后应让胸廓充分回弹。

4）步骤4

按压职责更换:每2min更换按压者,每次更换尽量在5s内完成。

▶ **2. 开放气道与人工呼吸**

去除气道内异物:开放气道应先去除气道内异物。如无颈部创伤,清除口腔中的异物和呕吐物时,可一手按压开下颌,另一手用食指将固体异物钩出,或用指套或手指缠纱布清除口腔中的液体分泌物。

1)步骤1(图5-1-22)

仰头—抬颌法:用一只手按压伤病者的前额,使头部后仰,同时另一只手的食指及中指臵于下颌骨骨性部分向上抬颌。使下颌尖、耳垂连线与地面垂直。

2)步骤2(图5-1-23)

双下颌上提法(颈椎损伤时):将肘部支撑在患者所处的平面上,双手放臵在患者头部两侧并握紧下颌角,同时用力向上托起下颌。如果需要进行人工呼吸,则将下颌持续上托,用拇指把口唇分开,用面颊贴紧患者的鼻孔进行口对口呼吸。

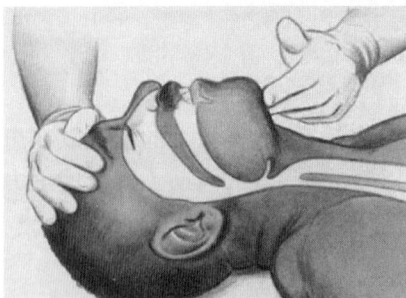

图5-1-22　人工呼吸步骤(1)　　　　　　图5-1-23　人工呼吸步骤(2)

📖 拓展知识

心脏除颤器又称电复律机,如图5-1-24所示,主要由除颤充/放电电路、心电信号放大/显示电路、控制电路、心电图记录器、电源以及除颤电极板等组成,是目前临床上广泛使用的

图5-1-24　心脏除颤器

抢救设备之一。它用脉冲电流作用于心脏,实施电击治疗,消除心律失常,使心脏恢复窦性心律,它具有疗效高、作用快、操作简便以及与药物相比较为安全等优点。

心脏除颤器的详细使用,可根据实际的配置型号,参考具体说明书来确定。

▶ 1.心脏除颤器使用方法

(1)将旋钮打开。

(2)使用浆形电极:先涂上导电物质,在病人胸上贴附浆形电极(位置于心尖部左乳头外,其中心应在左腋中线;心底部胸骨右缘2~4肋间)。

(3)将能量选择旋钮转到150J。

(4)充电,按心尖位置上的浆形电极上的黄色按钮。

(5)电击,同时按心尖部及心底部橘红色浆形电极。

▶2.心脏除颤器的使用注意事项

1）每日检查机器及相配套的物品是否齐全,保持机器清洁。

2）每月一日充电 12h。

3）每次使用后要将电极板擦干净。

4）每次使用后要充电 12h。

5）除颤电流可能会损害操作人员或旁观的人。除颤时不要接触病人或接触连接到病人的设备,同时喊叫"让开!"。

学习测试

1.填空题

(1)当人体接触到 25 V 以上的_____,或 60V 以上的_____时,人体就有可能会发生触电事故。

(2)环境越潮湿,人体的电阻就会_____。

(3)目前国际上对安全电压通行的认识是直流_____ 以下,交流_____ 以下。

(4)电流对人体的伤害有三种形式:电击、电伤和_____ 伤害。

(5)维修工人在实际工作中,应该避免因为操作导致自己与电压系统形成_____。

(6)现场急救主要方法是口对口_____和_____。

2.判断题

(1)人体的触电是指人体接触到了很高的电压。 (　　)

(2)能够最终对人体产生伤害的是电流。 (　　)

(3)交流电压的频率越低,危险性越低。 (　　)

(4)新能源汽车的高电压系统是与车身之间隔离的。 (　　)

(5)援救触电事故中受伤人员时,应尽可能马上将电气系统断电。 (　　)

(6)现场急救时,如果病人心脏停止跳动,应立即打强心针。 (　　)

3.不定项选择题

(1)在新能源汽车中,人体的最安全电压通常是(　　　)。

　　A.交流 25V 以下　　　　　　　　　　B.直流 60V 以下

　　C.交流与直流均 36V 以下　　　　　　D.12V 以下直流

(2)通常情况下,当人体的电流超过(　　　)时就会产生肌肉颤动。

　　A.2mA　　　　　　B.3mA　　　　　　C.5mA　　　　　　D.10mA

(3)电流穿过人体后产生的伤害形式主要有(　　　)。

　　A.热效应　　　　　　　　　　　　　B.化学效应

　　C.电击效应　　　　　　　　　　　　D.肌肉刺激效应

(4)针对高压触电的人员,首先应该执行的操作是(　　　)。

　　A.切断高压电源　　　　　　　　　　B.心肺复苏

　　C.拨打 120　　　　　　　　　　　　D.判断触电程度

任务2　安全防护与应急处理

提出任务

你被安排去维修一辆新能源电动汽车,在维修车辆前,你的主管要求你做好个人安全防护措施,你知道应该怎么去做吗?

任务要求

知识要求

1.能够描述高电压安全防护要求;
2.能够描述安全防护措施与注意事项;
3.能够描述新能源汽车应急处理方法。

能力要求

能够正确使用安全防护设备。

相关知识

新能源汽车具有高电压,在制造、维护新能源汽车时具有高电压触电的风险。

如图5-2-1所示,新能源汽车的主要高电压部件集中在动力电池组、高压导线、高压电分配单元、用于驱动的逆变器、高压压缩机,以及高压PTC加热器。

但是与传统汽车相同的车辆底盘、车身电器等均不会有高电压。因此,根据维护车辆的工作内容不同,只有在维护与维修新能源汽车的高电压系统或部件时才有可能会发生触电事故。例如传统的车辆维护、制动部件的更换、轮胎的更换均不会有高电压风险。

▶ 1.安全防护

以下介绍在维护新能源汽车高电压系统时需要采取的高电压安全防护措施,包括个人的安全防护、绝缘维修工具的使用以及对工作环境的选择和正确的操作流程与注意事项(在其他任务介绍)。

1)做好个人安全防护

由于维修带有高压电车辆,因此维护人员必须做好防止被高压电击伤的安全防护。虽然现有混合动力汽车和纯电动汽车都设计有很好地防止意外触电功能,但是针对事故车辆及这些车辆的高压动力电池组总成是始终存在高压电的。

防止触电的个人防护设备主要是绝缘手套、护目镜、绝缘鞋,以及非化纤材质的衣服,如图 5-2-2 所示。

图 5-2-1　车辆上的高压部件

图 5-2-2　主要个人防护设备

(1)绝缘手套。用于高压车辆维修用的绝缘手套(图 5-2-3)通常有两种独立的性能,即一是在进行任何有关高压组件或线路的操作时,需要使用橡胶制成的电工绝缘手套,并能够承受 1000V 以上的工作电压。二是具备抗碱性,当工作中接触来自高压动力电池组的钾氢氧化物等化学物质时,防止这些物质对人的组织伤害。

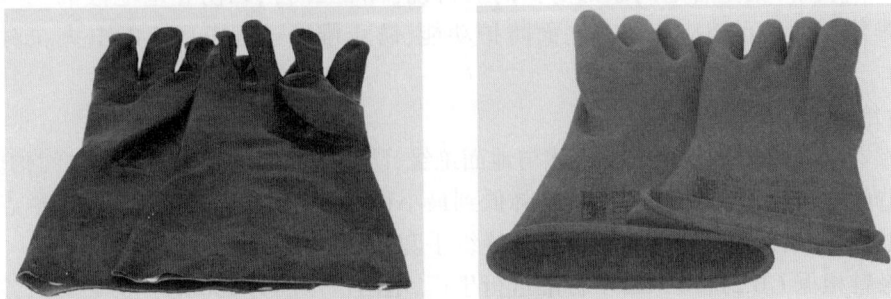

图 5-2-3　绝缘手套

绝缘手套需要定期检验,而且在每次使用前必须自行进行是否泄漏检查。检查的方法是向手套内吹入一定的空气,观察手套是否有漏气的风险,如图 5-2-4 所示。

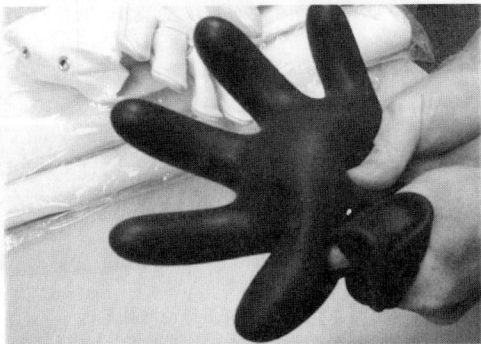

图 5-2-4　绝缘手套的检查

图 5-2-5 所示为在具体使用过程中绝缘手套的使用、检查与注意事项。

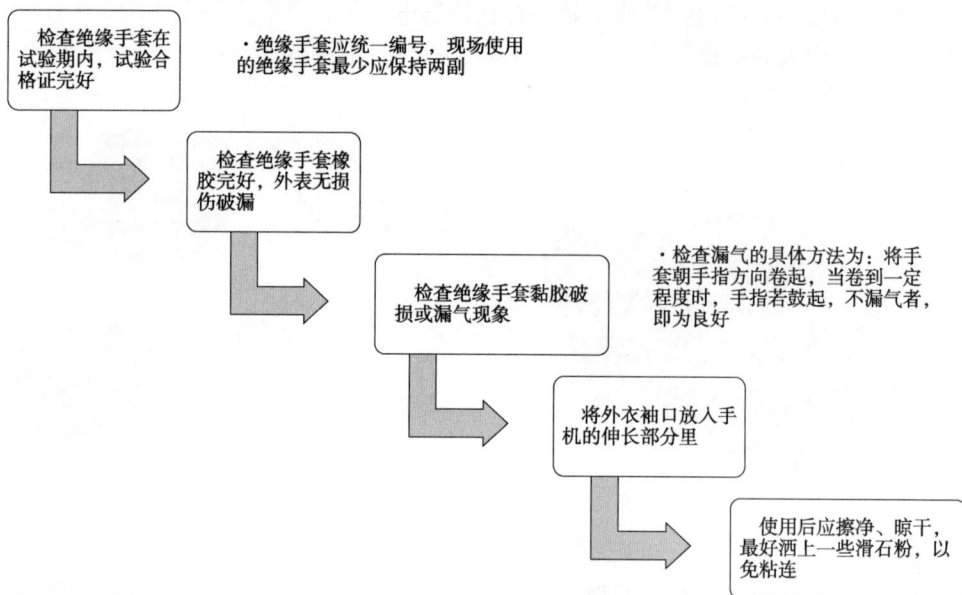

检查绝缘手套在试验期内，试验合格证完好

·绝缘手套应统一编号，现场使用的绝缘手套最少应保持两副

检查绝缘手套橡胶完好，外表无损伤破漏

检查绝缘手套黏胶破损或漏气现象

·检查漏气的具体方法为：将手套朝手指方向卷起，当卷到一定程度时，手指若鼓起，不漏气者，即为良好

将外衣袖口放入手机的伸长部分里

使用后应擦净、晾干，最好洒上一些滑石粉，以免粘连

图 5-2-5　绝缘手套使用与检查流程图

（2）护目镜。戴上合适的眼部防护的护目镜（图 5-2-6），以防止电池液的飞溅。高压电车辆维修用的护目镜应该具有侧面防护功能，防止维修过程中产生的电火花对眼睛的伤害。

（3）绝缘安全鞋

绝缘安全鞋（靴）的作用是使人体与地面绝缘，防止电流通过人体与大地之间构成通路，对人体造成电击伤害，把触电时的危险降低到最小程度，因为触电时电流是经接触点通过人体流入地面的，所以电气作业时不仅要戴绝缘手套，还要穿绝缘鞋（图 5-2-7）。

绝缘鞋根据 GB 21146—2007 标准进行生产，电阻值范围为 $100k\Omega \sim 1000M\Omega$，该产品具有透气性能好、防静电、耐磨、防滑等功能。

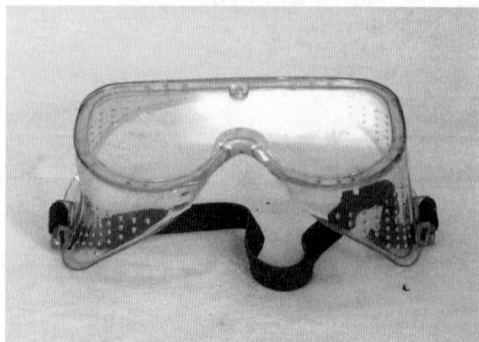

进口优质牛皮　柔软舒适鞋舌　优质吸汗耐磨内里

进口轻钢钢头　　正品Logo　　PU注塑鞋底

图 5-2-6　护目镜　　　　　　　图 5-2-7　绝缘安全鞋

绝缘鞋也要定期进行检验,图 5-2-8 所示为绝缘鞋的使用方法与注意事项:

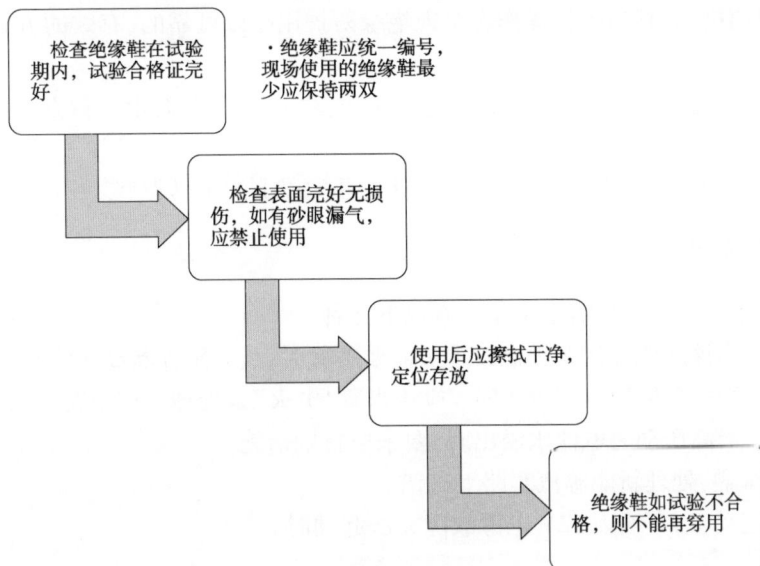

图 5-2-8 绝缘鞋使用与检查流程图

（4）非化纤工作服。维修高电压系统时,必须穿非化纤类的工作服。化纤类的工作服主要会产生静电,并且当发生火灾事故时,化纤会在高温环境下粘连人体皮肤,导致维护人员产生严重的二次伤害。

2）使用绝缘的维修工具

维护高电压类车辆时,必须使用带有绝缘功能的工具,这些工具包括常用的套筒、开口扳手、螺丝刀、钳子、电工刀等,也包括专用的仪表,如数字万用表,如图 5-2-9 所示。

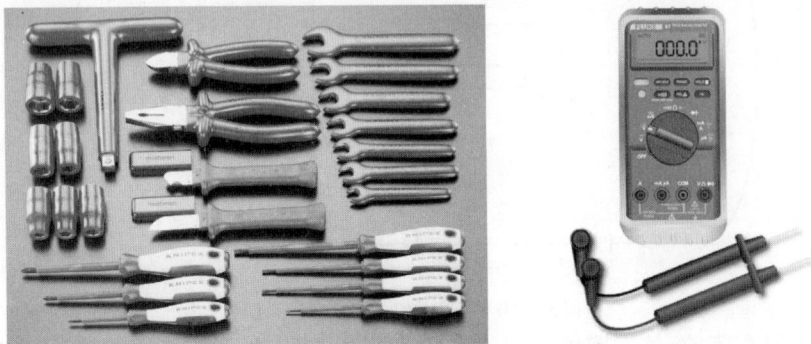

图 5-2-9 绝缘工具与绝缘仪表

使用绝缘工具可以有效防止意外触电事故的发生,我国的绝缘工具分为 3 个类型:

（1）I 类工具是指采用普通基本绝缘的电动工具。在防触电保护方面不仅依靠基本绝缘,而且还应附加一个安全预防措施,即对正常情况下不带电,而在其基本绝缘损坏时变为带电体的外露可导电部分作保护接零。为了可靠,保护接零应不少于两处,并且还要附加漏电保护,同时要求操作者使用绝缘防护用品。

（2）II 类工具是指采用双重绝缘或加强绝缘的电动工具,在防触电保护方面不仅依靠其基本绝缘,而且有将其正常情况下的带电部分与可触及的不带电的可导电部分作双重绝缘或加强绝缘隔离措施,相当于将操作者个人绝缘防护用品以可靠的、有效的方式设计制作在工具上。

(3)Ⅲ类工具是指采用安全特低电压供电的电动工具,在防触电保护方面依靠安全隔离变压器供电。

在高电压新能源汽车维修时,要求工具具有Ⅱ类以上的工具类型。

▶ 2. 应急处理

新能源汽车的应急处理需求常见的有以下几种。

(1)救援:当该新能源汽车被撞或乘员需要解救时,当心别弄断高压线。

(2)火灾:当该新能源汽车着火时,应该当着"电火"来处理并用干粉型灭火器灭火。

(3)泄漏:当高压动力电池水溢出时,要采取特别措施。

(4)牵引车辆:处理新能源汽车路上抛锚。

(5)跨接起动:当车辆因12V电源故障无法起动时。

1)救援

在对高压车辆进行救援时,千万不要因为纯电动或混合动力车辆运行比较安静就误以为它就处于停机状态。对于该混合动力汽车,当车辆处于"READY"模式时(Y灯亮),发动机会自动起动停机,所以在检查或维修发动机舱时,记住要先看看"READY"指示灯是否已经熄灭了(图5-2-10)。

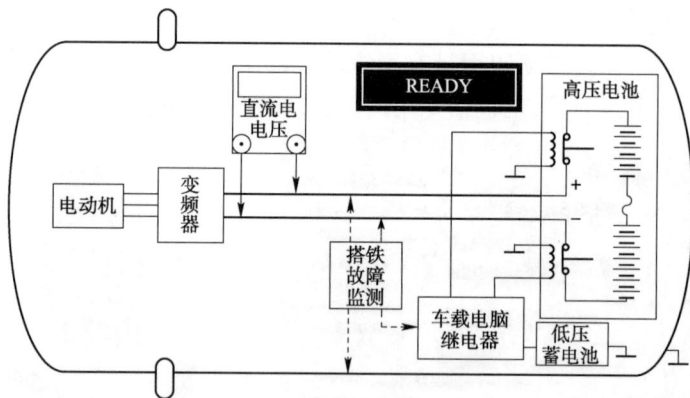

图5-2-10 车辆上的 READY 指示灯

在处理维修车辆前,首先用挡块挡住车轮进行驻车制动,挂"P"挡并确认"P"挡指示灯亮,然后按POWER按钮并确认READY熄灭,断开12V备用蓄电池;最后拔掉维修开关或者HV熔断丝。

需要注意的是,在对纯电动汽车或混合动力汽车操作时,急救组要知道橙黄色电缆代表高压。并在断开高压电池,接触电缆前也要等待5min,即等电容充分放电完毕。

此外,解救时若高压电缆被撞断,系统一般会在人员触电前被切断,因为车辆上的绝缘监测功能会不断地监测高压电缆到金属底盘的漏电。此外撞车时,气囊展开,高压电源也会自动切断,即使气囊不展开,转换器里面的减速传感器若超过其限位,也会切断高压电。

2）火灾

高压动力电池电解液主要由带腐蚀性的化学液体组成,因此在着火后,可以采用大量的水或者干粉灭火器灭火。

使用常规的 ABC 干粉灭火器灭火(图 5-2-11),这种灭火器设计适用于油或电路火灾。然而,如果只是高压动力电池着火,则推荐使用二氧化碳灭火器,而发生大面积或大的火灾时,持续的浇水也同样适用熄灭高压动力电池火灾。但是使用少量的水,如只用一桶,是危险的,实际上将加剧高压电池火灾的程度。

3）泄漏

当面对有可能是高压动力电池溢出电解液时,及早穿好合适的防护用品,并采用红色石蕊试纸(图 5-2-12)检查溢出液,如果试纸变为蓝色,溢出的液体需要使用硼酸液进行中和。中和完成后,使用试纸再去检查溢出液,确认试纸颜色不改变。

中和完毕后,用充足的吸水毛巾或布,吸收事故中溢出的电解液。

图 5-2-11　ABC 干粉灭火器

图 5-2-12　检测试纸

4）牵引车辆

新能源汽车牵引车辆时,使得车辆前轮转动将产生电能,因此对于这类车辆的牵引,必须严格遵守制造厂商的要求,否则可能损坏车辆的三相驱动电机或变速单元。

无论是混合动力汽车还是纯电动汽车,正确的牵引方法是,使得全部平放在货车上,然后牵引车辆到指定的位置。

但是,如果是前轮驱动的车辆,也可以采用前轮离地的方式进行车辆的牵引,如图 5-2-13 所示。

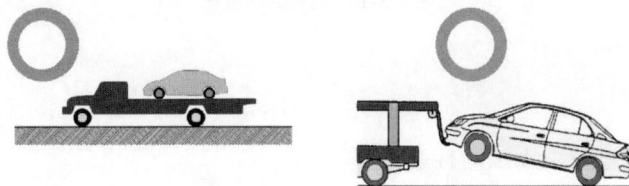

图 5-2-13　正确的牵引车辆方式

5）跨接起动

无论是新能源汽车中的纯电动汽车还是混合动力汽车，其全车控制模块的供电都是通过 12V 蓄电池来完成的。也就是说，在新能源汽车中，除了高压动力电池外，所有的车辆还会配置有 12V 低压蓄电池，如图 5-2-14 所示是丰田普锐斯的 12V 低压蓄电池。

由于 12V 蓄电池用来给所有 ECU 供电，若没有该电源，ECU 不能工作，车辆也没法驱动。如果纯电动汽车或混合动力汽车没有起动，则 12V 辅助电池可以跨接起动，以丰田普锐斯为例，具体的操作方法如下：

（1）找到 12V 蓄电池跨接端子。

例如，图 5-2-15 所示 2004 款丰田普锐斯发动机罩下面的 12V 跨接起动端子有一个"＋"标志的红色塑料盖，打开盖子可以找到用于跨接的端子。

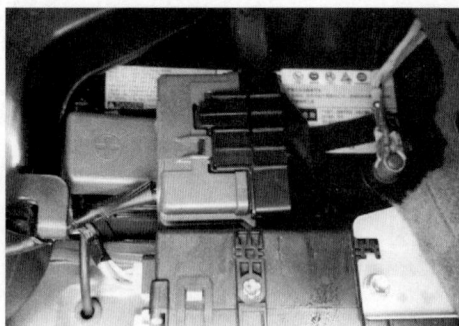

图 5-2-14　位于行李舱的普锐斯 12V 蓄电池

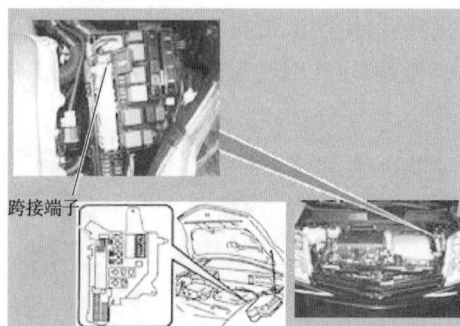

图 5-2-15　普锐斯 12V 蓄电池跨接端子

（2）按图 5-2-16 所示 a、b、c、d 顺序选择连接跨接电线。

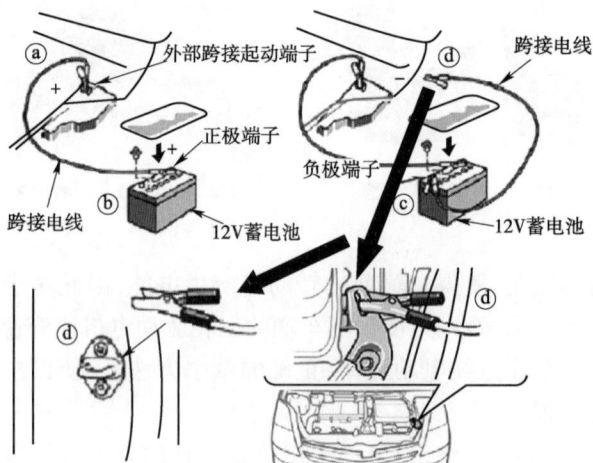

图 5-2-16　跨接起动步骤

注意：

高压的动力电池组无法跨接起动！

任务实施

(一)工作准备

(1)防护装备:绝缘防护装备。

(2)车辆、台架、总成:无。

(3)专用工具、设备:ABC 灭火器。

(4)手工工具:无。

(5)辅助材料:无。

(二)实施步骤

本任务主要包括两个操作内容:

(1)根据实训场地个人安全防护设备的类型,练习使用个人安全防护设备,并学会如何正确自检安全防护设备。个人安全防护设备包括:

①绝缘鞋。

②绝缘手套。

③护目镜。

(2)练习使用 ABC 干粉灭火器,学会正确认知 ABC 干粉灭火器,并正确使用干粉灭火器。干粉灭火器的正确使用如图 5-2-17 所示。

使用步骤:

(1)在灭火时,将干粉灭火器提到起火地点,首先提起干粉灭火器上下摆动,使干粉灭火器内的干粉变得松散。

(2)然后再拔掉铅封、保险销(图 5-2-18),离火势 5~7m 处,一只手拿喷管对准火势,另一只手压压把,用力压下压把,拿喷管左右摆动,干粉在气体的压力下由喷嘴喷出,形成浓云般的粉雾而使火熄灭,如图 5-2-19 所示。

图 5-2-17　干粉灭火器的正确使用　　　　图 5-2-18　拔掉保险销

（3）最后扑救地面油火时,要平射,左右摆动,使干粉掩盖火势面积,根据火势情况,慢步向火势靠近,使火势彻底扑灭。

图 5-2-19　正确姿势灭火

注意事项:

（1）因射程和喷射时间有限,灭火时要选准距离和角度尽量接近火源,掌握好灭火方向和角度。

（2）干粉几乎没有冷却作用,要防止复燃。

拓展知识

▶ 1. 绝缘

所谓绝缘,就是使用不导电的物质将带电体隔离或包裹起来,以对触电起保护作用的一种安全措施。良好的绝缘是保证电气设备与线路的安全运行,防止人身触电事故发生的最基本和最可靠的手段。

绝缘通常可分为气体绝缘、液体绝缘和固体绝缘三类（图5-2-20）。在实际应用中,固体绝缘仍被广泛使用,且为可靠的一种绝缘物质。

a)固体绝缘手套　　b)绝缘油液
(如车辆上的绝缘防冻液)　　c)高压线之间的合适距离绝缘

图 5-2-20　三种绝缘的基本形式

在高压电作用下,绝缘物质可能被击穿而丧失其绝缘性能。在上述三种绝缘物质中,气体绝缘物质与液体绝缘物质被击穿后,一旦去掉外界因素（强电场）后即可自行恢复其固有的电气绝缘性能。而固体绝缘物质被击穿以后,则不可逆地完全丧失了其电气绝缘性能。因此,电气线路与设备的绝缘选择必须与电压等级相配合,而且须与使用环境及运行条件相适应,以保证绝缘的安全作用。

此外,由于腐蚀性气体、蒸汽、潮气、导电性粉尘以及机械损伤等原因,均可能使绝缘物质的绝缘性能降低甚至破坏。而且,日光、风雨等环境因素的长期作用,也可以使绝缘物质老化而逐渐失去其绝缘性能。

各种线路与设备在不同条件下所应具备的绝缘电阻大致如下:一般情况下,低压线路与设备,其绝缘电阻不应低于 $0.5M\Omega$;运行中的低压线路与设备,其绝缘电阻不应低于 $1000\Omega/V$;在潮湿场合下的设备与线路,其绝缘电阻不应低于 $500\Omega/V$,控制线路的绝缘电阻一般不应低于 $1M\Omega$,而高压线路与设备的绝缘电阻一般不应低于 $1000M\Omega$。

▶ 2.绝缘用具

电气安全用具是保证操作者安全地进行电气工作必不可少的工具。电气安全用具包括绝缘安全用具和一般防护用具。

高压设备的绝缘安全用具有绝缘手套、绝缘鞋、绝缘垫及绝缘台等。一般防护用具包括临时接地线、隔离板、遮拦、各种安全工作牌、安全腰带等。

各种安全用具的检查及试验标准:

(1)绝缘手套:每次使用前检查,3 个月擦一次;试验周期为 6~12 个月。

(2)绝缘靴和绝缘鞋:每次使用前检查,户外用的,用后除污;户内用的 3 个月擦一次;试验周期为 6 个月。

安全工具检验标签如图 5-2-21 所示。

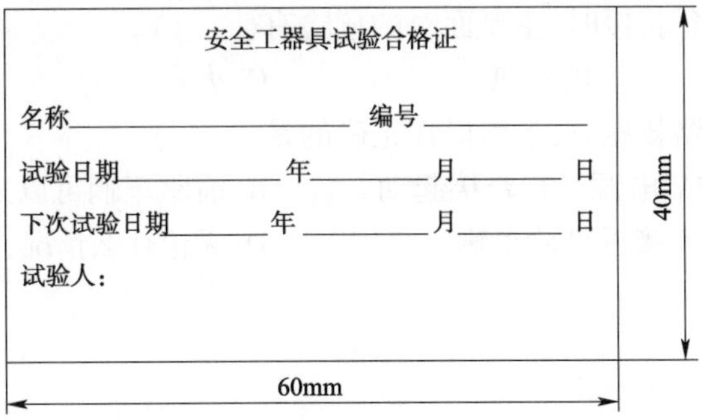

图 5-2-21 安全工具检验标签

📖 学习测试

1.填空题

(1)防止触电的个人防护设备主要是_____、_____、绝缘鞋,以及_____的衣服。

(2)绝缘手套检查的方法是向手套内吹入一定的空气,观察手套是否有_____的风险。

(3)护目镜应该具有_____功能,防止维修过程中产生的_____对眼睛的伤害。

(4)使用绝缘工具可以有效防止意外_____事故的发生,我国的绝缘工具分为_____类型。

(5)撞车时气囊展开,高压电源会_____。

(6)新能源汽车牵引车辆时,必须严格遵守制造厂商的要求,否则可能损坏车辆的_____或变速单元。

2. 判断题

(1)新能源汽车维护、制动部件的更换、轮胎的更换也有高电压风险。 ( )

(2)电气作业时不仅要戴绝缘手套,还要穿绝缘鞋。 ( )

(3)维修高电压系统时,必须穿化纤类的工作服。 ( )

(4)在高电压新能源汽车维修时,要求工具具有Ⅱ类以上的工具类型。 ( )

(5)前轮驱动的车辆,可以采用前轮离地的方式进行车辆的牵引。 ( )

3. 不定项选择题

(1)高压电车辆高压电缆的颜色是(   )。

　　A. 蓝色　　　　　　B. 红色　　　　　　C. 橙色　　　　　　D. 黑色

(2)处理高压电车辆常备的安全装备有(   )。

　　A. 绝缘手套　　　　　　　　　　B. 防护眼镜

　　C. 电棒　　　　　　　　　　　　D. 金属球

(3)高压电车辆着火时,采用的灭火器类型是(   )。

　　A. ABC 干粉灭火器　　　　　　B. 水雾灭火

　　C. 二氧化碳灭火器　　　　　　D. 泡沫灭火器

(4)高压电车辆应急救援时,主要面对的危险有(   )。

　　A. 高压　　　　　　B. 腐蚀　　　　　　C. 火灾　　　　　　D. 噪声

(5)高压电车辆道路救援时,下列操作正确的是(   )。

　　A. 可以采用12V电源进行跨接起动　　B. 前驱车辆可以采用4轮着地拖着走

　　C. 不允许任何人接近事故车辆　　　　D. 无论什么情况,首先应该解除高压系统

任务3　高压系统中止与检验

提出任务

你被安排去维修一辆新能源纯电动汽车的逆变器。你的主管告诉你,在拆卸高压动力电池组前,必须执行高压系统中止,并完成高压禁用确认后才可以执行维修。这些任务你能完成吗?

任务要求

知识要求

1. 能够描述新能源汽车高压部件电压的存在形式;
2. 能够描述高压系统中止与检验的操作步骤与注意事项。

能力要求

能够正确执行新能源汽车的高压中止与检验操作。

相关知识

由于新能源汽车具有高电压,因此在维护与维修新能源汽车前,必须首先按照高电压操作章程执行系统电压的中止操作。中止系统高电压以后,可以在一定程度上确保汽车高压系统的部分之间不再具有高电压,从而保证了维护人员的安全。

维护车辆时,需要根据高压电存在的形式来区别对待。例如,在纯电动汽车的动力电池中会一直存在高压,因此无论什么时候进行对动力电池的维修,都需要佩戴个人安全防护用品。但是,当执行了正确的高压中止程序以后,例如逆变器、高压压缩机等系统就不再具有高压电了,此时对这些部件的维修可以不用再预防被高压击伤的危险了。

▶ 1.新能源汽车的高电压存在形式

新能源汽车的高电压系统集中在车辆的驱动系统、空调与暖风系统,12V电源系统以及带有插电功能的充电系统。根据高电压存在的时间进行分类,新能源汽车高电压系统的高电压主要有三种存在形式(图5-3-1):①持续存在。②运行期间存在。③充电期间存在。

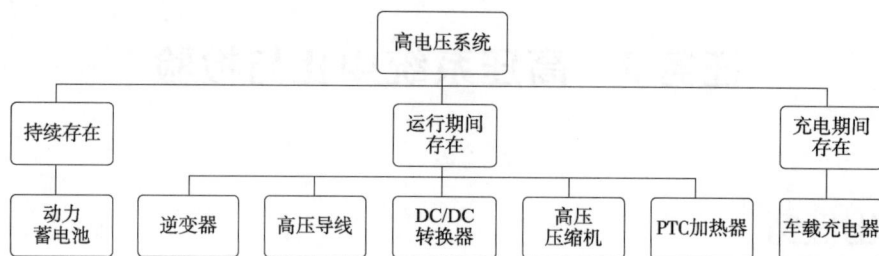

图 5-3-1　高电压系统存在形式

1）持续存在形式

新能源汽车的动力电池（图 5-3-2）持续存在高电压，即使当车辆停止运行期间，由于动力电池始终存储有电能，因此当满足动力电池的放电条件后，该部件将继续对外放电。

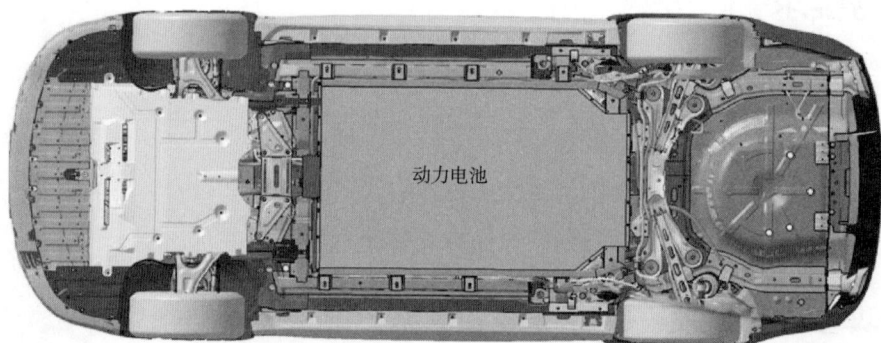

图 5-3-2　纯电动汽车动力电池

2）运行期间存在形式

运行期间存在高电压的部件，是指当点火开关处于 ON、RUN 或其他运行状态下，部件存在高电压。

运行期间存在高电压的系统或部件有两种类型：

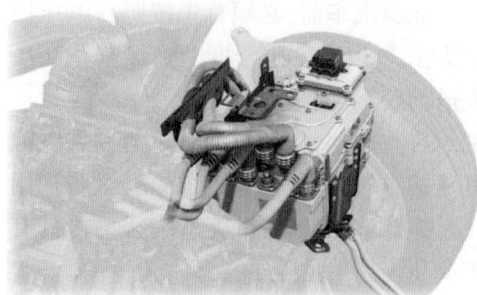

图 5-3-3　奥迪混合动力汽车逆变器

（1）只要点火开关处于 ON 或 RUN 状态下就会存在高电压，这类部件包括有逆变器（图 5-3-3）、DC/DC 转换器和连接的高压导线。

（2）虽然点火开关处于 ON 位置，但是由于该系统所执行的功能没有被接通，此时相关的部件仍然不会接通有高电压。如图 5-3-4 所示，位于纯电动汽车中的高压压缩机和 PTC 加热器，该压缩机的特点是一半是涡卷压缩机，另一半是三相高电压驱动的电动机。在驾驶员没有运行车辆的空调或暖风功能时，这些部件的上面是不会存在有高电压的。

3）充电期间存在

充电期间存在高电压主要指的是插电式混合动力和纯电动汽车，此类车辆的车载充电器(图 5-3-5)以及连接的导线只有在车辆连接有外部 220V 电网充电期间才会具有高电压。

需要注意的是,有些车辆的车载充电器和动力电池设计有独立的空调式冷却系统,当在车辆充电期间,由于动力电池可能产生很高的热量,因此车载空调会运行来降低动力电池的温度,此时车辆的高压压缩机也会在充电期间运行,也存在有高电压。

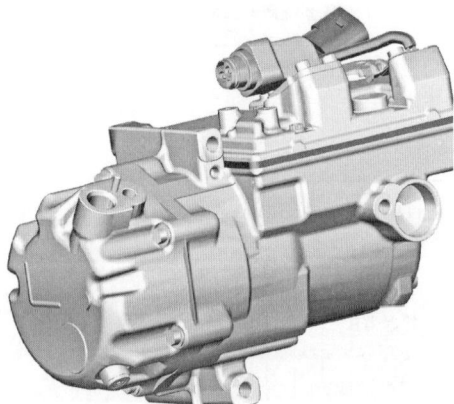

图 5-3-4　典型的高压涡卷压缩机

图 5-3-5　江淮 IEV 车载充电器

▶ 2. 车辆高电压的接通与关闭

在新能源汽车中,除动力电池外,其他部件都是由整车控制单元或混合动力控制单元通过接触器控制高电压的接通与关闭的,这类型与家庭用的设备供电一样(图 5-3-6)。动力电池类型与家里的外部来自电网的供电,无论家里的总闸是否打开与关闭,其总是有电的;而接触器所起的作用就是家里总电源的总闸,不同的是家里的总闸是人来控制的,新能源汽车的接触器是由电脑来控制。

接触器即为一个大功率的继电器,它用于控制高压导线正负极导线之间的接通与断开。接触器通常被布置在动力电池组总成内部或者是独立在一个 BDU(配电箱)中,如图 5-3-7 所示,在丰田普锐斯动力电池总成端部布置有多个接触器,其内部接触器如果断开,整车仅动力电池上会存在高电压,位于接触器下游的高电压系统部件将没有高电压。

图 5-3-6　家用电网供电配电箱与总闸

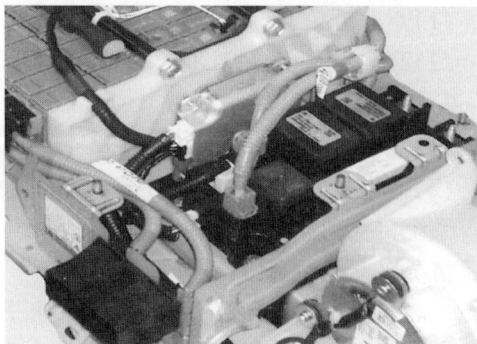

图 5-3-7　普锐斯内部接触器

如图5-3-8所示,当控制单元通过接触器切断位于动力电池与高压系统用电部件的连接后,整车除动力电池外,其他高压用电设备上就不再有高电压,也是安全的。普锐斯内部接触器如图5-3-9所示。

图 5-3-8　接触器连接形式

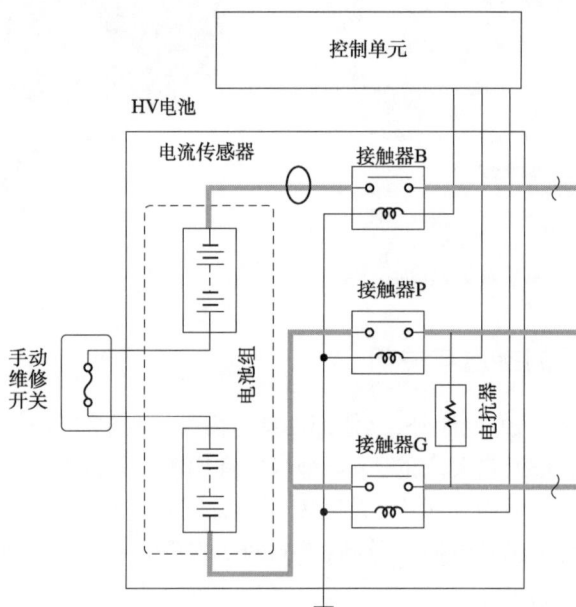

图 5-3-9　普锐斯内部接触器

当前,无论是纯电动汽车还是混合动力汽车,控制单元控制接触器的接通与关闭的条件与原理如下。

1)接触器接通条件

(1)点火开关 ON。

(2)高电压系统自检没有存在漏电等故障。

2)接触器断开条件

(1)点火开关 OFF。

(2)高电压系统检测到存在安全事件的发生。

系统自检到存在安全事件,主要是系统根据自身设定的检验程序,在以下情况下,会因异常情况自动切断高压,避免人员触电:

①高压系统自检到部件的互锁开关断开,如图5-3-10所示。

②高压系统自检到部件或高压电缆存在对车辆绝缘电阻过低。

③车辆发生过碰撞,且安全气囊已弹出。

▶ 3. 手动切断动力电池高压

在动力电池上,按照国家新能源汽车安全标准都会设计有一个串联的手动维修开关,用于人工切断整个动力电池的回路,如图 5-3-11 所示的普锐斯动力电池内部的维修开关。

当该开关被断开后,整车的高压部件将不再具有高压,同时动力电池的总输出正负极端口也不再有高压。

需要注意的是,即使手动开关被断开,动力电池内的电池及其连接电路仍然在串联的位置还具有高压!

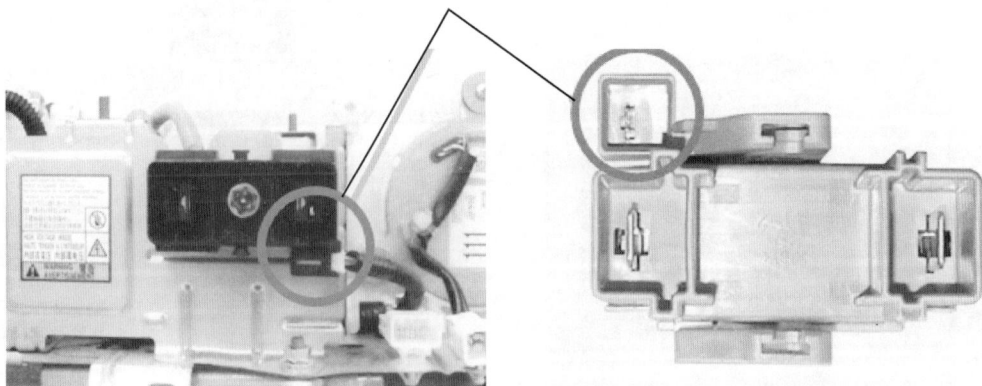

图 5-3-10　高压部件上的互锁开关

此外,手动维修开关由于能够物理上直接切断动力电池的高电压回路,因此汽车制造厂商都会将该开关设计有特殊的锁止结构,避免人为意外触发或者行驶中因为振动等因素断开。图 5-3-12 所示为通用汽车 SPARK 纯电动汽车上的手动维修开关断开方法。

图 5-3-11　普锐斯手动维修开关(橙色)

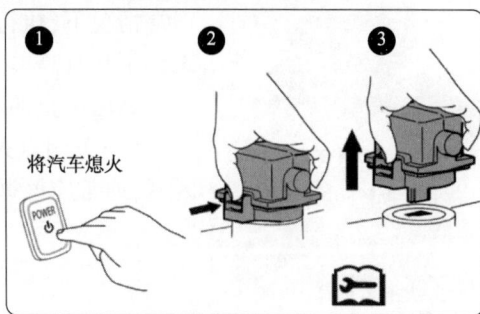

将汽车熄火

图 5-3-12　通用电动汽车手动维修开关断开方法

需要注意的是,手动维修开关的断开方法一般会标示在开关上面,或者在车主的用户手册中。

▶ 4. 高电压系统的中止与检验

在维修带有高电压的新能源汽车前,务必执行高电压的中止和检验操作,避免因意外高压触电!

高电压系统的中止与检验操作步骤主要分为以下两个部分:

（1）高电压的中止。

（2）高电压的检验。

高电压系统的中止与检验如图 5-3-13 所示。

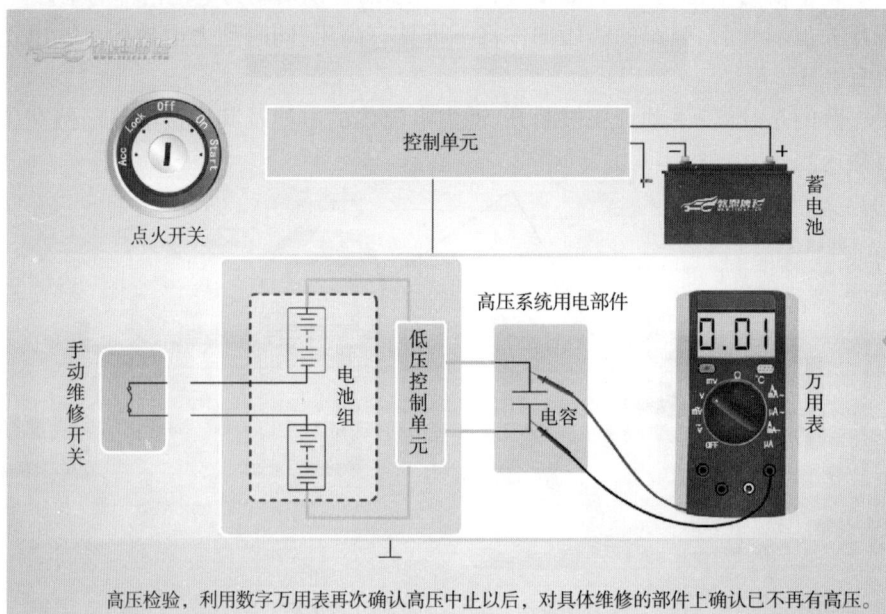

高压检验，利用数字万用表再次确认高压中止以后，对具体维修的部件上确认已不再有高压。

图 5-3-13　高电压系统的中止与检验

1）高电压的中止

高压中止主要是通过正确的操作步骤来关闭车辆高压系统。正常情况下，执行高压中止后，车辆除了动力电池外，其他部件应该都不具有高电压。

高压中止的基本步骤：

（1）关闭点火开关。关闭点火开关后，将钥匙放到一个安全的区域，通常应该远离被维护的汽车，如图 5-3-14 所示。

图 5-3-14　移出钥匙

注意：

如果使用按钮起动，把钥匙拿到离车至少 5m 远的地方，防止汽车意外被起动。

（2）断开辅助电池负极端子。找到 12V 辅助电池，移开乘客侧装饰，断开电池的负极，并固定搭铁线，以防止移动蓄电池负极端子，如图 5-3-15 所示。

（3）拆除手动维修开关。找到维修开关并断开（图 5-3-16）。当处理橙色高压组件和线路时，确保戴着绝缘橡胶手套。

将拆下的维修开关放在口袋中以防止其他人将它安装回车上去，并将裸露的维修开关槽使用绝缘胶布封住。

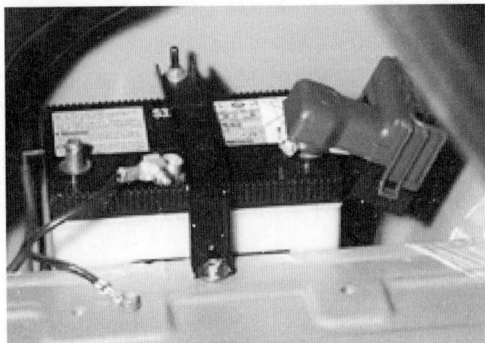

图 5-3-15　断开蓄电池负极端子并固定

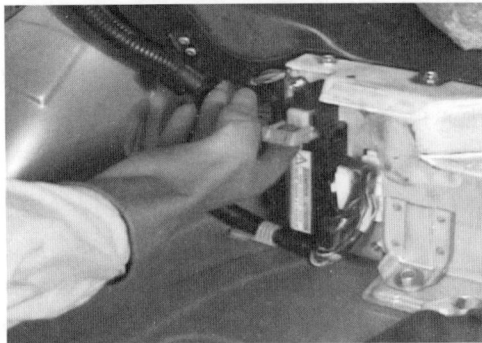

图 5-3-16　断开手动维修开关

（4）等待 5min。拆下维修开关后，须等待 5min，使得高电压部件中的电容器进行放电，才可以继续对车辆进行高压检验操作，如图 5-3-17 所示。

2）高电压的检验

高压检验是利用数字万用表再次确认高压中止以后，对具体维修的部件上确实已不再有高压，该步骤符合高压的检验操作标准。

使用万用表测量高电压部件的连接器各个高压端子，在执行高压中止以后，每个端子对车身的电压应该小于 3V，且端子正负极之间的电压也应该小于 3V。

图 5-3-17　高电压系统具有内部电容的逆变器

如果任一被测量的电压超过 3V，说明系统内部存在高压黏结情况，需要有经过特殊培训的工程师来进行处理。

在检验高电压端子期间，必须佩戴好个人安全防护用品。

任务实施

（一）工作准备

（1）防护装备：绝缘防护装备。

（2）车辆、台架、总成：北汽新能源纯电动汽车；丰田普锐斯；比亚迪 E6；或其他纯电动以及混合动力汽车。

（3）专用工具、设备：万用表；放电工具；绝缘胶带。

（4）手工工具：绝缘拆装工具。

(5)辅助材料：无。

（二）实施步骤

本任务主要操作正确执行新能源汽车的高压系统中止与检验,具体实训车辆可根据实训中心现有车辆来操作。

实操前准备：

(1)检查个人安全防护用品,确保绝缘手套等防护用品在有效检验期内并可用。

(2)检查车辆,确保实训车辆没有高压隐患。

该实操具有一定的高电压安全危险,学生务必按照教师的指导操作!

执行该操作时,必须有两名经过对应车型培训,且具有高压电工证的教师执行!

实操步骤：

(1)根据对应车型维修手册或参考信息,执行车辆高压中止。

(2)根据对应车型维修手册或参考信息,执行车辆高压中止检验。

1)北汽新能源 EV 系列高压维修操作步骤。

注意事项：

(1)在维修作业时对高压部件母端应使用绝缘胶带缠绕, 防止高压触电或短路。

(2)维修作业前必须佩戴高压绝缘手套。

(3)禁止带电作业。

高压组成部分：所有高压电线为橙色。

警告标签：高压部件上侧会贴有标签。

防护措施：

(1)防高压手套：适用于电工作业的绝缘橡胶手套。

(2)安全防护镜：防止电解液溢出。

(3)高压绝缘鞋：主要适用于高压电力设备方面电工作业时作为辅助安全用具。在 1kV 以下可作为基本安全用具。

(4)灭火器：高压动力电池使用二氧化碳类型灭火器。无法使用少量的水灭火,但可以使用大量并持续的水进行灭火。

(5)吸水毛巾布：在溢出电解液中和后,使用吸水毛巾吸收多余的电解液。

(6)胶布：使用绝缘胶布覆盖所有的高压电线或端子。如果在维修塞被拔出后,使用绝缘胶布包住维修塞槽。

(7)维修工作台：必须要使用工作面带有绝缘橡胶的工作台。

在对电动汽车进行维修时禁止带电作业,正规操作流程如下。

操作样例：

北汽新能源纯电动汽车拆装 DC/DC 转换器前高压中止与检验实施步骤。

(1)将车钥匙置于 OFF 挡,等待高压电容放电 5min。

(2)拔下钥匙,打开前机盖,支起前机盖,将翼子板铺好避免损坏车辆,如图 5-3-18 所示。

正常情况下,在钥匙开关关闭后,高压系统还存在高压电,这是因为电动机控制器中高压电容的存在造成的,需要经过一段时间的等待,高压电容中的电才能被完全释放。

（3）断开低压蓄电池负极电缆,如图5-3-19所示。

图5-3-18 车辆防护

图5-3-19 断开低压蓄电池负极电缆

（4）如果针对采用PDU的车型,如2016款EV160、EV200等车型,应断开PDU左后方低压插接件,如图5-3-20所示。

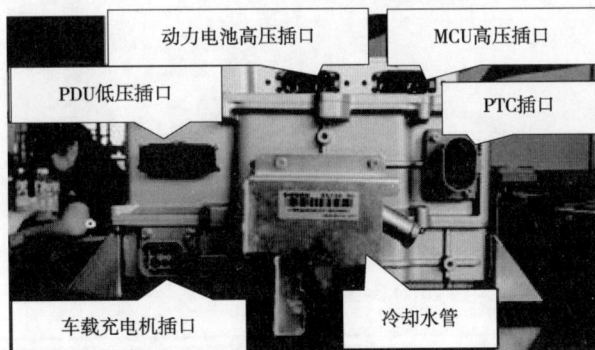

图5-3-20 PDU后方低压插接件

（5）检查绝缘手套是否漏气。

警告：

应佩戴0级绝缘手套。

（6）断开动力电池高压线束插口,进行高压断电。
提示:北汽新能源车型通常没有配备专用的维修开关。

警告：

高压断电必须由电气资质人员操作并放置高压安全警示牌，如图5-3-21所示。

图 5-3-21　安全警示牌

（7）使用专用万用表对所维修部位进行电压测量，如果所测量值大于0V时应使用专用放电棒对该部位进行放电。当电压完全消失后方可进行下一步。

使用放电工具放电，如图5-3-22所示。

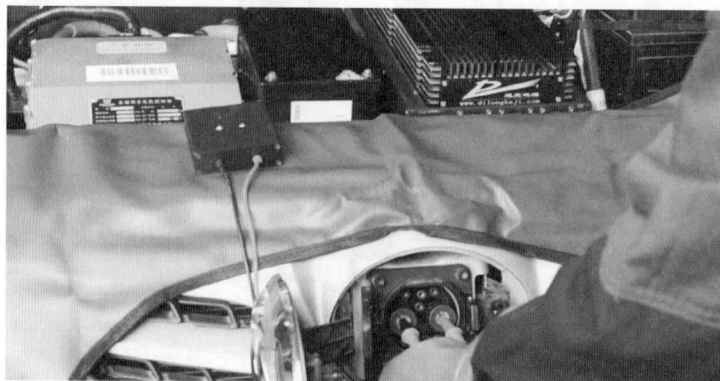

图 5-3-22　放电工具放电

用万用表测量电压确认无电，如图5-3-23。

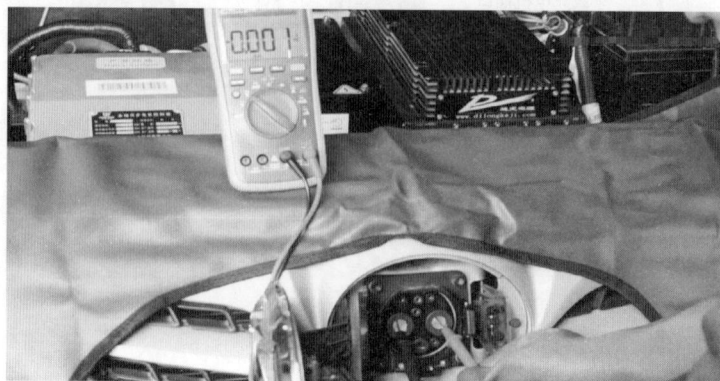

图 5-3-23　用万用表测量电压确认无电

注意：

a. 一定要确认处于无电状态，可通过测量 12V 蓄电池电压的方式核实数字万用表是否正常。

b. 测试高压控制盒或 PDU 动力电池端（采用 PDU 的车型）的端子电压、端子的搭铁电压时，每个高压电池插口正负极电压以及正负极对地电压，数值不应大于 3V。若测试结果大于 3V，则电池组总成内部可能出现接触器卡滞或高压系统绝缘失效。

（8）根据工作任务，进行其他的拆装步骤，如图 5-3-24 所示。

2）丰田普锐斯高压中止与高压检验操作步骤。

以逆变器拆卸为例，高压中止操作步骤如下：

（1）关闭点火开关，并移开钥匙至车外，再次起动车辆以确认车辆没有钥匙且无法起动，如图 5-3-25 所示。

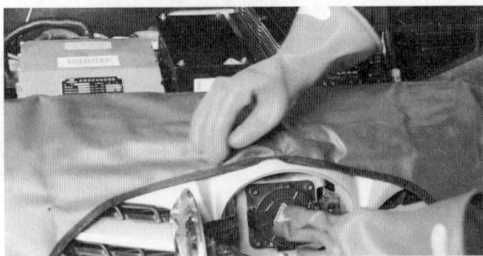

图 5-3-24 进行其他的拆装步骤

图 5-3-25 确认车辆无法起动

（2）断开 12V 低压辅助蓄电池负极。位置如图 5-3-26 所示。

辅助电池位置   辅助电池(密封型)

行李舱   氢气排放口   电池温度传感器

图 5-3-26 断开 12V 蓄电池负极

（3）确认绝缘手套。在使用绝缘手套前，请确认无裂纹、磨损以及其他损伤，如图 5-3-27 所示。

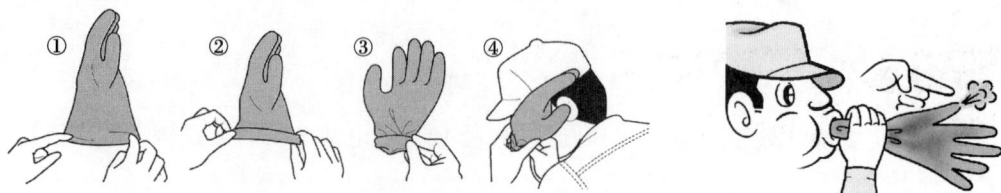

图 5-3-27　绝缘手套检查

绝缘手套的检查流程：

①侧位放置手套。

②卷起手套边缘，然后松开 2 ~ 3 次。

③折叠一半开口去封住手套。

④确认无空气泄漏。

（4）拆除维修开关，并保存在自己口袋中。

维修开关的拆卸步骤如图 5-3-28 所示。

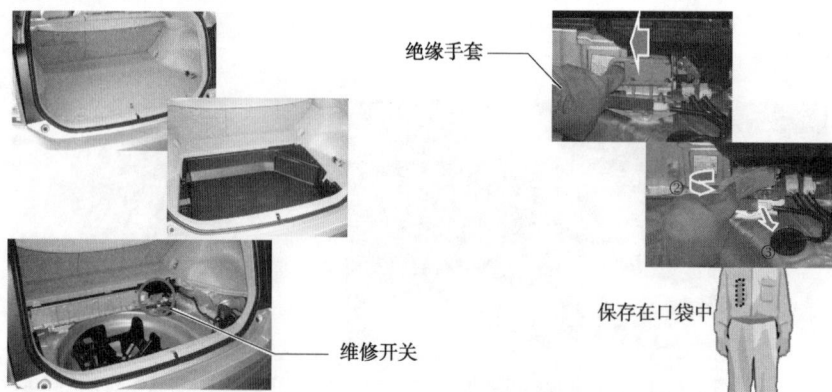

图 5-3-28　维修开关的拆卸步骤

（5）在拆除维修开关后，等待 5min 或更长时间，以便让高压电容放电，如图 5-3-29 所示。

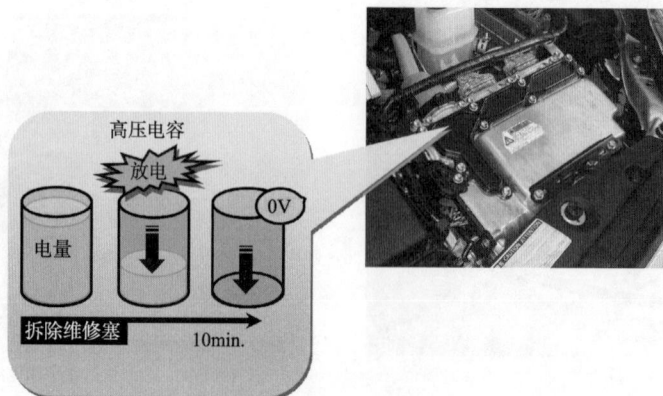

图 5-3-29　电容放电

以拆卸车辆逆变器为例，高压检验操作步骤如下：

（1）断开逆变器与动力电池之间的高压连接器，并使用数字万用表（绝缘等级大于

1000V)，测量连接器各个高压端子电压均为0V（量程：750 V 或更大），如图 5-3-30 所示。

正极

负极　高压熔断器

图 5-3-30　断开逆变器与动力电池之间的高压连接器

（2）用绝缘乙烯胶带包裹被断开的高压连接器端子，如图 5-3-31 所示。

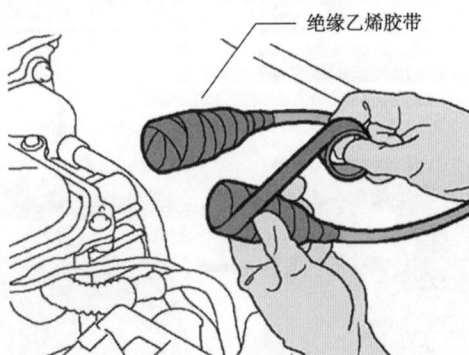

绝缘乙烯胶带

图 5-3-31　包裹被断开的高压连接器端子

3）比亚迪 E6 手动维修开关的位置与断开方法

比亚迪 E6 高压维修开关断开操作如图 5-3-32 所示。

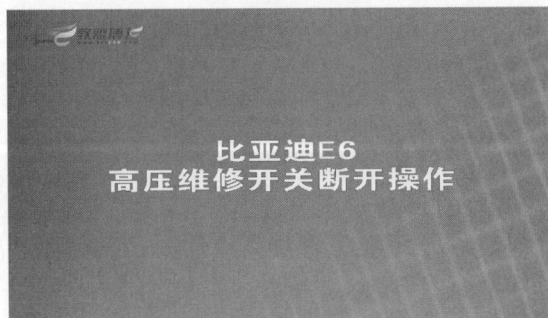

比亚迪E6
高压维修开关断开操作

图 5-3-32　比亚迪 E6 高压维修开关断开操作

比亚迪 E6 的手动维修开关位于中央扶手箱的下部。需要拆卸该手动维修开关前，必须先拆下扶手箱上的饰板,如图 5-3-33 所示。

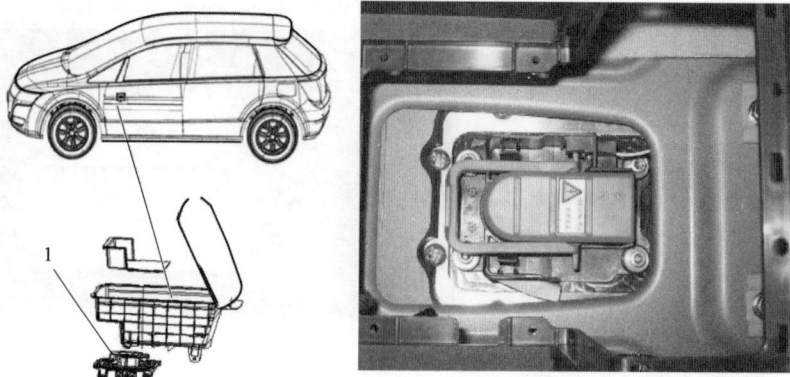

图 5-3-33　找到手动维修开关

拆卸手动维修开关步骤,如图 5-3-34 所示。

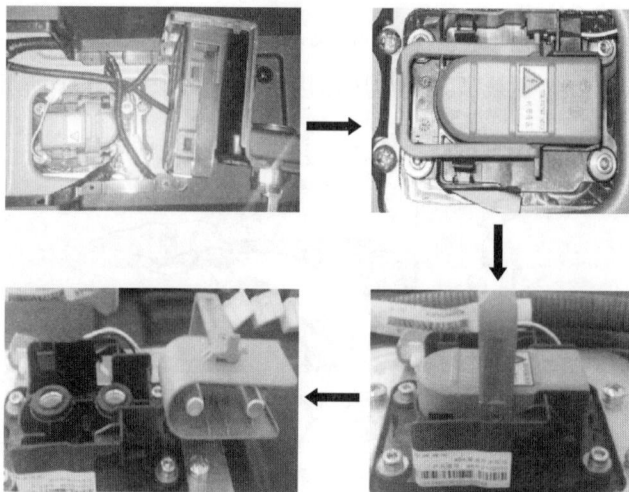

图 5-3-34　拆卸手动维修开关步骤

高压检验程序参照上文关于普锐斯的操作程序。

拓展知识

高压安全防范的基本要求:

(1)对车辆进行维修时,非相关人员不允许随意接触车辆。

(2)对贴有高压警示标识的部件都不可随意触摸。

(3)如果需要拆解相关高压部件,拆卸人员必须参加高压电安全培训,熟悉高压电系统。

(4)操作人员还需参加高压电事故急救培训(如由红十字会组织)。

(5)对高压部件进行操作时,操作人员需要穿戴好劳保用品,同时还必须使用绝缘手套。

(6)对外露高压系统部件进行操作时,必须使用万用表进行测量,是否存在高压电,确保没有高压电的情况下再进行操作。万用表需要定期标定,内阻不低于 $10M\Omega$。

（7）驾驶结束后，关闭车辆，如果需要对高压系统进行拆卸，则需要等待 5min 后再进行。

（8）当拆卸或装配电器部件时，必须断开 12V 电源和高压蓄电池上的手动维修开关。

（9）在高压部件拆装后，重新接通高压电之前，需要检查所有高压部件的装配、连接，确保其可靠性。

（10）所有高压部件都应该保证搭铁良好。

学习测试

1. 填空题

（1）新能源汽车高电压存在形式有_____、_____、_____三种。

（2）插电式混合动力和纯电动汽车的_____以及连接的导线只有在充电期间才会具有高电压。

（3）控制单元通过接触器切断位于动力蓄电池与_____用电部件的连接后，整车除动力蓄电池外，其他高压用电设备上就不再有高电压。

（4）按照国家新能源汽车安全标准都会设计有一个串联的_____。

（5）在维修带有高电压的新能源汽车前，务必执行高电压的_____和_____操作。

2. 判断题

（1）新能源汽车的动力蓄电池持续存在高电压。 （ ）

（2）逆变器在运行期间就会存在高电压。 （ ）

（3）点火开关 ON 时，高电压压缩机就会存在高电压。 （ ）

（4）手动开关被断开，动力电池内的电池及其连接电路仍然在串联的位置还具有高电压。 （ ）

（5）拆下维修开关后，就可以继续对车辆进行高电压检验操作。 （ ）

3. 不定项选择题

（1）高电压新能源汽车高电压存在的主要类型有（ ）。

A. 直流高电压　　　　　　　　　B. 交流高电压

C. 变频高电压　　　　　　　　　D. 以上都不对

（2）新能源汽车高电压存在的形式有（ ）。

A. 一直存在　　　　　　　　　　B. 点火开关打开时存在

C. 充电期间存在　　　　　　　　D. 一直不存在

（3）手动维修开关用于（ ）。

A. 切断动力电池中连接回路　　　B. 维修车辆底盘用

C. 切断驱动电机电源　　　　　　D. 手动维修充电器用

（4）对高电压车辆维修前，需要执行（ ）。

A. 高电压中止与检验　　　　　　B. 关闭点火开关

C. 断开蓄电池负极　　　　　　　D. 检验被维修部件

参 考 文 献

[1] 北汽新能源汽车公司.E150EV 维修手册[Z].2013.

[2] 北汽新能源汽车公司.E150EV、E160EV 培训课件/技术资料[Z].2013-2016.

[3] 比亚迪汽车公司.比亚迪秦维修手册[Z].2013.

[4] 比亚迪汽车公司.比亚迪秦培训课件/技术资料[Z].2013-2016.

[5] 比亚迪汽车公司.比亚迪 E6 培训课件/技术资料[Z].2013-2016.

[6] 丰田汽车公司.普锐斯维修手册[Z].2006.

[7] 丰田汽车公司.普锐斯培训课件[Z].2005-2006.

[8] 上汽公司.荣威 E50 维修手册[Z].2012.

[9] 上汽公司.荣威 E50/550 培训课件/技术资料[Z].2012-2016.

人民交通出版社汽车类高职教材部分书目

一、交通职业教育教学指导委员会推荐教材、高等职业教育规划教材					

1. 汽车运用技术专业

书　号	书　名	作　者	定　价	出版时间	课件
978-7-114-11263-8	●汽车电工与电子基础（第三版）	任成尧	46.00	2015.11	有
978-7-114-11218-8	●汽车机械基础（第三版）	凤　勇	46.00	2016.04	有
978-7-114-11495-3	汽车发动机构造与维修（第三版）	汤定国、左适够	39.00	2016.04	有
978-7-114-11245-4	●汽车底盘构造与维修（第三版）	周林福	59.00	2015.11	有
978-7-114-11422-9	●汽车电气设备构造与维修（第三版）	周建平	59.00	2016.04	有
978-7-114-11216-4	●汽车典型电控系统构造与维修（第三版）	解福泉	45.00	2015.01	有
978-7-114-11580-6	汽车运用基础（第三版）	杨宏进	28.00	2016.01	有
978-7-114-09167-4	汽车电子商务（第二版）	李富仓	29.00	2016.06	
978-7-114-05790-3	汽车及配件营销	陈文华	33.00	2015.08	
978-7-114-06075-8	汽车专业资料检索	张琴友	30.00	2015.01	
978-7-114-11215-7	●汽车文化（第三版）	屠卫星	48.00	2016.09	有
978-7-114-11349-9	●汽车维修业务管理（第三版）	鲍贤俊	27.00	2015.08	有
978-7-114-11238-6	●汽车故障诊断技术（第三版）	崔选盟	30.00	2015.08	有
978-7-114-06031-9	汽车检测诊断技术	邹小明	24.00	2016.06	
978-7-114-05662-1	汽车检测设备与维修	杨益明	26.00	2015.08	
978-7-114-05661-3	汽车单片机及局域网技术	管秀君	13.00	2015.06	
978-7-114-05718-0	汽车维修技术（机修方向）	刘振楼	23.00	2016.6	

2. 汽车技术服务与营销专业

书　号	书　名	作　者	定　价	出版时间	课件
978-7-114-11217-1	●旧机动车鉴定与评估（第二版）	屠卫星	33.00	2016.07	有
978-7-114-07915-3	汽车保险与公估	荆叶平	43.00	2016.01	
978-7-114-08196-5	汽车备件管理	彭朝晖	22.00	2016.08	
978-7-114-11220-1	●汽车结构与拆装（第二版）	潘伟荣	59.00	2016.04	有
978-7-114-08084-5	汽车维修服务	戚叔林	23.00	2015.08	
978-7-114-11247-8	●汽车营销（第二版）	叶志斌	35.00	2016.04	有

3. 汽车整形技术专业

书　号	书　名	作　者	定　价	出版时间	课件
978-7-114-11377-2	●汽车材料（第二版）	周　燕	40.00	2016.04	有
978-7-114-12544-7	汽车钣金工艺	郭建明	22.00	2015.11	有
978-7-114-12311-5	汽车涂装技术（第二版）	陈纪民、李　扬	33.00	2015.08	有
978-7-114-09094-3	汽车车身测量与校正	郭建明	22.00	2015.07	
978-7-114-11595-0	汽车车身焊接技术（第二版）	李远军、李建明	28.00	2016.04	有
978-7-114-07918-4	汽车车身修复技术	韩　星	29.00	2015.07	
978-7-114-12143-2	车身结构及附属设备（第二版）	袁　杰	27.00	2016.05	有
978-7-114-13363-3	汽车涂料调色技术	王亚平	25.00	2016.11	有

4. 汽车制造与装配技术专业

书　号	书　名	作　者	定　价	出版时间	课件
978-7-114-12154-8	汽车装配与调试技术	刘敬忠	38.00	2015.06	有
978-7-114-12734-2	车身焊接技术	宋金虎	39.00	2016.03	有
978-7-114-12794-6	汽车制造工艺	马志民	28.00	2016.04	有
978-7-114-12913-1	汽车 AutoCAD	于　宁、李敬辉	22.00	2016.06	有

二、21 世纪交通版高职高专汽车专业教材

书　号	书　名	作　者	定　价	出版时间	课件
978-7-114-10520-3	汽车概论	巩航军	29.00	2013.05	有
978-7-114-10722-1	发动机原理与汽车理论（第三版）	张西振	29.00	2015.12	有
978-7-114-10333-9	汽车维修企业管理（第三版）	沈树盛	36.00	2016.05	有
978-7-114-06997-0	汽车空调构造与维修	杨柳青	20.00	2016.01	

书 号	书 名	作 者	定 价	出版时间	课 件
978-7-114-12421-1	汽车柴油机电控技术（第二版）	沈仲贤	26.00	2015.10	有
978-7-114-11428-1	汽车使用与技术管理（第二版）	雷琼红	33.00	2016.01	有
978-7-114-11729-9	汽车保险与理赔（第四版）	梁 军	32.00	2015.12	有
978-7-114-07593-3	汽车租赁	张一兵	26.00	2016.06	
978-7-114-08934-3	汽车发动机机械系统检修（第二版）	林 平	35.00	2015.06	有
978-7-114-08942-8	汽车底盘机械系统检修（第二版）	陈建宏	39.00	2016.05	有
978-7-114-09429-3	汽车底盘电控系统检修	张立新、屈亚锋	35.00	2015.07	有
978-7-114-09317-3	汽车维修技术基础	刘 毅	35.00	2015.07	有
978-7-114-09961-8	汽车构造	沈树盛	54.00	2015.04	有
978-7-114-09866-6	汽车发动机构造与维修	王兴国、刘 毅	36.00	2013.12	有
978-7-114-09719-5	汽车电器构造与维修	杨连福	45.00	2013.12	有
978-7-114-09099-8	工程机械柴油发动机构造与维修	许炳照	40.00	2013.07	有
三、高等职业教育"十二五"规划教材					
978-7-114-10280-6	汽车零部件识图	易 波	42.00	2014.1	有
978-7-114-09635-8	汽车电工电子	李 明、周春荣	39.00	2012.07	有
978-7-114-10216-5	汽油发动机构造与维修	刘锐	49.00	2016.08	有
978-7-114-09356-2	汽车底盘构造与维修	曲英凯、刘利胜	48.00	2015.07	有
978-7-114-09988-5	汽车维护（第二版）	郭远辉	30.00	2014.12	有
978-7-114-11240-9	●车载网络系统检修（第三版）	廖向阳	35.00	2016.02	有
978-7-114-10044-4	汽车车身修复技术	李大光	24.00	2016.01	有
978-7-114-12552-2	汽车故障诊断技术	马金刚、王秀贞	39.00	2015.12	有
978-7-114-09601-3	汽车营销实务	史 婷、张宏祥	26.00	2016.05	有
978-7-114-13679-5	新能源汽车技术（第二版）	赵振宁	38.00	2017.03	有
978-7-114-08939-8	AutoCAD 辅助设计	沈 凌	25.00	2011.04	有
978-7-114-13068-7	汽车底盘电控系统检修	蔺宏良、张光磊	38.00	2016.08	有
978-7-114-13307-7	汽车发动机电控系统检修	彭小红、官海兵	35.00	2016.1	有
四、高职高专改革创新示范教材					
978-7-114-09300-5	汽车使用与维护	毛彩云、柯志鹏	28.00	2015.09	有
978-7-114-09302-9	汽车实用英语	王升平	30.00	2011.08	有
978-7-114-09307-4	汽车维修企业管理	齐建民	34.00	2015.12	有
978-7-114-09305-0	汽车发动机电控系统构造与检修	罗德云	23.00	2014.07	有
978-7-114-09352-4	汽车发动机机械构造与检修	成伟华	33.00	2015.02	有
978-7-114-09494-1	汽车自动变速器构造与检修	王正旭	36.00	2015.02	有
978-7-114-09929-8	汽车电气设备构造与检修	刘存山	31.00	2012.08	有
978-7-114-10310-0	汽车空调系统构造与检修	潘伟荣	38.00	2013.05	有
五、教育部职业教育与成人教育司推荐教材					
978-7-114-09147-6	汽车实用英语（新编版）	杜春盛、邵伟军	33.00	2016.07	
978-7-114-08846-9	汽车发动机构造与维修（新编版）	王 会、刘朝红	33.00	2015.09	
978-7-114-06406-7	汽车运行材料	嵇 伟、孙庆华	26.00	2016.06	
978-7-114-07969-6	★汽车专业英语	边浩毅	26.00	2016.01	
978-7-114-04112-9	汽车使用性能与检测技术	李 军	26.00	2015.07	
978-7-114-04750-9	汽车营销技术	王怡民	32.00	2016.11	
978-7-114-04644-8	汽车专业英语	王怡民	26.00	2016.06	

●为"十二五"职业教育国家规划教材；★为"十一五"职业教育国家规划教材。

咨询 010-85285962；010-85285977．咨询 QQ：616507284；99735898